授業UDを目指す 国語 全時間授業パッケージ 4年

編著
桂 聖
小貫 悟・石塚謙二
一般社団法人 日本授業UD学会

東洋館出版社

明日の国語授業にワクワクを。全員参加の「Better」授業。
―国語授業が得意な先生は、使わないでください―

日本の教室では、一人一人の教師が、最善の工夫をして国語授業を行っている。決してマニュアルに基づいて進めているわけではない。日本には、それぞれの教師が目の前の子どもの実態に応じて国語授業を創造するという優れた文化がある。

だが一方で、そうは言ってられない状況もある。

●明日の国語授業をどうやって進めればいいのか、よく分からない。

●この文学教材で何を教えればいいのだろう。

●とりあえずは、教師用指導書のとおりに国語授業を流そう。

悩んでいる現場教師は多いのである。

少なくとも、若い頃の私はそうだった。国語授業の進め方がよく分からなかった。今思えば、当時担当した子どもたちには申し訳ない気持ちでいっぱいになる。

それで苦手な国語授業を何とかしたいと、一念発起をして学んできた。様々な教育書を読み、先達に学んだ。研修会にも数え切れないくらい参加した。授業のユニバーサルデザイン研究会（日本授業 UD 学会の前身）では、特別支援教育の専門家の方々にも学んだ。

こうやって学んでいくうち、やっと**「明日の国語授業にワクワクする」**ようになってきた。こんな気持ちになったのは、意外かもしれないが、最近のことである。

さて、本書は、**授業 UD を目指す「国語の全時間授業パッケージ」**である。

授業 UD（授業のユニバーサルデザイン）とは、発達障害の可能性のある子を含めた「全員参加」の授業づくりである。私たちが学んできた知見をこの「全時間の国語授業パッケージ」にして、ぎゅっと詰め込んだ。**教材研究のポイント、単元のアイデア、1時間ごとの授業展開、板書、課題・発問、子どもの反応への返し方、センテンスカード**など、授業に必要なほとんどを含めている。特別支援教育専門の先生方には、全時間の**「学びの過程の困難さに対する指導の工夫」**に関してご指導をいただいた。

ぜひ、明日の国語授業に悩んでいる先生には、本書を活用して、楽しく学び合い「わかる・できる」授業を実現してほしい。「わかった！」「なるほど！」という子どもの声が聞こえてくるはずだ。**教師自身が「ワクワクした気持ち」で国語授業に取り組むからこそ、子どもたちも「ワクワクした気持ち」で主体的に取り組めるのである。**

もちろん、**本書は「Must」ではない。最低限やっておきたい「Better」の国語授業である。**

国語が得意な先生は、この本に頼らないで、もっともっと質の高い授業をつくってほしい。

最後になったが、本書に関わっていただいた日本トップクラスの優れた先生方、東洋館出版社の皆様には大変お世話になった。記して感謝したい。

本書によって日本の子どもたちの笑顔が国語授業で少しでも増えるように願っている。

編著者代表　一般社団法人 日本授業UD学会 理事長　　桂　　聖
（筑波大学附属小学校 教諭）

『授業UDを目指す「全時間授業パッケージ」国語』
掲載教材一覧

1年
文学「おおきな　かぶ」
「やくそく」
「ずうっと、ずっと、大すきだよ」

説明文「うみの　かくれんぼ」
「じどう車くらべ」
「どうぶつの　赤ちゃん」

2年
文学「ふきのとう」
「お手紙」
「スーホの白い馬」

説明文「たんぽぽのちえ」
「馬のおもちゃの作り方」
「おにごっこ」

3年
文学「まいごのかぎ」
「三年とうげ」
「モチモチの木」

説明文「言葉で遊ぼう」「こまを楽しむ」
「すがたをかえる大豆」
「ありの行列」

4年
文学「白いぼうし」
「ごんぎつね」
「プラタナスの木」

説明文「思いやりのデザイン」「アップとルーズで伝える」
「世界にほこる和紙」
「ウナギのなぞを追って」

5年
文学「なまえつけてよ」
「たずねびと」
「大造じいさんとガン」

説明文「見立てる」「言葉の意味が分かること」
「固有種が教えてくれること」
「想像力のスイッチを入れよう」

6年
文学「帰り道」
「やまなし」
「海の命」

説明文「笑うから楽しい」「時計の時間と心の時間」
「『鳥獣戯画』を読む」
「メディアと人間社会」「大切な人と深くつながるために」

もくじ

授業UDを目指す「全時間授業パッケージ」国語　4年

本書は、令和2年発行の光村図書出版『国語 四上 かがやき』『国語 四下 はばたき』を参考にしています。

本書活用のポイント

本書は、取り上げる単元ごとに、単元構想、教材分析、全時間の本時案を板書イメージと合わせて紹介しています。

単元構想ページでは、単元目標・評価規準や単元計画など、単元全体の構想にかかわる内容を網羅しています。単元構想ページの活用ポイントは以下の通りです。

（単元構想ページ）

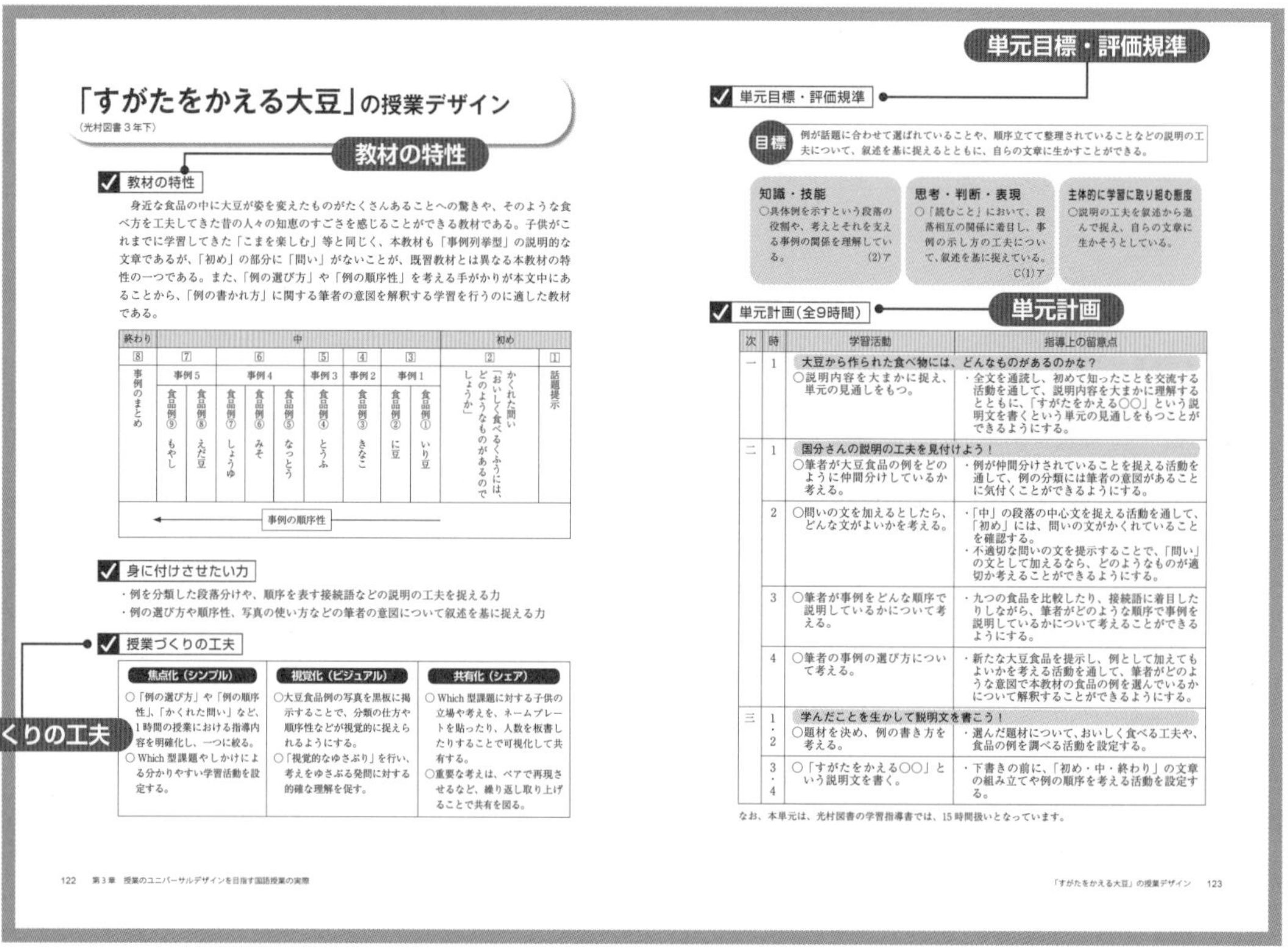

「すがたをかえる大豆」の授業デザイン
（光村図書３年下）

教材の特性

✓ 教材の特性

身近な食品の中に大豆が姿を変えたものがたくさんあることへの驚きや、そのような食べ方を工夫してきた昔の人々の知恵のすごさを感じることができる教材である。子供がこれまでに学習してきた「こまを楽しむ」等と同じく、本教材も「事例列挙型」の説明的な文章であるが、「初め」の部分に「問い」がないことが、既習教材とは異なる本教材の特性の一つである。また、「例の選び方」や「例の順序性」を考える手がかりが本文中にあることから、「例の書かれ方」に関する筆者の意図を解釈する学習を行うのに適した教材である。

終わり	中									初め	
8	7		6			5	4	3		2	1
事例のまとめ	事例5		事例4			事例3	事例2	事例1		かくれた問い「おいしく食べるくふうには、どのようなものがあるのでしょうか」	話題提示
	食品例⑨ もやし	食品例⑧ えだ豆	食品例⑦ しょうゆ	食品例⑥ みそ	食品例⑤ なっとう	食品例④ とうふ	食品例③ きなこ	食品例② に豆	食品例① いり豆		

← 事例の順序性

✓ 身に付けさせたい力

・例を分類した段落分けや、順序を表す接続語などの説明の工夫を捉える力
・例の選び方や順序性、写真の使い方などの筆者の意図について叙述を基に捉える力

授業づくりの工夫

✓ 授業づくりの工夫

焦点化（シンプル）	視覚化（ビジュアル）	共有化（シェア）
○「例の選び方」や「例の順序性」、「かくれた問い」など、1時間の授業における指導内容を明確化し、一つに絞る。 ○ Which 型課題やしかけによる分かりやすい学習活動を設定する。	○大豆食品例の写真を黒板に掲示することで、分類の仕方や順序性などが視覚的に捉えられるようにする。 ○「視覚的なゆさぶり」を行い、考えをゆさぶる発問に対する的確な理解を促す。	○ Which 型課題に対する子供の立場や考えを、ネームプレートを貼ったり、人数を板書したりすることで可視化して共有する。 ○重要な考えは、ペアで再現させるなど、繰り返し取り上げることで共有を図る。

122　第３章　授業のユニバーサルデザインを目指す国語授業の実際

単元目標・評価規準

✓ 単元目標・評価規準

目標　例が話題に合わせて選ばれていることや、順序立てて整理されていることなどの説明の工夫について、叙述を基に捉えるとともに、自らの文章に生かすことができる。

知識・技能	思考・判断・表現	主体的に学習に取り組む態度
○具体例を示すという段落の役割や、考えとそれを支える事例の関係を理解している。(2)ア	○「読むこと」において、段落相互の関係に着目し、事例の示し方の工夫について、叙述を基に捉えている。C(1)ア	○説明の工夫を叙述から進んで捉え、自らの文章に生かそうとしている。

✓ 単元計画（全９時間）

単元計画

次	時	学習活動	指導上の留意点
一	1	大豆から作られた食べ物には、どんなものがあるのかな？ ○説明内容を大まかに捉え、単元の見通しをもつ。	・全文を通読し、初めて知ったことを交流する活動を通して、説明内容を大まかに理解するとともに、「すがたをかえる○○」という説明文を書くという単元の見通しをもつことができるようにする。
二	1	国分さんの説明の工夫を見付けよう！ ○筆者が大豆食品の例をどのように仲間分けしているか考える。	・例が仲間分けされていることを捉える活動を通して、例の分類には筆者の意図があることに気付くことができるようにする。
	2	○問いの文を加えるとしたら、どんな文がよいかを考える。	・「中」の段落の中心文を捉える活動を通して、「初め」には、問いの文がかくれていることを確認する。 ・不適切な問いの文を提示することで、「問い」の文として加えるなら、どのようなものが適切か考えることができるようにする。
	3	○筆者が事例をどんな順序で説明しているかについて考える。	・九つの食品を比較したり、接続語に着目したりしながら、筆者がどのような順序で事例を説明しているかについて考えることができるようにする。
	4	○筆者の事例の選び方について考える。	・新たな大豆食品を提示し、例として加えてもよいかを考える活動を通して、筆者がどのような意図で本教材の食品の例を選んでいるかについて解釈することができるようにする。
三	1・2	学んだことを生かして説明文を書こう！ ○題材を決め、例の書き方を考える。	・選んだ題材について、おいしく食べる工夫や、食品の例を調べる活動を設定する。
	3・4	○「すがたをかえる○○」という説明文を書く。	・下書きの前に、「初め・中・終わり」の文章の組み立てや例の順序を考える活動を設定する。

なお、本単元は、光村図書の学習指導書では、15時間扱いとなっています。

「すがたをかえる大豆」の授業デザイン　123

教材の特性

学習材としての教材の特性について説明しています。どのような内容を学ぶのに適した教材かが分かり、単元計画の際の手がかりになります。また、文章構造図により、ひと目で教材のポイントが分かります。

授業づくりの工夫

全員参加の授業のユニバーサルデザインを目指すため、授業づくりのポイントを「焦点化」「視覚化」「共有化」の３つに絞って記載しています。それぞれの視点が実際の本時において具体化されます。

単元目標・評価規準

本単元における目標と評価規準です。「知識・技能」「思考・判断・表現」には、該当する学習指導要領の指導事項が記載されています。

単元計画

単元全体の大まかな計画を記載しています。光村図書の学習指導書とは、時数設定が異なる場合があります。「指導上の留意点」には、それぞれの時間において、特に留意して指導したい事柄や指導方法について記述しています。

教材分析ページでは、教材分析の際に手がかりとするポイントや本文の記述について具体的に示しています。教材ページの活用ポイントは以下の通りです。

（教材分析ページ）

教材分析のポイント

教材分析の際に、どのような事柄に着目すればよいのかについて説明しています。「事例の順序性」や「例の選び方」など、教材の特性や指導事項を踏まえたポイントを示しています。

指導内容

本教材で指導したい内容を記載しています。教材分析の際の手がかりとなります。

注目したい記述

本文内の特に注目したい記述を色付き文字で示しています。右肩に**ア**や**イ**の記号が付されている場合は、「指導内容」と対応しています。

指導のポイント

教材文における具体的な指導内容や記述を確認した上で、それらを指導する際の指導法の概要について示しています。末尾に記されている記号**ア**や**イ**は「指導内容」と対応しています。

また、「Which 型課題」や「教材のしかけ」なども位置付けています。

本時の展開は、各時の学習活動の進め方や板書のイメージなどがひと目で分かるように構成しています。本時の展開の活用ポイントは以下の通りです。

目標

「全員の子供に達成させる目標」です。本時の学習活動や、「個への配慮」により、全員の子供が「分かる・できる」ようにする目標を記載しています。

本時展開のポイント

本時における一番の勘所です。しっかり頭に入れて、授業に臨んでください。

個への配慮

全体指導を工夫しても、授業への参加が難しい子がいるかもしれません。こうした困難さを感じている子供を支援する手立てを記載しています。

下段の学習活動にある「**配慮**」とそれぞれ対応しています。

（本時の展開）

本時の展開 第二次 第3時

目標 最初の場面を詳しく読む中で、物語の設定や人物像について考えることができる。

[本時展開のポイント]

Which 型課題を用いてカードを比較しながら考える活動を行うことで、全員が自分の考えをもち、意見交流の場に参加することができる。

[個への配慮]

㋐自由に交流する時間を設定する

どのカードが一番なのかを選ぶのが困難な場合、何をヒントにして、どのように考えればよいかが分かるように、自分の席を離れて自由に友達と交流する時間を設定する。その際、考えのヒントになることを全体の場で共有するのもよい。

㋑手がかりとなる叙述と理由を確認する

「りいこ」の人物像をまとめることが困難な場合、定型句を使って人物像を表現することができるように、考えのヒントとなる叙述や、理由（どのカードが一番かを選んで交流した際の意見）を再度確認する。

⑤りいこは、勇気を出して顔を上げました。落とした人が、きっとこまっているにちがいない。

○人

一番は、見方によってちがう。

★◇登場人物のせいかくや人がらなどのことを「人物像（じんぶつぞう）」と言う。

3

「りいこ」の人物像を短文で表現する

もしも「りいこ」を、○○（な）女の子と紹介するとしたら、どのように紹介しますか？

「思いやりのある女の子」です

どうやって書けばいいのか分からない……

しかけ（仮定する）

もしも「りいこ」のことを知らない人に、「りいこ」を紹介するとしたら、どのように紹介するか、「○○（な）女の子」という定型句を使って考える。 配慮㋑

4

人物像という用語を確認し、学習をまとめる

物語に出てくる登場人物の性別や性格、人柄などのことを、「人物像」と言います

他の物語でも人物像を考えてみよう

「りいこ」は、最初悲しそうな感じだな

「りいこ」が、どのような女の子か意見を交流した後で、人物像という用語を確認する。最初の場面で「りいこ」の気持ちがマイナスになっていることを確認できると、次時の学習につなげやすい。

62 第3章 授業のユニバーサルデザインを目指す国語授業の実際

本時の「まとめ」

本時の「まとめ」を板書している箇所には★を付け、ハイライトしています。

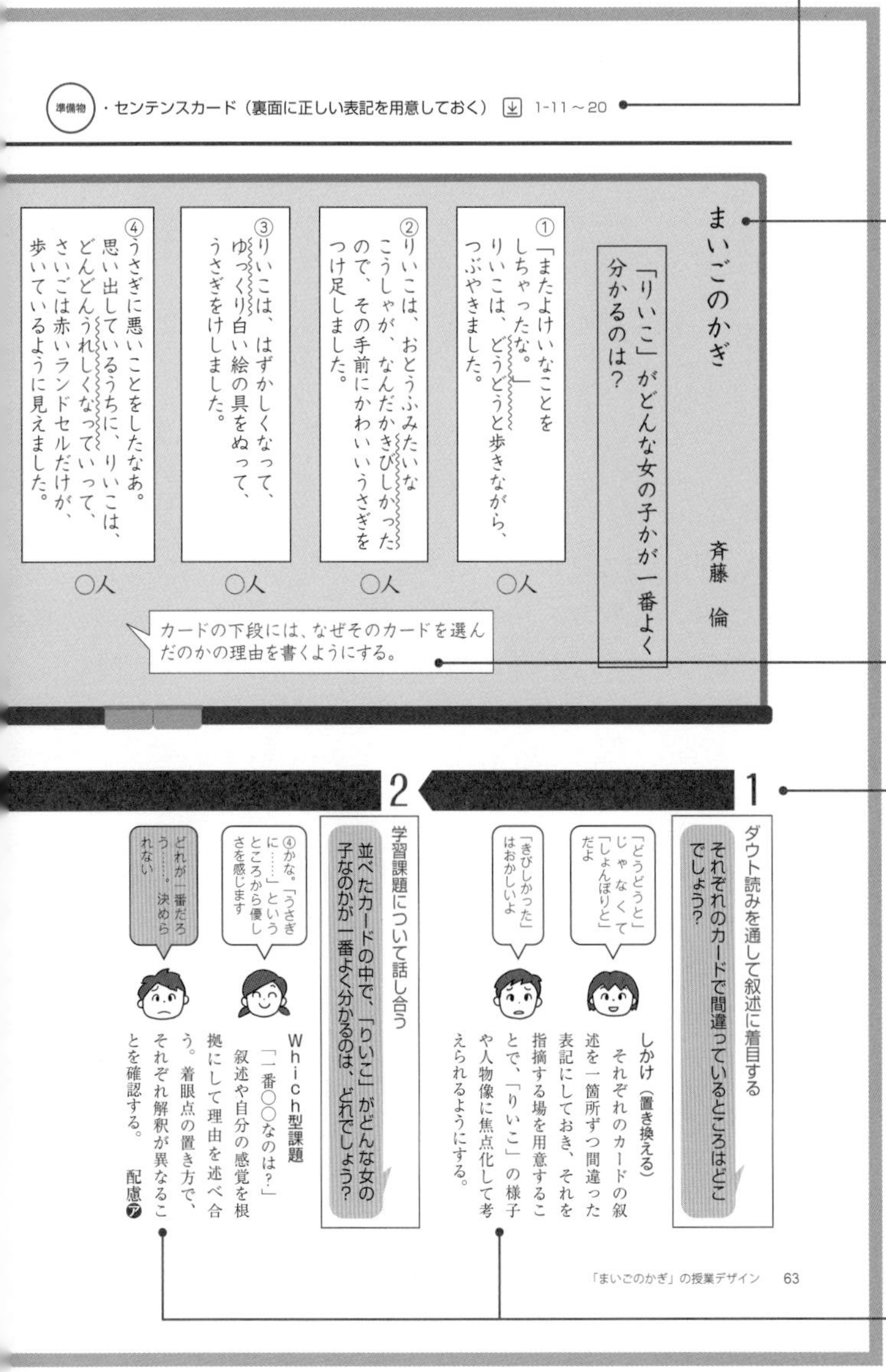

準備物 ・センテンスカード（裏面に正しい表記を用意しておく） 1-11～20
まいごのかぎ
斉藤 倫
「りいこ」がどんな女の子かが一番よく分かるのは？
①「またよけいなことをしちゃったな。」りいこは、どうどうと歩きながら、つぶやきました。
②りいこは、おとうふみたいなこうしゃが、なんだかきびしかったので、その手前にかわいいうさぎをつけ足しました。
③りいこは、はずかしくなって、ゆっくり白い絵の具をぬって、うさぎをけしました。
④うさぎに悪いことをしたなあ。思い出しているうちに、りいこは、どんどんうれしくなっていって、さいごは赤いランドセルだけが、歩いているように見えました。
〇人
〇人
〇人
〇人
カードの下段には、なぜそのカードを選んだのかの理由を書くようにする。
1
ダウト読みを通して叙述に着目する
それぞれのカードで間違っているところはどこでしょう？
「どうどうと」じゃなくて「しょんぼりと」だよ
「きびしかった」はおかしいよ
しかけ（置き換える）
それぞれのカードの叙述を一箇所ずつ間違った表記にしておき、それを指摘する場を用意することで、「りいこ」の様子や人物像に焦点化して考えられるようにする。
2
学習課題について話し合う
並べたカードの中で、「りいこ」がどんな女の子なのかが一番よく分かるのは、どれでしょう？
④かな。「うさぎに……」というところから優しさを感じます
どれが一番だろう……。決められない
Which型課題
「一番〇〇なのは？」
叙述や自分の感覚を根拠にして理由を述べ合う。着眼点の置き方で、それぞれ解釈が異なることを確認する。 配慮ア
「まいごのかぎ」の授業デザイン 63

準備物

黒板に掲示するものやセンテンスカードなど、本時の授業のために事前に準備が必要なものを記載しています。本書掲載のQRコードからダウンロードが可能な資料については、⤓のマークが付いています。

板書例

活動の流れ、学習範囲、指導内容がひと目で分かるように板書設計をしています。

色付き文字で記載しているものは、実際には板書しないもの（掲示物）です。

センテンスカードは、白い枠内に黒い文字で書かれたものです。

板書時の留意点

白い枠内に色付き文字で書かれた吹き出しには、実際の授業で板書をするときに気を付けたいポイントや声がけの工夫などを記載しています。

本時の流れ

1時間の授業の流れを学習活動ごとに示しています。それぞれ、教師の発問、学習活動の具体的な進め方、子どもの反応という構成になっています。

子供の反応

指示や発問に対する子供の反応を記述しています。色付きの吹き出しは、困難さを感じている子供の反応です。困難さを感じている子供への支援については、「個への配慮」を行います。

第 1 章

国語授業のユニバーサルデザインに関する理論と方法

国語授業のユニバーサルデザインに関する理論と方法

筑波大学附属小学校　桂　聖

1．授業のユニバーサルデザインの考え方

ユニバーサルデザイン（以下 UD）とは、文化・言語・国籍や年齢・性別などの違い、能力などにかかわらず、出来るだけ多くの人が利用できることを目指した建築・製品・情報などの設計のことである。

例えば、シャンプー・ボトルのギザギザ、階段横のスロープなどが有名である。UD という概念は、米ノースカロライナ州立大学のロナルド・メイスにより、1985 年ごろに提唱されたものである。「年齢や能力、状況などにかかわらず、デザインの最初から、できるだけ多くの人が利用可能にすること」が基本コンセプトである。

こうした建築や製品などに関する UD の考え方を授業づくりに応用して考えたのが「授業のユニバーサルデザイン」（以下授業 UD）である。その定義は次のとおりになる。

> 発達障害の可能性のある子を含めて、全ての子が楽しく学び合い「わかる・できる」ことを目指す通常学級の授業デザイン

平たく言えば、**通常学級における「全員参加の授業づくり」**である。

この定義は、言わば**「教育の哲学（指導の理念）」**である。日本全国のどの通常学級でも目指すべき目的だからである。通常学級という制度がある限り、昔も今も、そして未来も必要になる。もしかしたら、諸外国で行われている通常学級の授業にも通じる定義かもしれない。つまり、通常学級に関わる全ての教師は、この授業 UD という「教育の哲学（指導の理念）」の実現に向けて努力していく必要がある。

授業 UD には、決まった指導方法はない。例えば、後述する「焦点化・視覚化・共有化」[＊1] の視点で授業をつくることで、全体指導の効果が上がることもある。しかし、全ての子に対応できるわけではない。絶対的なものでもない。当然だが、子ども一人一人の学び方に応じた個別指導も重要になる。

また、**子ども一人一人が、自分に合った学び方を選べる学習環境を教師が整える**ことも大切である。米国では、先進的に**「学びのユニバーサルデザイン」（Universal Design for Leaning = UDL）**[＊2] が実践されている。UDL のように、一人一人の多様な学び方を生かす授業改善も重要な視点である。

授業UDに関する理論や方法は、子どもの数だけある。通常学級における子どもの学びに有効に働く理論や方法は、言わば、全て授業UDである。**「目の前の子どもやクラスの実態に応じて、教師が適切な指導方法を工夫し続けること」こそが、授業UDの本質なのである。**

2．授業のUDモデル

「授業のUDモデル」[*3]とは、図1のように、「教科教育」「特別支援教育」「学級経営」の知見を生かして、授業での学びを4つの階層でとらえたモデルである（詳しくは第2章で述べる。重要な考え方なので、本章でも取り上げて概要を説明しておく）。

授業UDにおける子どもの学びには、図1の下の部分から「参加」「理解」「習得」「活用」という4つの階層が想定できる。

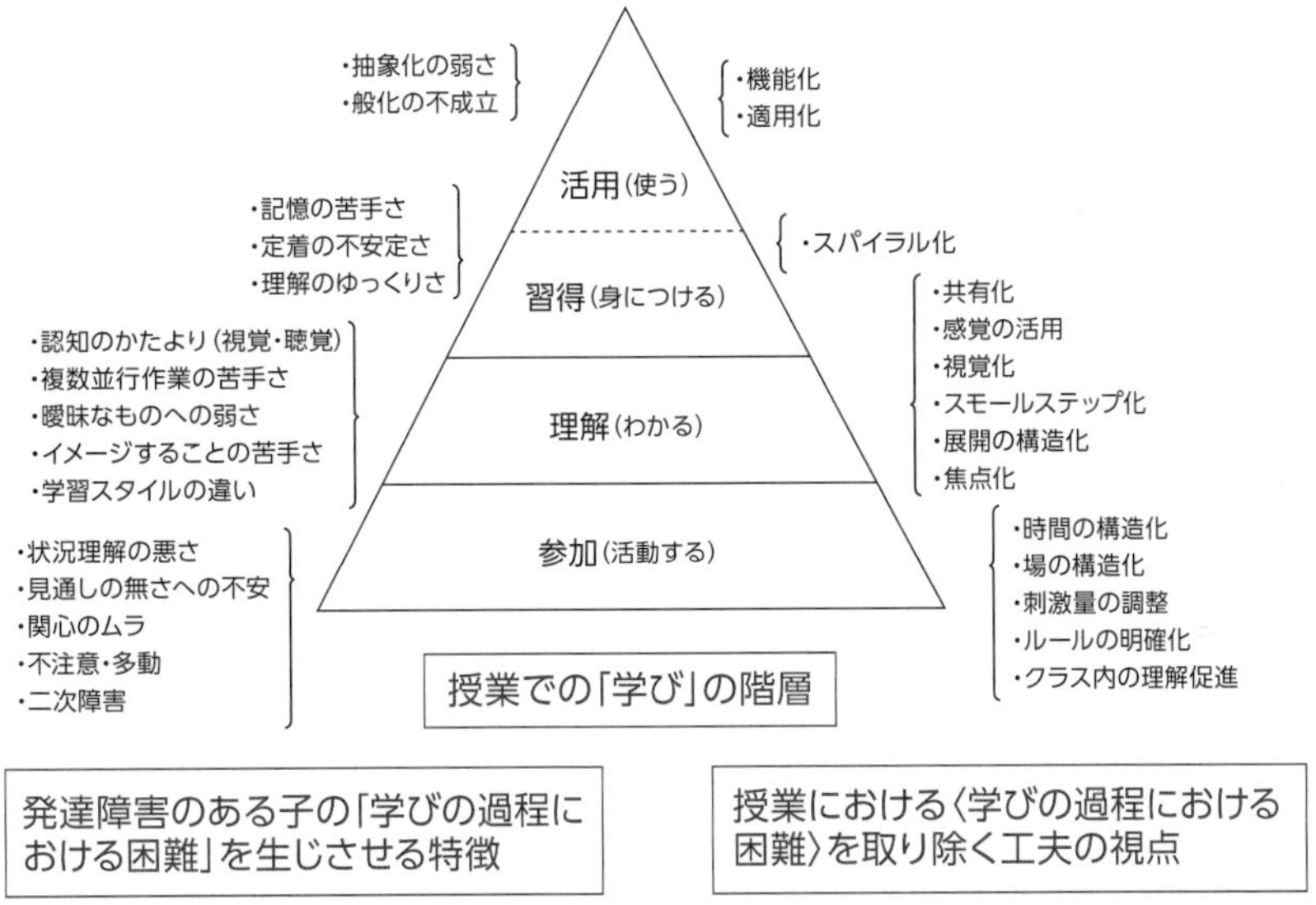

図1　授業UDモデル

1つ目の「参加」階層における学びとは、通常学級において「活動する」というレベルである。発達障害の可能性のある子は、そもそも、教科教育の授業以前の問題として、人間関係や学習環境でつまずくことがある。この階層の学びでは、特に「クラス内の理解の促進」「ルールの明確化」のような学級経営の工夫、「刺激量の調整」「場の構造化」「時間の構造化」のような学習環境の整備が必要になる。「参加」階層における学びとは、言わば「学級経営のUD」である。これは「理解」「習得」「活用」階層の「学びの土台」になる

2つ目の「理解」階層における学びとは、通常学級の授業において「わかる・できる」というレベルである。発達障害の可能性のある子は、興味・関心が沸かなかったり、人の話を一方的に聞いたりすることが苦手である。教科の授業そのものを、楽しく学び合い「わかる・できる」にように工夫しなければならない。この「理解」階層における学びこ

そが、教科の授業において一番重要な学びである、子どもにとって、1時間の授業そのものが楽しく学び合い「わかる・できる」授業にならなければ意味がない。

3つ目の「習得」階層における学びとは、通常学級の授業において「わかったこと・できたこと」が身につくというレベルである。発達障害の可能性のある子は、ある日の授業で「わかった・できた」としても、次の日の授業では習ったことを忘れることがある。各授業や各単元、そして教科間のつながりを意識しながら、系統的・発展的に「スパイラル化」して指導する。子どもの学びが「習得」レベルになるように、単元構成やカリキュラムを工夫する必要がある。

4つ目の「活用」階層における学びとは、通常学級の授業で学んだことを実生活に「使う」というレベルである。発達障害の可能性がある子は、学んだことを抽象化したり生活に般化したりすることが弱いことがある。例えば、国語で文学作品の読み方を学んだとしても、それを日常の読書活動に生かせないことがある。授業で学んだことを実生活に生かせるように指導を工夫していくことも大切である。

「参加」「理解」階層の学びに対しては、授業や学級経営で「指導方法」を工夫する必要がある。また、「習得」「活用」階層の学びに対しては、中・長期的なスパンで「教育方略」を工夫していくことが大切である。

以下では、主として**「理解」レベルにおける国語の授業 UD** について述べる。

3．国語の授業 UD とは

国語科の授業 UD とは、次のとおりある。

> **発達障害の可能性のある子を含めて、全ての子が楽しく学び合い「わかる・できる」ことを目指す通常学級の国語授業づくり**

国語における重要な目標は、「論理」である。ここで言う「論理」とは、「論理的な話し方・聞き方」「論理的な書き方」「論理的な読み方」のことである。

例えば4年生物語文「ごんぎつね」の授業では、中心人物〈ごん〉の心情を読み取る活動を、日本全国のどの教室でも行っている。こうした人物の心情を読み取る活動も、文学的文章の授業では重要な活動である。

しかし、問題はこの活動だけで終わっていることである。より重要なことは、「〈ごん〉の心情を読み取る」と同時に、「心情の読み取り方」を指導することである。この「心情の読み取り方」こそ、「論理的な読み方」の一つである。

発達障害の可能性がある子は、「曖昧」が苦手な子が多い。様々な解釈を出し合うだけではなくて、それを生み出す「論理的な読み方」を明示的に指導していくことも大切になる。

さらに、こうして4年生「ごんぎつね」で学んだ「論理的な読み方」を、5年生「大造じいさんとガン」や6年生「海の命」でも活用できるようにする。

「論理的な読み方」同様、「論理的な書き方」「論理的な話し方」も重要な目標になる。こうした**「論理」こそ、資質・能力としての「思考力・判断力・表現力」育成の中核になる**。国語では、他の文章や言語活動に活用できる「論理」を指導していくことが不可欠である。

４．系統的な指導

他教科の学習でも、様々な言語活動を行っている。例えば、社会科では新聞を作ったり、理科では実験について議論をしたり、家庭科ではレポートを書いたりする。こうした**各教科と国語との明確な違いは、国語では「論理的読み方」「論理的な書き方」「論理的な話し方」を系統的に指導すること**である。

2017年告示の学習指導要領の解説おいても、次のように「学習の系統性の重視」を示している＊[4]。とはいえ、指導内容はまだ曖昧である。

例えば、「読むこと」における文学的文章の指導内容は、以下のとおりである＊[5]。

◆構造と内容の把握

●場面の様子や登場人物の行動など、内容の大体を捉えること。
（第１学年及び第２学年）

●登場人物の行動や気持ちなどについて、叙述を基に捉えること。
（第３学年及び第４学年）

●登場人物の相互関係や心情などについて、描写を基に捉えること。
（第５学年及び第６学年）

◆精査・解釈

●場面の様子に着目して、登場人物の行動を具体的に想像すること。
（第１学年及び第２学年）

●登場人物の気持ちの変化や性格、情景について、場面の移り変わりと結び付けて具体的に想像すること。
（第３学年及び第４学年）

●人物像や物語などの全体像を具体的に想像したり、表現の効果を考えたりすること。
（第５学年及び第６学年）

つまり、文学の授業においては、6年間でこの6つの内容を指導すればよいことになる。

だが、これだけでは、国語授業が曖昧な指導にならざるを得ない。「論理的な話し方」「論理的な書き方」「論理的な読み方」に関して、系統的・段階的に指導していくより詳細な目安が必要である。

例えば、筑波大学附属小学校国語科教育研究部では、こうした**「論理的な読み方」の目安として、７系列の読む力から整理した「文学の系統指導表」「説明文の系統指導表」**（本章末尾に付録として所収）を提案している＊[6]。各学級や各学校で活用したり更新したりすることが望まれる。

ただし、**系統指導表は、あくまでも指導の目安である**。系統的に順序よく指導することは本質ではない。**子どもの学びの状態に応じて、指導の系統を念頭に置いた上で、教師が柔軟に対応していくこと**こそ、本質的に重要である。

5．国語の授業 UD に関する実践理論

⑴　授業の「焦点化」「視覚化」「共有化」を図る

国語の授業 UD では、「論理」を授業の目標にした上で、授業の「焦点化・視覚化・共有化」[*7] **を図る**ことが大切になる。

授業の「焦点化」とは、ねらいを絞ったり活動をシンプルにしたりすることである。複数の作業を同時に行うことが難しい子がいる。情報が多くなると理解できない子もいる。授業の「焦点化」をすることで、その子はもちろん、他の子にとっても学びやすい授業になる。

授業の「視覚化」とは、視覚的な手立てを効果的に活用することである。人の話を聞いたり文章を読んだりするだけでは、理解が難しい子がいる。聴覚的な言語情報や文字情報だけでは、内容をイメージすることが苦手なのである。そこで例えば「写真」「挿絵」「動画」「センテンスカード」「寸劇」など視覚的な手立てを活用する。

しかし、ただ単に、こうした視覚的な手立てを活用すればよいというわけではない。冒頭で述べたように「効果的に活用する」ことが大切になる。「効果的」とは、「授業のねらいに通じる」ことである。「一部分だけ見せる」「一瞬だけ見せる」「一定時間見せて、あとは見せない」「ずっと見せ続ける」など、「何を」「どのように」提示するかを綿密に考えておかねばならない。

授業の「共有化」とは、話し合い活動を組織化することである。多くの授業は「挙手－指名」方式で話し合い活動を進める。教師が手を挙げている子を指名していく方式である。しかし、手を挙げて発表することが難しい子がいる。簡単な問いには応えられても、ちょっと難しい問いになると、発表できなくなる子も少なくない。「挙手－指名」方式だけの授業では、クラスの一部の子だけで授業を進めることになりがちになる。

そこでまずは、課題設定の場面においては、全員が参加できるように、例えば「Aか？Bか？」「1、2、3のうち、どれが一番○○か？」などの「Which 型課題」[*8] を設定する。次に、全体の話し合い活動に入る前に、一人学びの時間を設定したり、ペア、グループ、フリーの活動を設定したりして、全員の考えを出しやすくする。さらに、全体の話し合い活動では、全員の子が集中して話を聞けるように、ある**モデル発言**（例えばAさん）**に対して次のように関連づけて話すように促す**。

●Aさんは、何と言ったかな？　もう一度、言ってくれる？　（再現）
●Aさんが言ったことって、どういうこと？どういう意味か教えてくれる？　（解釈）
●Aさんは～を選んだけど、なぜこれを選んだのかな？　理由が想像できる？　（想像）

●Aさんの言ったことについて、「例えば」を使って、例を出せるかな？　(具体)
●Aさんが言ったことは、「つまり」どういうこと？　(抽象)
●Aさんの考えのいいところは何かな？　(批評)

友達の発言に関連づけて**「小刻みな表現活動」**を促すことで、全員の**「理解の共有化」「課題の共有化」**を図ることが大切になる。

なお、「焦点化」とは、厳密に言えば、指導内容に関係する視点である。「視覚化」「共有化」は指導方法である。**「視覚化」や「共有化」は、「焦点化」に有効に働いてこそ意味がある**のである。

⑵ 「教材のしかけ」をつくる

◆「教材のしかけ」とは

「教材のしかけ」*9とは、教材を意図的に「不安定」にすることで、子どもの意欲と思考を活性化する指導方法である。

例えば、1年生の説明文の授業。段落の順序をかえて提示する。すると、子どもは「先生、変だよ！」と口々に言い始める。「だって、問いの後に答えがあるはずなのに、答えの後に問いがあるからダメだよ」と言う。これは「段落の順序をかえる」という「教材のしかけ」である。子ども自らが「問いと答えの関係」という「論理」に気付く。

教師が「問いの段落はどれですか？」「答えの段落はどれですか？」と尋ねることもできる。だが、こうしたやり取りに終始すると、子どもは受け身になる。教材を意図的に「不安定」にすることで、子ども自らが「話したくなる」「考えたくなる」動きを引き出す。

「教材のしかけ」は、「焦点化・視覚化・共有化」の手立てになる。「教材のしかけ」をつくることは、単に楽しいクイズをやることではない。授業のねらいが「焦点化」されなければならない。また、「教材のしかけ」をつくることは、「視覚的」に教材を提示したり、課題や理解の「共有化」を図ったりすることに通じる。

発達障害の可能性のある子は、「先生、違うよ！」と言って、違いに目を向けることが得意な子が多い。特別支援教育の観点からも、理にかなった指導方法だと言える。

◆「教材のしかけ」10の方法

国語科授業における「教材のしかけ」には、次の「10の方法」がある。

①順序をかえる	②選択肢をつくる	③置き換える	④隠す	⑤加える
⑥限定する	⑦分類する	⑧図解する	⑨配置する	⑩仮定する

こうした10の方法には、それぞれに表現の対象がある。例えば「文の選択肢をつくる」だけではなくて、「語句の選択肢をつくる」こともできるし、「主題の選択肢をつくる」こともできる。授業のねらいに応じて、方法や対象を変えることが大切になる。

ただし、単に「教材のしかけ」をつくって提示すればよいのではない。**子どもが自然に**

「考えたくなる」「話したくなる」ように、提示の仕方を「工夫」することが大切である。

例えば、物語文の授業においては、「挿絵の順序を変える」というしかけで、それを並び替えることで、話の内容の大体をとらえることができる。だが、単に挿絵の順序を変えておいて、「どんな順番なのかな？」と問いかけるだけでは、子どもの意欲はそう高まらない。一方、黒板の右から左に矢印（→）を引いておいて、「挿絵はこんな順番だったね」と話しながら、バラバラになった挿絵を置いていく。すると、子どもは挿絵の順序性に違和感をもち、「先生、順番が違うよ！」と話し始める。

また、物語文の授業においては、「主題の選択肢をつくる」ことがある。単に、間違った主題や正しい主題を提示するだけではなくて、「主題くじを引く」という活動にアレンジしてみる。正しい主題が「当たり」である。子どもは喜々として活動に取り組み始める。

このように、「教材のしかけ」はただ単に提示するのではなくて、

●場づくりをした上で、しかける ●教師が言葉がけをしながら、しかける ●活動をアレンジして、しかける

などをして、提示の仕方を工夫することが大切である。

(3) 「考える音読」による思考の活性化

◆「考える音読」とは

国語の学習活動として必ず行われるものに「音読」がある。教師は、物語文の授業では「登場人物の心情を考えながら音読をしましょう」と、よく指示する。また、説明文の授業では「文章の内容を思い浮かべながら音読をしましょう」と助言する。つまり、大抵は、考えながら「音読」をすることを子どもに促している。

しかし、本当に、子どもが「人物の心情」「文章の内容」を考えながら音読しているだろうか。それは怪しい。子どもの頭の中は、教師にはわからない。

「考える音読」[*10*11] **とは、言わば「考えざるを得ない状況をつくる音読」**である。「考えざるを得ない状況」をつくることによって、一部の子どもだけではなくて、**「全員の思考」を活性化**することができる。

◆3つの型

「考える音読」には、次の3つの型がある。

①すらすら型	②イメージ型	③論理型

1つ目の**「すらすら型」とは、語、文、文章を正しく読む音読**である。文章の内容理解の基礎になる。「はりのある声」「はっきり」「正しく」「、や。に気をつけて」など、正確に音読で表現することがねらいになる。例えば、次のような活動がある。

●マル読み……………「。」のところで、読む人を交代して読む。
●マル・テン読み……「。」「、」のところで、読む人を交代して読む。
●リレー読み…………好きな「。」「、」で、読む人を交代して読む。

こうした音読では、文章の内容をイメージするよりも、とにかく、正しく読むことに集中しがちになる。

2つ目の**「イメージ型」とは、人物の心情や文章の内容を思い浮かべながら読む音読**である。例えば、「ここ・ここ読み」。「先生が、今から文章を音読していきます。中心人物の心情がわかる言葉になったら、『ここ、ここ』と言いましょう」と指示すれば、子どもが中心人物の気持ちを想像せざるを得なくなる。

また、「つぶやき読み」。「ペアで音読をします。一人は筆者の役、もう一人は読者の役です。筆者の役は、読者に伝えるつもりで一文ずつ読みます。読者の役は、『おお、～なんだよね』のように、一文ずつ、文章の内容に合わせてつぶやきましょう」と指示すれば、文章の内容を思い浮かべざるを得なくなる。

他にも、次のような音読がある。

●動作読み………人物の言動や説明内容を動作化しながら読む。
●ダウト読み……教師の読み間違いで、「ダウト！」と言い、正しい内容を確認する。
●指差し読み……友達や教師の音読を聞いて、挿絵や写真の該当箇所を指差す。

3つ目の**「論理型」とは、文章の「論理」を考えながら読む音読**である。「論理」とは、平たく言えば、「関係」である。文章の「論理」に着眼して読むことで、より深く、人物の心情を読み味わったり、文章の内容や筆者の意図をとらえたりすることができる。

「論理型」の音読には、例えば、次のような活動がある。

●ぼく・わたし読み………三人称の登場人物の名前に、一人称の「ぼく」「わたし」を代入して読むことで、視点人物を明らかにする。
●クライマックス読み……中心人物の心情の高まりに合わせて音読することで、クライマックスをとらえる。
●問い・答え読み…………問いの部分と答えの部分を役割分担して読む。
●事例・まとめ読み………事例の部分は一人で読んで、まとめの部分は全員で読む。

このように、「考える音読」では、「すらすら型」の音読によって「文章を正確に読める」ようにすることはもちろん、「イメージ型」の音読によって「文章の内容を理解」した上で、「論理型」の音読によって文章中の「論理的な関係をとらえて読める」ようにする。

「考える音読」のバリエーションは、すでに100種類以上ある[*1][*2]。ただし、これらは絶対的なものではない。**それぞれの教師が、目の前の子どもたちの「全員参加」「全員思考」を想定して、新しい「考える音読」をつくることに意義がある。**

◆「考える音読」を活用した授業づくり

授業では、「すらすら型」「イメージ型」「論理型」のねらいにそって取り入れることが大切である。例えば、単元構成。大まかに言えば、次のような構成が想定される。

●第一次……中心教材を読み、音読練習をしたり単元の見通しをもったりする。
●第二次……中心教材の内容や論理を確認する。
●第三次……学んだ論理を使って、選択教材を読んだり表現活動をしたりする。

こうした単元構成では、**第一次で「すらすら型」、第二次で「イメージ型」「論理型」**の音読を取り入れることが目安になる。

また、授業構成についても、概して言えば、次のような構成になる。

●導入………………問題意識を醸成したり、学習課題を設定したりする。
●展開（前半）……文章の内容を理解する。
●展開（後半）……文章の論理に気付く。
●まとめ……………学習課題や文章の内容・論理などについて振り返る。

こうして考えると、**授業の展開（前半）では「イメージ型」の音読、展開（後半）では「論理型」の音読**を設定することが望ましいことになる。

ただし、**導入において、あえて「イメージ型」「論理型」の音読を取り入れる**ことで、子どもの読みのズレを引き出し、それを展開（前半・後半）で解決していくという構成も考えられる。

(4)「Which 型課題」の国語授業

◆「Which 型課題」とは

「Which 型課題」[*12] **とは、「選択・判断の場面がある学習課題」**である。例えば、「Aか？　Bか？」「1、2、3のうち、どれか？」「1、2、3のうち、どれが一番～か？」のようにして、子どもが選択・判断する場面をつくる。

「Which 型課題」のメリットは、何よりも、全ての子どもが参加できることである。明確に理由をイメージできなくても、どれかを選択・判断することは誰でもできる。**「What 型（何？）」、「How 型（どのように？）」、「Why 型（なぜ？）」**という課題では答えられない子がいる。しかし、**「Which 型（どれ？）」で選択・判断するだけなら、誰もが学びの第一歩を踏み出せる。**

◆「Which 型課題」の国語授業モデル

この「Which 型課題」の国語授業では、次の4つの授業場面を想定している（[　]は子どもの学びのプロセス）。

①問題意識の醸成	［面白いね。ん？］
②「Which 型課題」の設定	［えっ、どれ？］
③考えのゆさぶり	［違うよ！　だって…］
④まとめ・振り返り	［～が大事だね。他にもあるかな］

「①問題意識の醸成」では、課題設定に向けて、全員の理解をそろえ、問題意識の醸成を図る。**「②『Which 型課題』の設定」**では、問題意識を引き出した上で課題を設定して、子どもの考えのズレを際立たせる。学びの第一歩としての「主体性」を引き出したり、考えのズレを際立たせて「対話的な学び」を引き起こしたりする。**「③考えのゆさぶり」**では、子どもの考えを整理した上で、「ゆさぶり発問」を投げかけて「深い学び」を促す。**「④まとめ・振り返り」**では、課題に対する答えを確認したり、その思考のプロセスで有効だった読み方を整理したり、その読み方の活用場面を提示したりする。また、自分の学び方の振り返りを促す。「Which 型課題」の国語科授業モデルは、学習指導要領が目指す**「主体的・対話的で深い学び」**の実現を図るための有効な方法の一つである。

ただし、こうして授業場面を想定することは、かえって子どもの「主体性」を奪う可能性がある。**子どもの「学びの文脈」に寄り添いつつ、学び合いが促進・深化するように、教師が適切にファシリテーションをしていく**ことが大切になる。

◆「Which 型課題」のバリエーション

「Which 型課題」は図 2 で示す「三つの読みの力」[*13] **に基づいて構想できる。**

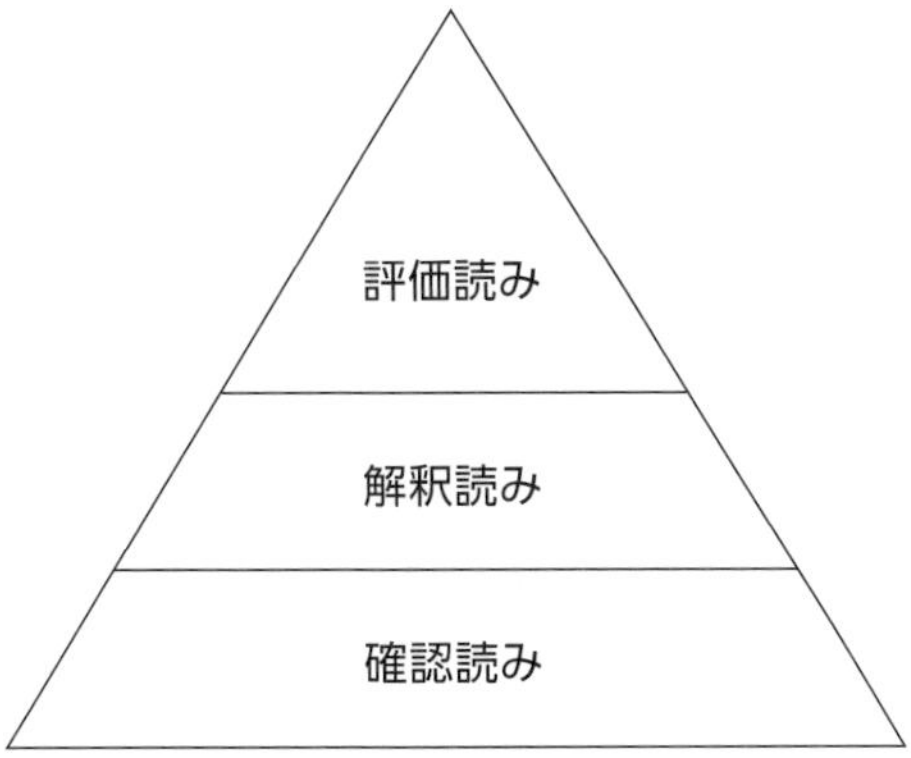

図 2 「三つの読みの力」の構造

1つ目は**「確認読み」**。クラス全員が共通して確認できる読みである。二つ目は**「解釈読み」**。解釈読みには、様々な読みがある。私たち読者は、確認読みをベースにしながら、独自の解釈読みをしている。三つ目は**「評価読み」**。評価読みは、「面白い／面白くない」「わかりやすい／わかりにくい」など、誰もができる読みである。質の高い「評価読み」は、「確認読み」や「解釈読み」がベースになっている。

以下は、「三つの読みの力」をベースにして、これまでの授業実践や長崎伸仁氏らの先行研究[*14]をふまえて**「Which 型課題」を 10 のバリエーションに整理**したものである。

◆「Which 型課題」確認読みレベル（答えが一つに決まる）
①○○は、A か？　B か？
②○○は、A ～ C（三つ以上）のうち、どれか？
◆「Which 型課題」解釈読みレベル（答えは、一つに決まらない）
③○○として適切なのは、A か？　B か？
④○○は、A か？　それとも、not　A か？
⑤一番○○（○○として一番適切）なのは、A ～ C（三つ以上）のうち、どれか？
⑥もしも○○だったら、A ～ C（三つの以上）のうち、どれか？
⑦もしも○○の順位をつけるなら、その順番は？
⑧もしも○○を目盛りで表すなら、いくつになるか？
◆「Which 型課題」評価読みレベル（誰もが評価できる）
⑨○○は、いる？　いらない？
⑩いい文章？　よくない文章？

◆拡散と収束

「Which 型課題」の設定では、では、子どもの多様の読みが出る。言わば**「拡散」**である。だが、「拡散」したままでは、子どもには、何が大事な読み方なのかががわからない。「拡散」した後は、その**「収束」**を図る必要がある。そこで、授業の後半では「考えのゆさぶり」として、**子どもの学びの文脈に寄り添いつつ、「ゆさぶり発問」を投げかける。読みの「収束」として「新たな着眼としての読み方」に気付く**ことができるようにする。

「ゆさぶり発問」には、例えば、次のようなものがある。

(T) がまくんにお手紙を速く届けたいなら、かたつむりくんじゃなくて、チーターの方がいいよね？　（2 年物語文「お手紙」）
(T) ごんは、村人に嫌われたいから、いたずらばかりするんだよね？　（4 年物語文「ごんぎつね」）
(T) 大造じいさんは、2 年半、ガン一羽だけしか捕らなかったんだよね？　（5 年物語文「大造じいさんとガン」）
(T) しごとの文は、つくりの文の方があとでもいいよね？　（1 年説明文「じどう車くらべ」）
(T)「初め」はなくても、「中」と「終わり」の説明だけでもいいよね？　（4 年「ウナギのなぞを追って」）
(T) 要旨を 2 回繰り返さなくても、別に 1 回だけでいいよね？　（5 年説明文「見立てる」）

このようにして、**意図的に「不適切な解釈」を投げかけることで、「適切な解釈」を引き出し、「新たな着眼としての読み方」に気付くことができるようにする。**子どもの学びの文脈に寄り添って投げかけることが大切である。

◆「Which 型課題」の国語授業モデルと「教材のしかけ」との関係

「Which 型課題」の国語授業モデルは、「教材のしかけ」*[15]を授業展開に位置づけたものだとも言える

①問題意識の醸成	【順序を変える？　語句を置き換える？　隠す？……】
②「Which 型課題」の設定	【選択肢をつくる】
③考えのゆさぶり	【仮定する】
④まとめ・振り返り	

上記の②**は「選択肢をつくる」**、③**は「仮定する」**という「教材のしかけ」である。そうすると、①**では、それ以外のしかけ**を使えばよい。「Which 型課題」の国語授業モデルと「教材のしかけ」の関係づけることで、授業展開をシンプルに構想することができる。

(5) 国語科授業のファシリテーション力

◆ファシリテーション力とは

発達障害の可能性のある子の存在を前提にした学び合いでは「単線的で、右肩上がりの学び」になるはずがない。「考えのずれ」が生まれたり、「間違い」が出たり、「わからない」という声が上がったりする。つまり、国語の授業 UD とは、複線的で行きつ戻りつする**「多様性のある学び合い」**である。

こうした「多様性のある学び合い」を支える教師の力量を**「国語授業のファシリテーション力」***[16]と呼ぶことにする。**ファシリテーション（facilitation）とは「集団による知的相互作用を促進する働き」**である。Facilitate には、「物事をやりやすくする、容易にする、促進する、助長する」という意味がある。問題解決、アイデア創造、合意形成など、集団における知識創造活動を促進していく働きがある。

このファシリテーション力として、次の五つのスキルを想定している。

①授業のストーリーづくりのスキル
②教室の空気づくりのスキル
③多様な意見を拡散的に引き出すスキル
④異なる意見を収束的に整理するスキル
⑤即時的にアセスメントし対応するスキル

以下、簡単に解説する。

◆授業のストーリーづくりのスキル

「『Which 型課題』の国語授業モデルに基づいて、「子どもの学びのプロセス」イメージ

するスキル」である。次のように授業展開を考えることで、授業のストーリーをクリアに考えることができる。（[　] は子どもの学びのプロセスを示す）

①問題意識の醸成	[面白いね。ん？]
②「Which 型課題」の設定	[えっ、どれ？]
③考えのゆさぶり	[違うよ！　だって…]
④まとめ・振り返り	[～が大事だね。他にもあるかな]

◆教室の空気づくりのスキル

「子ども同士の共感的な呼応関係や前向きな雰囲気をつくるスキル」である。共感的な呼応関係とは、話し手が語りかけると、聞き手がオリジナルの反応をするような関係である。また、アイスブレイクで自己開示ができるようにしたり、授業の導入（問題意識の醸成）おいて、子どもの「楽しい」や「気になる」を引き出したりすることも大切である。もちろん「遊び心のある」「温かく」「誠実な」教師の話し方や雰囲気も欠かせない。

◆多様な意見を拡散的に引き出すスキル

「多様な意見や反応を引き出して、受容的に対応するスキル」である。一番重要なのは「教師や子どもの授業観の転換」である。私たちは、無意識のうちに「授業とは、正しい答えを発表し合うことである」と考えていることが多い。だが、こうした「正答ベースの授業観」では、多様な意見は出ない。「授業とは、困ったことや悩んでいることに寄り添って、全員で解決していくことである」という「困りベースの授業観」に変えていく必要がある。「～に困っている人？」と教師が問いかけ、学習者が困っていることを語り出し、それを全員で解決していく。「～がわかる人？」という問いかけでは参加できる子が限られる。「困りベースの授業観」では、全ての学習者が参加できる。

「「Which 型課題」のように、課題や発問に「選択肢」をつくることも効果的である。「Which 型」（どれ？）の課題や発問から始めると、全員が参加しやすい。自分の立場を明示して授業に参加できるようにする。

子どもが様々な意見を出し合うには、まずは、教師が子どもの意見に対して「受容的・共感的」に反応することが必要である。うなずきながら全身で聞いたり、適切なポジショニングをとったり、プラスの相槌を打ったり、適切なリボイシングをしたりする。

◆異なる意見を収束的に整理するスキル

「考えの違いを整理した上で、問題を明確化したり論理を共有したりするスキル」である。例えば、話し合い活動において、子どもの意見の違いを対比・類別等で「整理」して問い返す。モデル発言の「再現・解釈・想像・評価・再構成」を促す。一人の子の発見を「着眼点（ヒント）」を共有していくことで、「全員の発見」を促す。

「考えのゆさぶり」の場面では、「ゆさぶり発問」として、「だったら～だよね？」と、意図的に不適切な解釈を投げかけて、適切な解釈を引き出す。

また「学習のまとめ」として「①課題に対する答え　②読み方の整理　③読み方の活用」を確認したり、「学習の振り返り」として「学び方の成果と課題」を見つめ直すように投げかけたりする。

◆即時的にアセスメントし対応するスキル

「『学びのズレ』をアセスメントしながら、『立ち止まり』『立ち戻り』によって、即時的に対応するスキル」である。例えば、一人の子の「わからない」「困っている」「間違い」を積極的に取り上げて「立ち止まる」。一人の子の問題は、実は他の子も同様の問題を抱えていることが多い。その上で、「間違いの思考過程」を共感的に理解しながら「立ち戻る」。間違いの結果ではなくて、その思考過程のよさに共感しつつ、一緒に改善策を考えることができるようにする。

◆即時的に対応できる力

授業の成否は、およそ「事前の準備が6割、事中の対応が3割、事後の評価と指導が1割」である。「国語科教育」「特別支援教育」「学級経営」に関する専門的な研鑽を続けた上で**「子どものつまずきを想定して、授業の準備を綿密に行い、授業のイメージや学びの姿を描けるようになること」**が、実際の授業においても**「自然な振る舞いとして即時的に対応できる力を高めること」**につながるのである。

⑹ 単元構成の基本的な考え方

◆単元とは

単元とは「一つのまとまり」のことである。例えば、次のような目安で、単元を構成する。

> ●第一次……中心教材を読み、音読練習をしたり単元の見通しをもったりする。
> ●第二次……中心教材の内容や論理を確認する。
> ●第三次……学んだ論理を使って、選択教材を読んだり表現活動をしたりする。

子どもの問題解決の文脈に寄り添いつつ構成することが大切になる。

下学年の単元の第二次では、「場面ごとの読み」ではなくて、中心人物の心情変化に着眼して**「場面をつなげる読み」**で指導していくことが効果的である。

例えば、第2次1時では1場面だけの中心人物の心情を読み深める。次の第2時では、1場面と2場面をつなげて、中心人物の心情変化を読み深める。そして第3時では、1場面から3場面をつなげて、中心人物の心情変化を読み深める。こうやって指導していけば、最後には、1場面から最終場面までの中心人物の心情変化が明らかになるというわけである。

一方、**上学年の単元の第二次では、下学年での学びをふまえて、文章丸ごとを扱って「論理的な読み方」に着眼して指導する**ことが大切になる。その着眼する「論理的な読み方」は、これまでの述べてきた中で、次の5つが目安になる。

> ①作品の設定（「時（いつ）」「場所（どこで）」「登場人物（誰が）」「出来事（何をしたか）」）は？

②視点（語り手は「誰」の目と心かから地の文を語っているか）
③文学特有の表現技法（この表現技法によって、視点人物のどんな心情が解釈できるか？）
④中心人物の変化（中心人物の心情は、どのように変化しているか）
⑤主題（人間の生き方として一番強く感じることは何か？）

第一次では、単元に関する問題意識を引き出した上で、第二次では、問題解決のプロセスとして、こうした「論理的な読み方」を確認していく。そして第三次では、学んだ「論理的な読み方」を活用して別の物語文を読んだり表現したりできるようにする

⑺　三段構えの指導

◆三段構えの指導とは

通常学級の授業においては、全体指導だけでも個別指導だけでも進めることはできない。全体と個別のバランスや順序性を考えて指導することが大切になる。

「三段構えの指導」（図3）*[17]とは、通常学級において「①全体指導の工夫」「②個別の配慮」「③個に特化した指導」という順序で、「全員参加」の指導をすることである。例えば、図2における三角形は、通常学級のクラス全員の子どもを表している。

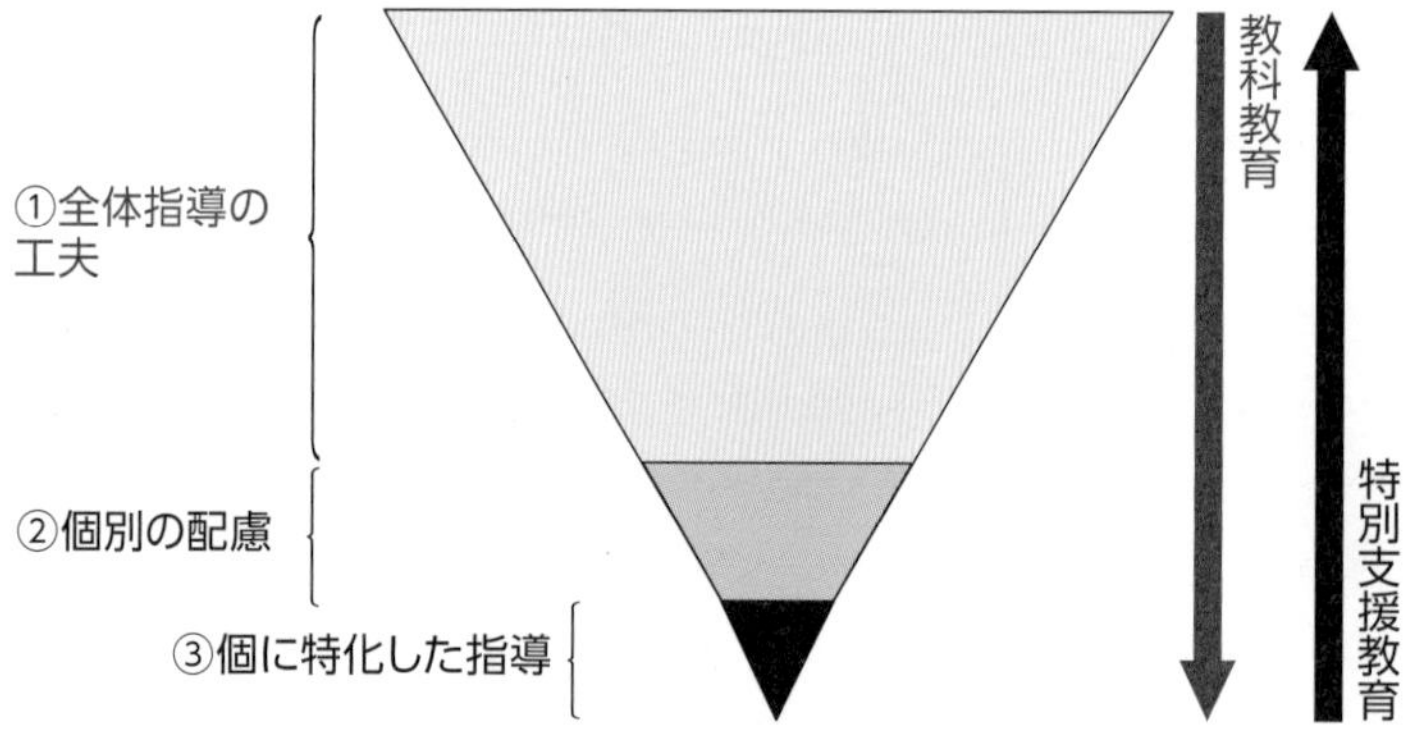

図3　三段構えの指導

◆全体指導の工夫

まずは**「①全体指導の工夫」によって、発達障害の可能性のある子を含めて、全ての子が楽しく学び合い「わかる・できる」授業を目指す**。ここで言う「①全体指導の工夫」とは、国語で言えば、これまでに述べてきたように、「論理」を授業の目標にしたり、授業の「焦点化・視覚化・共有化」を図ったり、その手立てとして「教材のしかけ」つくったりする、「考える音読」を設定したりする、「Which 型課題」の国語授業モデルで授業を展開するなどの指導内容の精選や指導方法の工夫である。

◆個別の配慮

しかし、**「①全体指導の工夫」を行っても、学習活動に乗れない子がいることがある。その際には、授業の中で、例えば次のような「②個別の配慮」を行う**ことがある。

●漢字を読むことが苦手な子がいる場合には、ふりがな付きのプリントを与える。
●教材を提示しても注目していない場合には、その子に注目して話したり近寄ったりする。
●ペアの話し合い活動が難しい場合には、教師が二人の間に入って話し合い活動の調整役をする。
●全体の話し合い活動での発表が難しい場合には、つぶやきやノートの記述を取り上げて、その子に発言するように勧めたり、その子の考えを教師が紹介したりする。
●書くことが苦手な子がいる場合には、書き出しを指示したり、お手本や他の子の意見を写しすることを許可したりする。

こうした「②個別の配慮」とは、授業時間の中で行う個別の指導である。

ただし、こうした**「授業内での個別指導」では、個別指導をされる側の子どもの気持ちを十分配慮することが必要である**。例えば、自分の考えをノートに書く時間で、長時間、書くことが苦手な子を指導することは、「またあの子は書けていない」ということを他の子に知らせることになる。そこで、机間指導の1周目に指示をしておいて、その2周目に確認をするなどして、できるだけ早めに何度も子どもたちを見て回るようにする。すると、書くことが苦手な子が目立たなくなる。つまり、「②個別の配慮」としての授業内での個別指導では、苦手な子が目立たないように指導していくことが大切である。

◆個に特化した指導

だが、**こうした「授業内での個別指導」でも、理解できない子や表現できない子がいることがある。その場合には「授業外での個別指導」として、「③個に特化した指導」を行っていく必要がある**。例えば、授業が終わった後の休み時間に漢字の指導をしたり、「通級による指導」で該当の子だけは文章を事前に読ませたりする。「授業外での個別指導」においても、まずは個別指導される側の気持ちを優先して、本人や保護者の納得や同意の下で適切に行うことが大切である。教師が親切に行った個別指導が、子どもや保護者にとって嫌な出来事にならないように細心の配慮が必要である。

◆指導の順序性

授業UDでは、「①全体指導の工夫」として、まずは、発達障害の可能性がある子も含めて、他の子も楽しく参加しやすい、言わば「ユニバーサルデザイン的な対応」する。その上で「②個別の配慮」「③個に特化した指導」として、つまずきが生じる子への合理的な配慮、言わば「バリアフリー的な対応」(合理的配慮)をする。

こうした**「①全体指導の工夫」「②個別の配慮」「③個に特化した指導」という指導の順序も大切である**。やはり、まずは「①全体指導の工夫」を大事である。これが有効に働かなければ、多く子がつまずいて、多くの子に対して「②個別の配慮」「③個に特化した指導」をしなければならなくなる。まずは「①全体指導の工夫」として「授業の質を高める」ことが大切なのである。

授業UDでは、「①全体指導の工夫」「②個別の配慮」「③個に特化した指導」という

「三段構え」で、通常学級の全ての子どもを支えていくことを大切にしている。

【文献】

＊1　桂聖（2011）『国語授業のユニバーサルデザイン』東洋館出版社

＊2　トレイシー・E・ホール、アン・マイヤー、デイビッド・H・ローズ著、バーンズ亀山静子翻訳（2018）『UDL 学びのユニバーサルデザイン』東洋館出版社 .

＊3　小貫悟・桂聖（2014）『授業のユニバーサルデザイン入門』東洋館出版社 .

＊4　文部科学省（2018）『小学校学習指導要領　解説国語編』東洋館出版社 .

＊5　前掲 4

＊6　筑波大学附属小学校国語教育研究部・青木伸生・青山由紀・桂聖・白石範孝・二瓶弘行（2016）『筑波発 読みの系統指導で読む力を育てる』東洋館出版社 .

＊7　前掲 1

＊8　桂聖・N5 国語授業力研究会（2018）『「Which 型課題」の国語授業』東洋館出版社

＊9　桂聖・授業の UD ユニバーサルデザイン研究会沖縄支部編著（2013）『教材に「しかけ」をつくる国語授業 10 の方法　文学のアイデア 50 ／説明文のアイデア 50』東洋館出版社

＊10　桂聖・「考える音読」の会編著（2011）『論理が身につく「考える音読」の授業文学アイデア 50 ／説明文アイデア 50』東洋館出版社

＊11　桂聖・「考える音読」の会編著（2019）『全員参加で楽しい「考える音読の授業＆音読カード文学／説明文』東洋館出版社

＊12　前掲 8

＊13　前掲 1

＊14　長崎伸仁・桂聖（2016）『文学の教材研究コーチング』東洋館出版社

＊15　前掲 9

＊16　桂聖（2017）「『多様性のある学び』を支える国語授業のファシリテーション力」桂聖・石塚謙二・廣瀬由美子・日本授業 UD 学会編著『授業のユニバーサルデザイン Vol.9』東洋館出版社

＊17　授業のユニバーサルデザイン研究会・桂聖・石塚謙二・廣瀬由美子（2014）『授業のユニバーサルデザイン Vol.7』東洋館出版社

Ⅰ　文学の系統指導表

◆筑波大学附属小学校「文学の読みの系統指導表」（2015試案を一部変更）

学年	読みの技能	読みの用語
①「作品の構造」系列の読む力		
1年	作品の設定に気をつけて読む	時、場所、登場人物、出来事（事件）
1年	場面をとらえて読む	場面
1年	連のまとまりをとらえて読む	連
2年	あらすじをとらえて読む	あらすじ
3年	中心となる場面を読む	中心場面
4年	物語のしくみをとらえて読む	起承転結（導入部・展開部・山場・終結部）
4年	時代背景と関連づけて読む	時代背景
4年	場面と場面を比べて読む	場面の対比
5年	額縁構造をとらえて読む	額縁構造
5年	伏線の役割を考えながら読む	伏線
②「視点」系列の読む力		
1年	語り手の言葉をとらえて読む	語り手、地の文
1年	語り手の位置を考えながら読む	語り手の位置
3年	立場による見え方や感じ方の違いをとらえて読む	立場による違い
4年	視点をとらえて読む	視点、視点人物、対象人物
4年	視点の転換の効果を考えながら読む	視点の転換
6年	一人称視点と三人称視点の効果を考えながら読む	一人称視点、三人称視点（限定視点、客観視点、全知視点）
③「人物」系列の読む力		★1，2年→気持ち、3，4年＝心情
1年	登場人物の気持ちや様子を想像しながら読む	登場人物、中心人物、気持ち、様子
1年	登場人物の言動をとらえて読む	会話文（言ったこと）、行動描写（したこと）
2年	登場人物の気持ちの変化を想像しながら読む	気持ちの変化、対人物、周辺人物
3年	人物像をとらえながら読む	人物像（人柄）
3年	中心人物の心情の変化をとらえて読む	心情、変化前の心情、変化後の心情、きっかけ
5年	登場人物の相互関係の変化に着目して読む	登場人物の相互関係
6年	登場人物の役割や意味を考えながら読む	登場人物の役割
④「主題」系列の読む力		
1年	題名と作者をとらえて読む	題名、作者
1年	いいところを見つけながら読む	好きなところ
2年	自分の経験と関連づけながら読む	自分の経験
2年	感想を考えながら読む	感想、読者
3年	自分の行動や考え方を重ねて読む	自分だったら
4年	読後感の理由を考えながら読む	読後感
5年	中心人物の変化から主題をとらえる	主題
5年	作品のしくみ（山場や結末）の意味から主題をとらえる	山場の意味、結末の意味
6年	題名の意味から主題をとらえる	題名の意味、象徴
6年	複数の観点から主題をとらえる	複数の観点（中心人物の変化、山場、結末、題名など）の意味
⑤「文学の表現技法」系列の読む力		
1年	会話文と地の文を区別しながら読む	会話文、地の文
1年	リズムを感じ取りながら読む	音の数、リズム
1年	繰り返しの効果を感じ取りながら読む	繰り返し（リフレイン）
2年	比喩表現の効果を考えながら読む	比喩（たとえ）
2年	短文や体言止めの効果を考えながら読む	短文、体言止め
3年	会話文と心内語を区別して読む	心内語
3年	擬態語や擬声語の効果を考えながら読む	擬態語・擬声語
3年	擬人法の効果を考えながら読む	擬人法
4年	五感を働かせて読む	五感の表現
4年	情景描写の効果を考えながら読む	情景描写

4年	倒置法の効果を考えながら読む	倒置法
4年	呼称表現の違いをとらえながら読む	呼称表現
4年	記号の効果を考えながら読む	ダッシュ（—）、リーダー（…）
5年	方言と共通語の違いを考えながら読む	方言、共通語
6年	対比的な表現の効果を考えながら読む	対比
⑥「文種」系列の読む力		
1年	昔話や神話を読む	昔話、神話
1年	物語文と詩の違いをとらえて読む	物語文、詩
2年	日本と外国の民話の違いをとらえて読む	訳者、外国民話、翻訳
3年	ファンタジーをとらえて読む	ファンタジー、現実、非現実
3年	俳句を音読する	俳句、季語、十七音、切れ字
4年	脚本を読む	脚本、台詞、ト書き
4年	短歌を音読する	短歌、三十一音、上の句、下の句、百人一首
5年	古文を読む	古文、古典
5年	伝記の特徴を考えながら読む	伝記、説明的表現、物語的表現
5年	随筆の特徴を考えながら読む	随筆、説明的表現、物語的表現
5年	推理しながら読む	推理小説
6年	漢文を音読する	漢文
6年	古典芸能を鑑賞する	狂言、歌舞伎、落語
⑦「活動用語」系列の読む力		
1年	物語文の読み聞かせを聞く	読み聞かせ
1年	語のまとまりや言葉の響きなどに気をつけて音読・暗唱する	音読、暗唱
1年	人物になりきって演じる	動作化、劇化
2年	場面や人物の様子を想像しながら、絵を描いたり音読したりする	紙芝居
2年	場面や人物の様子を想像しながら、絵や吹き出しをかく	絵本
2年	日本や外国の昔話を読む	昔話の読書
3年	人物の気持ちや場面の様子を想像して、語りで伝える	語り
4年	学習した物語文に関連して、他の作品を読む	テーマ読書
5年	学習した物語文に関連して、同じ作者の作品を読む	作者研究
5年	自分の思いや考えが伝わるように朗読をする	朗読

※筑波大学附属小国語研究部編『筑波発　読みの系統指導で読む力を育てる』（東洋館出版社）2016年2月

Ⅰ　説明文の系統指導表

◆筑波大学附属小学校「説明文の読みの系統指導表」（2015試案）

学年	読みの技能	読みの用語
①「文章の構成」系列の読む力		
1年	問いと答えをとらえて読む	問い、答え
1年	事例の内容をとらえて読む	事例、事例の順序
2年	三部構成をとらえて読む	三部構成（初め・中・終わり）、話題、まとめ、意味段落
3年	問いの種類を区別して読む	大きな問い、小さな問い、かくれた問い
3年	事例とまとめの関係をとらえて読む	事例とまとめの関係
3年	観察・実験と考察の関係をとらえて読む	実験・観察、考えたこと
4年	文章構成（序論・本論・結論）をとらえて読む	序論、本論、結論
4年	文章構成の型をとらえて読む	尾括型、頭括型、双括型、文章構成図
4年	事例の関係をとらえて読む	事例の並列関係、事例の対比関係
5年	まとめから事例を関連づけて読む	まとめと事例の関係
6年	文章構成の型を活用して読む	文章構成の変形
②「要点・要約」系列の読む力		
1年	文と段落を区別しながら読む	文、段落
2年	小見出しの効果を考えながら読む	小見出し
2年	主語をとらえながら読む	主語、述語
3年	キーワードや中心文をとらえながら読む	キーワード、中心文
3年	段落の要点をまとめながら読む	要点、修飾語、常体、敬体、体言止め
3年	大事なことを要約しながら読む	筆者の立場での要約、要約文
4年	目的や必要に応じて、要約しながら読む	読者の立場での要約
③「要旨」系列の読む力		
1年	題名と筆者ととらえて読む	題名、筆者
2年	まとめをとらえて読む	まとめ
4年	要旨の位置を考えながら読む	要旨、筆者の主張、尾括型、頭括型、双括型
5年	要旨と題名の関係を考えながら読む	要旨と題名の関係
6年	具体と抽象の関係から要旨を読む	要旨と事例の関係
④「批評」系列の読む力		
1年	初めて知ったことや面白かったことを考えながら読む	初めて知ったことや面白かったこと
1年	「問いと答え」や「事例の順序」の意図を考えながら読む	筆者の気持ち
2年	自分の経験と関連づけながら読む	自分の経験
2年	感想を考えながら読む	感想、読者
3年	説明の工夫を考えながら読む	説明の工夫
3年	「事例の選択」の意図を考えながら読む	事例の選択、筆者の意図
4年	「話題の選択」の意図を考えながら読む	話題の選択
4年	文章構成の型の意図を考えながら読む	文章構成の意図
6年	筆者の説明に対して自分の意見を考えながら読む	共感、納得、反論
⑤「説明文の表現技法」系列の読む力		
1年	問いの文と答えの文を区別しながら読む	問いの文、答えの文、疑問の文末表現
1年	説明の同じところや違うところを考えながら読む	説明の観点、同じ説明の仕方（類比）、説明の違い（対比）
2年	事実の文と理由の文を区別しながら読む	事実の文、理由の文、理由の接続語、理由の文末表現
2年	順序やまとめの接続語の役割を考えながら読む	順序やまとめの接続語
2年	図や写真と文章とを関係づけながら読む	図、写真
3年	抽象・具体の表現の違いを考えながら読む	抽象的な語や文、具体的な語や文
3年	事実の文と意見の文を区別しながら読む	意見の文、事実や感想の文末表現
3年	指示語の意味をとらえて読む	指示語（こそあど言葉）
4年	語りかけの表現をとらえて読む	語りかけの文末表現
4年	言葉の定義に気をつけながら読む	定義づけ、強調のかぎかっこ
4年	対比的な表現や並列的な表現などに気をつけて読む	順接、逆接、並列、添加、選択、説明、転換の接続語、長所・短所
4年	時の流れに着目しながら読む	西暦、年号

4年	説明の略述と詳述の効果を考えながら読む	略述、詳述
5年	具体例の役割を考えながら読む	具体例
5年	表やグラフの効果を考えながら読む	表、グラフ、数値
5年	譲歩的な説明をとらえて読む	譲歩
6年	文末表現の効果を考えながら読む	常体、敬体、現在形、過去形
⑥「文種」系列の読む力		
1年	物語文と説明文の違いをとらえて読む	物語文、説明文
3年	実験・観察の記録文の特徴を考えながら読む	実験、観察、研究、記録文
4年	報告文の特徴を考えながら読む	報告文
5年	論説文の特徴を考えながら読む	論説文
5年	編集の仕方や記事の書き方に注意して新聞を読む	新聞、編集、記事
5年	伝記の特徴を考えながら読む	伝記、ドキュメンタリー、説明的表現、物語的表現
5年	随筆の特徴を考えながら読む	随筆、説明的表現、物語的表現
6年	紀行文の特徴を考えながら読む	紀行文
6年	ドキュメンタリーの特徴を考えながら読む	ドキュメンタリー
⑦「活動用語」系列の読む力		
1年	語のまとまりに気をつけて音読する	音読
2年	生き物や乗り物など、テーマを決めて読む	テーマ読書
4年	目的に必要な情報を図鑑や辞典で調べる	調べる活動、図鑑、辞典、索引
5年	自分の思いや考えが伝わるように音読や朗読をする	朗読

※筑波大学附属小国語教育研究部編『筑波発 読みの系統指導で読む力を育てる』（東洋館出版社）2016年2月より

※筑波大学附属小国語研究部編『筑波発　読みの系統指導で読む力を育てる』（東洋館出版社）2016年2月

第2章

授業のユニバーサルデザインを目指す国語授業と個への配慮

――「学びの過程において考えられる困難さに対する指導の工夫」の視点から――

授業のユニバーサルデザインを目指す国語授業と個への配慮
──「学びの過程において考えられる困難さに対する指導の工夫」の視点から──

明星大学　小貫　悟

1．各教科の学習指導要領における特別支援教育の位置付け

小学校では2020年度から実施される学習指導要領を特別支援教育の立場からみたときに、これまでの学習指導要領からの注目すべき変更点と言えるのが、各教科の学習指導要領の中に、

> 障害のある児童などについては、学習活動を行う場合に生じる困難さに応じた指導内容や指導方法の工夫を計画的、組織的に行うこと。

の文言が新たに加わったことである。ここで「通常の学級においても、発達障害を含む障害のある児童が在籍している可能性があることを前提に、全ての教科等において、一人一人の教育的ニーズに応じたきめ細かな指導や支援ができるよう、障害種別の指導の工夫のみならず、学びの過程において考えられる困難さに対する指導の工夫の意図、手立てを明確にすることが重要である。(下線は筆者加筆)」と説明されている。教科教育の基本的な枠組みとして（つまり、授業内において）「学びの過程に困難がある子」への指導をしっかり行うことが明記されたわけである。

2．通常の学級における特別支援教育とは

ここで、教科教育における「学びの過程において考えられる困難さに対する指導」の前提となる「通常の学級における特別支援教育」について今一度確認しておこう。平成19年度の学校法改正に伴い「特別支援教育」は誕生した。特別支援教育の定義としては、平成15年3月の文部科学省調査研究協力者会議の「今後の特別支援教育の在り方について（最終報告）」に示された説明がその定義として、しばしば引用されている。

> 特別支援教育とは、従来の特殊教育の対象の障害だけでなく、LD、ADHD、高機能自閉症を含めて障害のある児童生徒の自立や社会参加に向けて、その一人一人の教育的ニーズを把握して、その持てる力を高め、生活や学習上の困難を改善又は克服するために、適切な教育や指導を通じて必要な支援を行うものである。(下線は筆者加筆)

ここで示されている通り、それまで障害児教育を担ってきた「特殊教育」との決定的な違いは、「LD、ADHD、高機能自閉症を含む」としたところである。現在、この三つの障害を教育領域では「発達障害」とし、特別支援の対象に位置付けている。特に、この三つの障害のベースには「知的な遅れを伴わない」との前提がある。つまり、従来の公教育システムにおいて「通常の学級に在籍する」児童とされていた子どもであり、結果、障害のある子は「特別な場」での教育を受けるという前提を覆すものとなった。ここを源流として考えると、現在、「通常学級」に求められている「インクルーシブ教育」「ユニバーサルデザイン（以下、UD）」「合理的配慮」などの教育的配慮の意味合いがよくみえてくるであろう。

3．LD、ADHD、高機能自閉症の「学びの過程における困難」とは

以下に、通常学級における特別支援教育の対象とされた「LD、ADHD、高機能自閉症」を説明する。これは、すでに多くの類書の詳しいため、ここでの説明は本稿のテーマである授業の中での「学びの過程における困難さ」がその子たちにどう生じるのかの説明を中心に述べる。

◎ LD のある子が直面する「学びの過程における困難」

LD（学習障害）のある子は「聞く、話す、読む、書く、計算する、推論する」などの基礎学力の習得に特異的なつまずきを見せ、授業においては、学習内容への「理解のゆっくりさ」が課題になる。なぜ、こうしたことが生じるかは不明なことが多いが、そうした子の心理検査などの結果には「認知能力のかたより」が見られることが多く、特に「視覚認知（形や文字などを目で捉える力）」や「聴覚認知（音や口頭言語などを耳で捉える力）」などの外部からの情報を捉えて思考すること（情報処理）に弱さをみせることがある。また、同様に「記憶能力」に弱さをみせることもあり、ここから学習内容の「定着の悪さ」が生じることがある。このような特徴のある子には「学習スタイルの違い」つまり個々の学び方の違いに配慮する必要がある。さらに、学習の遅れから「二次症状」と呼ばれる自信喪失、劣等感などの心理面のつまずきが生じることも多く、その配慮も必要になる。

◎ ADHD のある子が直面する「学びの過程における困難」

ADHD（注意欠如多動性障害）は「不注意・多動・衝動性」などの行動特徴が生じる障害である。この特徴は、外部からの刺激（音、掲示物、人の動き等）に弱く、すぐにそれに反応してしまうため、今、進行している作業が中断しがちになったり、別のことに関心が移ってしまったりするなどの行動が頻繁に起こる。こうした特徴は「集中力の無さ」「やる気の無さ」と位置付けられ、授業において教師からの注意・叱責を受けがちになる。そうした中で、授業参加の放棄、教師への反抗、他児とのいさかいなどの行動が「二次症状」として現れることもあり、授業の不参加がさらに顕著になるといった負の連鎖が

生じることも少なくない。

◎高機能自閉症のある子が直面する「学びの過程における困難」

高機能自閉症は、知的には遅れがみられない自閉症の特徴のある子を指す概念である。医学的には「自閉スペクトラム症」と診断される。高機能自閉症の子は対人関係の苦手さや「状況理解の悪さ」を指摘されがちである。また、特定の物や、スケジュール、やり方などに固執するなどの「こだわり」をもつことも知られている。こうしたこだわりは「関心のムラ」につながったり、突然の予定変更の弱さなどを生じさせ、それが「見通しの無さへの不安」へとつながったりすることもある。このような行動面での特徴とともに、独特な状況理解や考えをもつこともある。特に「イメージすることの弱さ」をもつことが知られており、これが「曖昧なものへの弱さ」「抽象的思考の弱さ」につながることもある。また、複数のことを同時に行うことは苦手であり「複数並行作業の弱さ」を補う配慮も必要になる。

4.「発達障害のある子」の困難（つまずき）と「すべての子ども」との共通点

以上のように発達障害と呼ばれる子どもたちには様々な「学びの過程における困難（つまずき）」が生じる。しかし、その困難（つまずき）は、すべての子にとっても地続きのつまずきである。発達障害のある子のつまずきは、どの子にも生じるつまずきとして言い換えが可能である。そのことを示したのが、**表1**である。

表1　発達障害の「学びの過程における困難」とどの子にも起きうる困難の関係

状況	発達障害のある子に「学びの過程における困難」を生む特徴	どの子にも起きうる「学びの過程における困難」を生む特徴
参加	状況理解の悪さ	学習準備／作業の取り掛かりの悪さ
	見通しの無さへの不安	授業がどこに向かっているのか理解不足
	関心のムラ	全体の流れからはずれる思考
	注意集中困難／多動	気の散りやすさ
	二次障害（学習意欲の低下）	引っ込み思案／自信の無さ
理解	認知のかたより（視覚・聴覚）	指示の聞き落とし／ 課題内容や細部の見落とし
	学習の仕方の違い （learning differences）	得意、不得意の存在／ 協力しての作業の苦手さ
	理解のゆっくりさ （slow learner）	協働的な学習でのペース合わせが苦手／ 学習内容の背景理解や深めることの苦手さ
	複数並行作業の苦手さ	すべき作業の取りこぼし
	曖昧なものへの弱さ	質問の意図の取り間違い／思い込みをする傾向／断片的な理解をする傾向

習得	記憶の苦手さ	既習事項の積み上がりにくさ
	定着の不安定さ	学び続ける態度の弱さ
活用	抽象化の弱さ	知識の関連付けの弱さ／応用への弱さ
	般化の不成立	日常生活に結び付ける意識の低さ

表 1 における対応関係をベースにすると、発達障害のある子の「学びの過程における困難」への配慮は、同時に、授業中に多くの子に生じるつまずきへの配慮となっていると考えることが分かる。つまり、これが「授業の UD」を成立させる根拠の土台なのである。

5.「ユニバーサルデザイン」における授業改善

ここで、授業を UD 化するためのモデルを提示したい。それを示したのが**図 1** である。

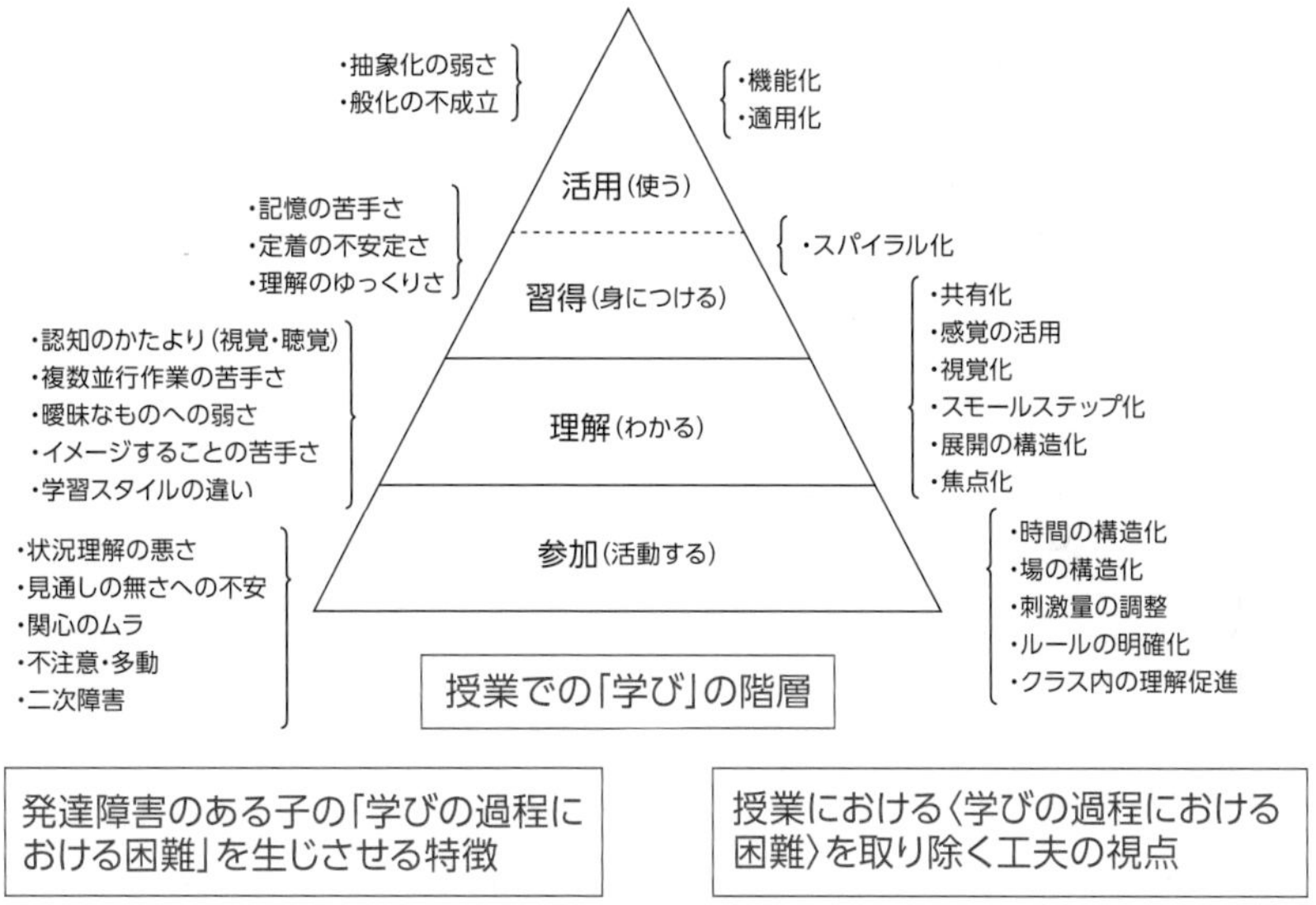

図 1　授業 UD モデル

まず、図（モデル）の左側に、ここまでに述べてきた〈発達障害のある子の「学びの過程での困難」を生じさせる特徴〉を列挙した。次に図の中心にある三角形に注目してほしい。これは、通常学級での〈授業での「学び」の階層〉を示したモデルである。授業の最も土台となっているのは、子どもの〈参加〉である。授業は参加しないと始まらない。一方、授業は参加すればよいというものではない。参加の上部には〈理解〉が乗る。参加した上で理解できることが授業では求められる。また、授業において理解したものは、自分のものになっていかなければならない。そのときは理解したけれど、その学習の成果が別の場面では使えないならば、授業から学んだことにはならない。つまり〈理解〉階層の上には〈習得〉〈活用〉階層が乗るのである。こうした「授業の階層性」を整理棚にして〈発達障害のある子の「学びの過程での困難」を生じさせる特徴〉を階層ごとに配置すると図中の左側に示したようになる。この整理によって、どの階層を意識した授業を行うかによって、配慮すべき点を絞ることができる。また、この図の左側の「学びの過程の困難を生じさせる特徴」をカバーするための指導上の「視点」、つまり〈「学びの過程での困難」を取り除く視点〉を配置したのが図中の右側部分である。これらの「視点」について、以下に一つずつ解説する。各視点は、下部に置かれたものが上部の視点を支える要素をもっている。そのため、本稿の解説の順も下部から上部へという進め方で行う。

〈参加階層〉

・クラス内の理解促進

この視点は、クラス内の子が発達障害のある子を適切に理解できるように促すことを目的としている。クラス全体に学習がゆっくりであることをからかうような雰囲気がないか、そうした子をカバーする雰囲気が作られているかをチェックする。こうした視点で発達障害のある子をクラスで支えていくことは、結局、すべての子に対しての配慮にもなる。なぜなら、どの子にも起きてくる可能性のある「間違うこと」「分からないこと」は恥ずかしいことではないということを、そのクラス全員のスタンダードにできるからである。そして「分からない」ことがあったときに「わからない」と安心して言えるクラスでは、担任も「授業の工夫」の方向性を見出しやすくなり、その結果、授業改善、授業のUD化が実現しやすくなる。

・ルールの明確化

暗黙の了解事項やルールの理解が極端に苦手なのが高機能自閉症のある子の特徴である。暗黙に決まっている（授業者が、どの子も知っていると思い込んでいる）授業内のルールは意外に多い。これらのルールの運用が上手にできずに授業に参加できていない子がいないであろうか。質問の仕方、意見の伝え方、話し合いの仕方などには、ある程度のルールが必要である。授業参加の前提となる、そうした授業内での振る舞い方をどの子も理解し、できるようになっているかをチェックしたい。

・刺激量の調整

前述したようにADHDの子は周囲の刺激に反応しがちな子である。授業に集中してほしいときに、他に気が散る刺激があれば、授業への集中は低下する。黒板周りの壁に、様々な掲示物を貼ることに特段の問題意識は無かった時代もある。当時は「大切なことは常に目に見える場所に貼っておくべきである」という考えが主流だった。この考え方自体は悪いことではない。ただし、授業のUD化という文脈では、やはり黒板に注意を向けやすい環境づくりをしたい。子ども目線から、教室前面（黒板）がどのように見えているかを、時々、刺激性の観点からチェックしておきたい。

・場の構造化

特別支援教育での自閉症へのアプローチとして有名なのが教室空間などに一定の規則性

を持ち込んで使いやすくする工夫であり、これが「場の構造化」と呼ばれる。これを通常の学級での応用として導入すると学級における学習活動の効率がよくなる効果がある。例えば、教室内のすべての物品に置く場所が決まっていれば、全員が無駄な動きなくその物品を使うことができる。また、教室内の物品の配置も、全員の動線を考慮して考えてみるとよい。

・時間の構造化

通常学級においては一日の流れを黒板に書き出すことはある。しかし、授業の一コマの内容を示さないことも多い。試しにそうした配慮をしてみると、授業中での学習活動の「迷子」を防いだり、迷子になったときにはその時点で行っている学習活動に戻るための助けになったりすることがある。学習活動の迷子とは「あれっ、今、何をしているんだろう」と授業の流れについていけなくなる状態である。授業の迷子は誰にでも起きうる。学習内容が分からなくなるときには学習活動の迷子が先に起きていることも多い。授業の流れを視覚的に提示する「時間の構造化」の方法によって、助かる子が意外に多いはずである。

〈理解階層〉

・焦点化

これは、授業の〈ねらい〉や〈活動〉を絞り込むことを意味する。発達障害のある子は授業内の活動や説明が「ゴチャゴチャ」したものになると、途端についていけなくなりがちである。しっかりとフォーカスした〈ねらい〉とシンプルな〈活動〉によって授業を構成したい。

・展開の構造化

〈ねらい〉と〈活動〉が焦点化されたら、それに基づいた展開の工夫をしていく。論理的かつ明示的な展開であると、多くの子が授業に乗りやすく活躍しやすくなる。逆に展開が分かりにくい授業では、子どもたちが正しい方向への試行錯誤ができなくなり、思考のズレ、思考活動からの離脱、流れについていくことへの諦めが生じやすくなる。「学習内容」が分からなくなる前に「授業展開」についていけなくなっているのではないかのチェックが必要である。展開自体の工夫は、授業UD論の中で極めて大きな視点の一つである。

・スモールステップ化

ある事柄の達成までのプロセスに、できるだけ細やかな段階（踏み台）を作ることで、どの子も目標に到達しやすくする。用意された踏み台は使っても使わなくてもよいといった選択の余地があるように工夫するとよい。踏み台を必要としない子がいるにもかかわらず、スモールステップにした課題を全員一律に行うと「簡単過ぎる」と感じモチベーションの低下が生じる子もいる。理解が早い子にも、ゆっくりな子にも、同時に視点を向けるのが授業UDの基本である。

・視覚化

これは、情報を「見える」ようにして情報伝達をスムーズにする工夫である。授業は主に聴覚情報と視覚情報の提示によって行われる。この二つの情報を同時提示することで情報が入りやすくなる。また、この二つの情報の間にある違いは「消えていく」「残る」であり、視覚情報の「残る」性質を大いに利用することで授業の工夫の幅が広がる。

・感覚の活用

発達障害のある子の中には「感覚的に理解する」「直感的に理解する」ことが得意な子がいる。感覚的に捉え、認識していける場面を授業の中に設定すると効果的な支援になることがある。例えば、教材文を読み、それを演じてみる（動作化）と、そこから得られた感覚（体感）によって、文字情報からだけでは分からなかった深い理解が可能になることもある。

・共有化

例えば、ペアトーク、グループ学習など子ども同士で行う活動を要所で導入する。これは、協同学習、学び合いなど様々な呼称で、授業の方法論としてすでに大切にされてきている視点でもある。授業者主導の挙手指名型が多い授業は「できる子」のためだけの授業になりやすい。子ども同士の相互のやりとりによって、理解がゆっくりな子には他の子の意見を聞きながら理解をすすめるチャンスを、そして、理解の早い子には他の子へ自分の意見を伝えたり説明したりすることでより深い理解に到達できるチャンスを作りたい。

〈習得・活用階層〉

・スパイラル化

教科教育の内容はどの教科でも基本的にスパイラル（反復）構造になっている。つまり、ある段階で学んだことは、次の発展した段階で再び必要となる。つまり既習事項には再び出会う構造になっているとも言える。こうした「教科の系統性」と呼ばれる特徴を利用して、前の段階では理解が十分でなかったことや、理解はしたけれど再度の確認を行う必要のあることなどについての再学習のチャンスを可能な範囲で授業内に作りたい。

・適用化／機能化

「活用する」とは、学んだことを応用、発展することである。ここで、基本事項を別の課題にも「適用」してみたり、生活の中で「機能」させてみたりすることで、授業で学んだことが本物の学習の成果となっていく。さらに、肌感覚がある具象的な事柄から、抽象的な概念の理解が可能になっていくことは多い。常に、学びの内容がどことと、何と「つながっているのか」を考える視点をもつと、子どもの理解を促す糸口が見つかることは多い。

6．ユニバーサルデザインと個への配慮の関連
―学習のつまずきに対する三段構え―

さて、ここまで、授業のUD化の〈視点〉を整理してきた。それらを踏まえて、ここで「すべての子が分かる授業」の実現に向けて、一歩進んだ枠組みを示しておきたい。それが〈学習のつまずきに対する「三段構え」〉である。その発想は「すべての子が分かる授業」の実現のための現実的な教育対応の枠組みを示すものであり、〈授業の工夫〉〈個への配慮〉〈授業外の補充的な指導〉の三つの組合せで構成される。**図2**を見ていただきたい。図の一番上の部分には〈授業内容〉がある。これは指導案とも言い換えられる。最初の原案となる指導案をより精錬して授業をUD化していくためには、その指導案に沿って実際に授業を行ってみると、クラス内の一人一人の子どもにどのようなつまずきが起きうるかを想定してみるのである。ここで、気付いた（想定される）つまずきが授業において有効にカバーされる配慮を入れることで「UD化された授業」が作られる。この**図2**では、図の上部で明らかになった〈想定されるつまずき〉の一つ一つについて〈授業の工夫〉だけでカバーできるのか、授業内の〈個への配慮〉も必要なのか、さらに〈授業外の補充的な指導〉の導入も検討する必要があるのかといった判断が必要になることを**図2**の中段の矢印の枝分かれによって示している。

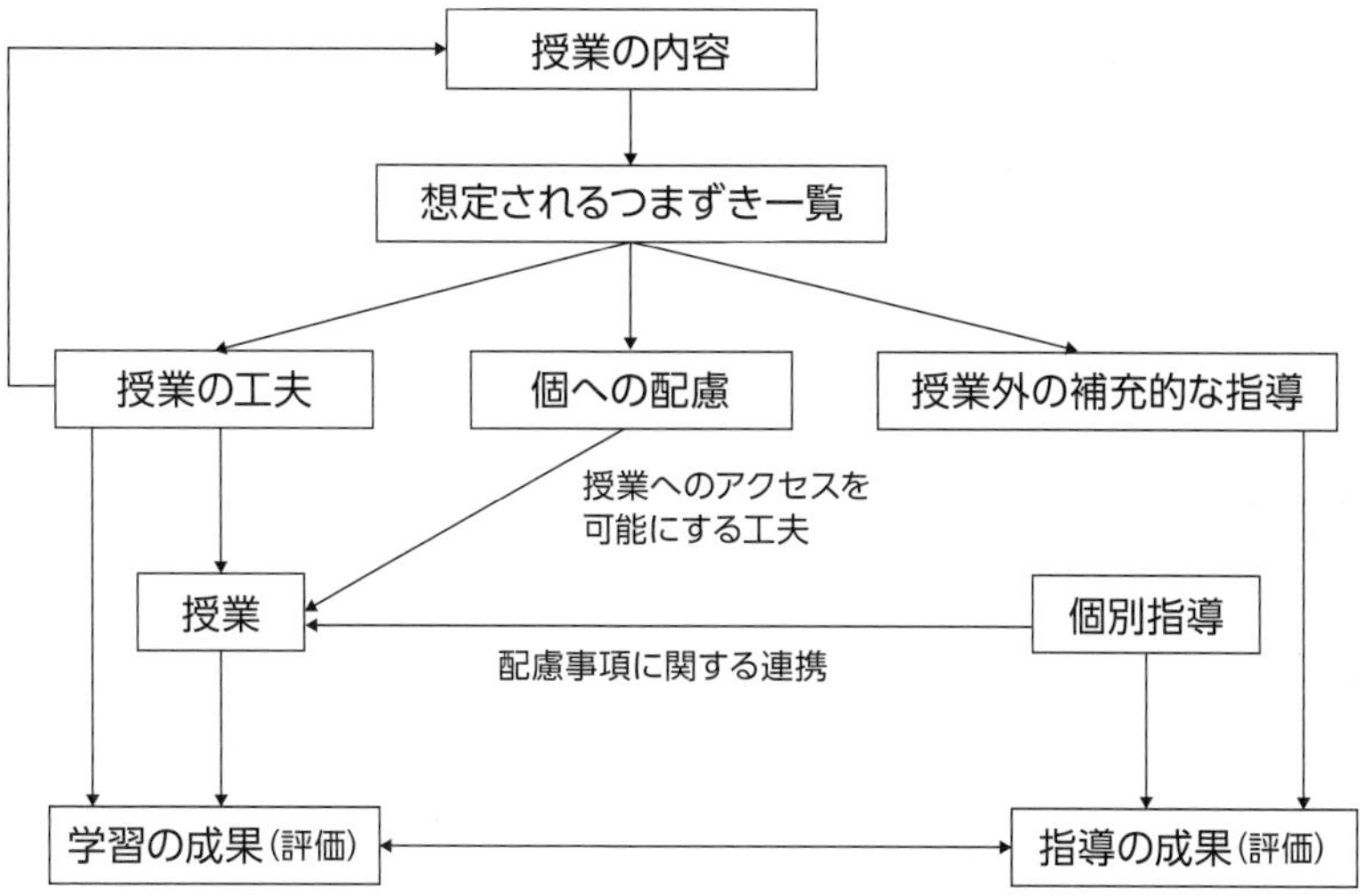

図2　学習につまずきに対する三段構え

第一段階：授業の工夫

まずは、**図2**の一番左側の流れを説明したい。ここが授業UDの中核作業である。ここでの工夫がうまくいくかどうかは、実際に授業してみないと分からないというのはすべての授業者の本音である。しかし、**図2**の上部の「授業内で生じうるつまずきを徹底的に想定してみる、想像してみる」ことをどれだけ丁寧に行うかによって、その成功の確率が変わってくることは、授業者が誰でも体験していることでもあろう。このように、具体的にどのようなつまずきが生じるかをまず可能な限り想定し、その上で、ここまでに説明

したような授業UDの視点を下敷きにして、つまずきをカバーする具体的な手立てを考えてもらいたい。本書の指導案には、それらの工夫のサンプルがあふれている。是非、参考にしてほしい。

第二段階：個への配慮

これは、**図2**では真ん中の流れである。ここでは第一段階の全体指導として行われる「授業の工夫」と違い、ある特定の「学びの過程における困難」がある子に対してのみに行う「配慮」であり、つまりは「個への配慮」である。読みにつまずきをもつ子に対して読み仮名付きや拡大文字の教材文を用意したり、書きにつまずきをもつ子に対して板書における視写範囲の限定を行ったりするなどの配慮は、その例の一つである。理想を言えば、前述の第一段階の〈授業の工夫〉で「すべての子」のつまずきをカバーしたい。しかし、現実には、第二段階の「その子」だけの配慮の視点無くして、それは達成できない。〈個への配慮〉において注意したいのは、この配慮は、あくまで、その子が全体の授業に参加する（アクセスする）ための配慮であるという点である。個別の支援・配慮の一つ一つは、全体の授業に参加できて初めて成功したと言える。そのためには、全体の授業は事前に〈個への配慮〉を必要とする子を含むように工夫されていなければならない。つまり、第一段階〈授業の工夫（＝授業のUD化）〉の充実があって、初めて第二段階〈個への配慮〉としての工夫が生きるのである。

第三段階：授業外の補充的な指導

これは、**図2**の一番右側の流れである。第一、第二段階での支援ではカバーできない部分について、第三段階として（最終段階として）、ここで授業以外の個別指導形態によって支援するのである。これは基本的には特別支援教育の領域としての支援である。ただし、この〈補充的な指導〉は「通級による指導」のみでなく、担任が行う場合も、あるいは家庭学習による連携もありうる。

この「授業外の補充的な指導」とは、言い換えれば、その子その子の「オーダーメイドの指導」であり、一人一人の子どもの状態によって千差万別の方法が展開されるはずである。この部分は、今後の我が国の教育界が目指す「個別最適化」との文脈でさらなる研究が必要であろう。

そして、ここでの〈授業外の補充的な指導〉も、第二段階〈個への配慮〉と同様に、授業の中で活かされなければならない。そうした意味で、第一段階の〈授業の工夫〉との連携は必須である。

7.「個への配慮」へのヒントとなる学習指導要領解説の〈例示〉

それでは、**図2**における第二段階の〈個への配慮〉を授業中にいかに実現したらよいであろうか。そのヒントとなるのが各教科の学習指導要領解説に実際に収載されている障害のある子への指導時の配慮の〈例示〉である。国語の学習指導要領解説には小学校、中学校の各教科毎に〈例示〉は数例ずつが載っている。

例えば、小学校の学習指導要領解説の国語編には〈例示〉として、

> 文章を目で追いながら音読することが困難な場合、自分がどこを読むのかが分かるように教科書の文を指等で押さえながら読むよう促すこと、行間を空けるために拡大コピーをしたものを用意すること、語のまとまりや区切りが分かるように分かち書きされたものを用意すること、読む部分だけが見える自助具（スリット等）を活用すること

と配慮例が示されている。この学習指導要領解説に示されている〈例示〉を読むには少々のコツが必要になる。基本的にどの例示も【困難の状態】【配慮の意図】【手立て】の3つの部分から書かれている。各〈例示〉は「○○のような困難を抱える子がいる場合【困難の状態】」（上記例では「文章を目で追いながら音読することが困難な場合」）は、「○○のために／○○ができるように【配慮の意図】」（上記例：「自分がどこを読むのかが分かるように」）、「○○のような支援が考えられる【手立て】」（上記例：①教科書の文を指等で押さえながら読むよう促すこと、②行間を空けるために拡大コピーをしたものを用意すること、③語のまとまりや区切りが分かるように分かち書きされたものを用意すること、④読む部分だけが見える自助具（スリット等）を活用すること」）という構造で述べられている。それぞれの〈例示〉によって、多少の書きぶりの違いがあるにしても、小学校、中学校におけるすべての教科の学習指導要領解説で、このような統一した構造で〈例示〉が記載されたことについては、教科指導における特別支援教育的発想の根付きの一つとして注目すべき点である。

ここでは、国語科における小学校の（本書には直接的な関連はないが参考として中学校についても）例示を**表2、3**にまとめた。さらに、その一つ一つの例について、前述の授業UDの工夫の視点との関連も示した。

8．あらゆる【困難の状態】への【手立て】を案出するために

ここに示した学習指導要領解説の〈例示〉は、あくまで例示であり、おそらくその紙面の都合のために、典型例や一部の視点による数例の提示に留まっている。しかし、日本中の教室での日々の授業の中には様々な【困難の状態】があふれている。学習指導要領解説の〈例示〉を参考にしつつも、我々はそこには無い自分の周囲で現実に起きるすべての【困難の状態】への【手立て】を自分たち自身で産出していく必要がある。この〈困難の状態⇒配慮の意図⇒手立て〉の論理展開で、様々な対応を考えていく際に、図1で示した授業UDモデルを下敷きとして大いに活用していただきたい。なぜなら、表2、3で示したように、学習指導要領解説で示された〈例示〉の【手立て】の内容のほとんどが授業UDモデルの〈視点〉で説明できるからである。ここでは、授業の中で様々な【困難の状態】に遭遇したときに、授業者自らが【手立て】を自由自在に案出ができるプロセスの中

表2　小学校　学習指導要領　解説（国語）での配慮の例示

困難の状態	配慮の意図	手立て	UD視点
文章を目で追いながら音読することが困難な場合	自分がどこを読むのかが分かるように	教科書の文を指等で押さえながら読むよう促すこと、行間を空けるために拡大コピーをしたものを用意すること、語のまとまりや区切りが分かるように分かち書きされたものを用意すること、読む部分だけが見える自助具（スリット等）を活用すること	**感覚の活用** **視覚化** **焦点化** **刺激量の調整**
自分の立場以外の視点で考えたり他者の感情を理解したりするのが困難な場合		児童の日常的な生活経験に関する例文を示し、行動や会話文に気持ちが込められていることに気付かせたり、気持ちの移り変わりが分かる文章の中のキーワードを示したり、気持ちの変化を図や矢印などで視覚的に分かるように示してから言葉で表現させたりする	**感覚の活用** **焦点化** **視覚化**
声を出して発表することに困難がある場合や人前で話すことへの不安を抱いている場合	自分の考えを表すことに対する自信がもてるよう	紙やホワイトボードに書いたものを提示したり、ＩＣＴ機器を活用して発表したりする	**視覚化**

表3　中学校　学習指導要領　解説（国語）での配慮の例示

困難の状態	配慮の意図	手立て	UD視点
自分の立場以外の視点で考えたり他者の感情を理解したりするのが困難な場合	生徒が身近に感じられる文章（例えば、同年代の主人公の物語など）を取り上げ、文章に表れている心情やその変化等が分かるよう	行動の描写や会話文に含まれている気持ちがよく伝わってくる語句等に気付かせたり、心情の移り変わりが分かる文章の中のキーワードを示したり、心情の変化を図や矢印などで視覚的に分かるように示してから言葉で表現させたりする	**感覚の活用、焦点化、視覚化**
比較的長い文章を書くなど、一定量の文字を書くことが困難な場合	文字を書く負担を軽減するため	手書きだけでなくICT機器を使って文章を書くことができるようにする	**代替手段の活用**
声を出して発表することに困難がある場合や人前で話すことへの不安を抱いている場合	自分の考えを表すことに対する自信がもてるよう	紙やホワイトボードに書いたものを提示したり、ICT機器を活用したりして発表するなど、多様な表現方法が選択できるように工夫	**視覚化** **代替手段の活用**

※表中の下線は筆者が加筆

で、授業UDモデルを活用していく方法を、3つのステップに分けて示す。

ステップ1 【困難の状態】を確定し【配慮の意図】を決める

授業中に出会う【困難の状態】に対して【手立て】を生みだすには、両者の間にある【配慮の意図】が非常に重要になる。同じ【困難の状態】に対しても【配慮の意図】に何を置くかによって、その【手立て】は全く違ったものになる。例えば、前述した「文章を目で追いながら音読することが困難な場合」の〈例示〉では、その【困難の状態】に対して、「自分がどこを読むのかが分かるように」という【配慮の意図】が設定されている。しかし、この【困難の状態】に対して【配慮の意図】として、例えば「一字一字を読み取りやすくするために」や「目で追う形の読み取りだけにならないように」といった形で、別の【配慮の意図】を設定することも可能である。【配慮の意図】が変われば、当然、【手立て】も変わってくる。「一字一字を読み取りやすくするために」と【配慮の意図】を設定すれば「文字そのものを拡大したり、見やすいフォントの字体での教材を使ったりする」などの【手立て】案が考えられよう。また、「目で追う形の読み取りだけにならないように」とする【配慮の意図】であれば、「まずは指導者の音読を聞き、その教材文の内容が理解した上で、指導者と息を合わせて「同時読み」での音読をする」などの【手立て】も考えられよう。このように、【配慮の意図】は「自分がどこを読むのかが分かるように」「一字一字を読み取りやすくするために」「目で追う形の読み取りだけにならないように」といったように実態に応じて変化させることが可能である。どこに、そのポイントを置くかを決めるのは実際の子どもの様子次第である。授業者としての自分自身が、その子に何を「してあげたい」と感じているか、あるいは、何を「すべきか」と考えているかを自らキャッチすることが大切である。

ステップ2 〈発達障害のある子の「学びの過程における困難」を生じさせる特徴〉から【手立て】を導く

ステップ1での「こうしてあげたい」という思いをベースに【配慮の意図】が決められようとしている、まさにその状況の中で、同時並行的に「そもそも、その【困難の状態】はなぜ起きているのだろうか」と考えるようにしてほしい。それを考える下敷きとして、図1の授業UDモデルにおける左側部分の〈発達障害のある子の「学びの過程における困難」を生じさせる特徴〉に示した内容を思い出してほしい。その内容をざっと眺め直してみると、今回の【困難の状態】が生じた「原因」を推測するのに役に立つことがある。先ほどの〈例示〉で言えば、「文章を目で追いながら音読することが困難」という【困難な状態】と遭遇したときに「文章を追いやすくしてあげたい」と考えるタイミングで、その背景を探るために、モデルの左側部分を「ざっと」見てみると、発達障害のある子には「外部の視覚情報の読み取りについてうまくいかない」などの〈認知のかたより〉や「思考作業で、集中し続けることが苦手」である〈不注意〉の特徴があることが確認できるであろう。そうして目についた特徴が、その子にも当てはまりそうであると思えば(あるいは気付けば)、そのまま、モデルの右側の工夫の視点での「感覚の活用」「視覚化」

「焦点化」「刺激量の調整」などが具体的な手立てを作るためのヒント（下敷き）にならないかと考えてみるのである。その結果、【手立て】として「行間を空けるために拡大コピーをしたものを用意すること（〈視覚化〉による工夫)、語のまとまりや区切りが分かるように分かち書きされたものを用意すること（〈感覚の活用〉による直観的な分かりやすさへの工夫)、読む部分だけが見える自助具（スリット等）を活用する（〈焦点化〉〈刺激量の調整〉の視点による工夫)」というように、具体的なアイディアの案出につながるわけである。

ステップ３【手立て】を案出する際には「教科」としての判断を重視する

ステップ２の要領で、授業UDモデルからピックアップした工夫の視点を具体的な【手立て】にまで落とし込む一連のプロセスは、指導アイディア案出の「手助け」をしようとするものである。しかし、実際に有効な【手立て】を生み出す中心は、その授業者の「教科」に対する本質的な理解や、教材や工夫の引き出しの多さ、そして教科の本質に沿った柔軟な発想が主役でもある。今回取り上げている〈例示〉のように、小学校から中学校にかけて国語の授業における様々な場面で、教材文を「目で追いながら読む」場面は必須である。「文章を目で追いながら読むのが苦手」という「学びの過程における困難」の状態をそのまま放置すれば、おそらくその後のすべての国語の学習への影響は避けられないだろう。その意味で、こうした【困難の状態】への配慮は国語教科としての優先順位が高く、できるだけ丁寧な配慮を行う必要性が高いと判断されるものである。さらに、〈例示〉にあるような「教科書の文を指等で押さえながら読むよう促すこと」「行間を空けるために拡大コピーをしたものを用意すること」「語のまとまりや区切りが分かるように分かち書きされたものを用意すること」「読む部分だけが見える自助具（スリット等）を活用すること」などの【手立て】を打つ際には、その【手立て】によって、何を捨て、何が残るのかという教科学習の意味合いからの分析が求められる。つまり、案出された具体的な【手立て】を実際に行うかどうかの判断は、教科、単元、学習内容の本質によって行われるべきなのである。

本稿で示した授業UDモデルは、教科学習における個への配慮としての【手立て】を案出する一歩手前まで誘導してくれる。しかし、その具体的な一手が本当に有効になるかどうかは、授業者の教科教育への研究の深みにかかっている。深く教科研究を進めた授業者が、日々の授業の中で特別支援教育にも通じるような有効な個別的配慮を何気なく行っているような場面に出くわすことがあるのは、こうした「教科教育」と「特別支援教育」は独立し合いながらも、常に関連し合い、つながっているからなのであろう。

9．まとめ

本稿では「授業UD」と「個への配慮」との関連を、学習指導要領に記された「学びの過程において考えられる困難さに対する指導の工夫」としてまとめた。しかし、繰り返し述べたように「授業UD」は「学びの過程における困難」のある子のためだけに限った視点ではなく、そうした子を含めて、学級全体の「すべての子」への「学びの補償」を実現しようとする極めて統合的、実践的、具体的な試みである。今後「授業改善」の旗の下でのたくさんの授業研究を通してその発展が期待される。本書は、その一翼を担う存在である。そして、その文脈の中で、収載されたすべての授業、指導案において、「学びの過程において考えられる困難さ」に対しての「個への配慮」の例を示すという先進的な試みをしているのも本書の特徴の一つとなっている。

ぜひ、一つ一つの配慮例をご確認いただき、ご自身の日々の工夫と照合し、さらに、そのセンスを高めていただきたいと思う。

第3章
授業のユニバーサルデザインを目指す国語授業の実際

文　学

説明文

総　括

「白いぼうし」の授業デザイン

（光村図書４年上）

教材の特性

本作品は松井さんと白いぼうしを中心に不思議な出来事が起こるファンタジー作品である。鮮やかな色彩語、夏みかんのにおい、並木の緑など五感を通して、さわやかな印象を受けることができる。ファンタジーに慣れていないと、どこまでが現実世界か読み誤ることもあろうが、段落相互の関係や登場人物の行動やセリフをつなげて読むことで、ファンタジーの構造をとらえることができる。読者に「女の子はちょうだったのではないか」と思わせる理由について考えさせることを通して、物語の伏線とその効果を実感させることができる。

冒頭	展開	山場	終結
松井さんと紳士の出会い	ちょうの代わりに夏みかんを置く	女の子に急かされて、菜の花橋に向かう	女の子がいなくなり、ちょうの声が聞こえる

身に付けさせたい力

・文章全体の構成や内容の大体を意識しながら音読する力
・登場人物の行動や気持ちなどについて、叙述をもとに捉える力

授業づくりの工夫

焦点化	視覚化	共有化
○「ファンタジー構造」「伏線」「人物像」など、指導内容を明確化する。 ○センテンスカードを活用し、本文のどこを見ればいいか絞ることで、全員が参加しやすくする。	○心情や人物像を表す文をセンテンスカードにすることで視覚的に比較することができるようにする。 ○物語全体の構造が一目でわかる板書を工夫し、「白いぼうし」「夏みかん」がキーになっていることを捉える。	○短冊に意見を書き、黒板に貼り出すことで、多様な意見を共有する。また、短冊を移動することで意見を比較しやすくする。 ○話し合いの際、ペアを活用し、自分の意見を伝えたり、重要な考えをおさえたりすることで考えの共有を図る。

単元目標・評価規準

目標
登場人物の行動や気持ち、物語の構造などについて、叙述をもとに捉えるとともに、自分の感想や考えをもつことができる。

知識・技能	思考・判断・表現	主体的に学習に取り組む態度
○文章全体の構成や内容の大体を意識しながら音読している。 ((1) ク)	○「読むこと」において、登場人物の気持ちなどについて、叙述を基に捉えている。(C (1) イ) ○「読むこと」において、文章を読んで理解したことに基づいて、感想や考えを持っている。(C (1) オ)	○積極的に、登場人物の行動や気持ちなどについて叙述を基に捉え、考えたことを話し合おうとしている。

単元計画(全8時間)

次	時	学習活動	指導上の留意点
一	1	○タイトルの「白いぼうし」から白いぼうしをめぐってどんな出来事が起こるか予想する。 ○観点を絞って初発の感想を書く。 ○紹介レポートを書くことを知る。	予想と比較しながら物語を読むことができるよう発問する。 感想を書くことが難しい児童にも書きやすくするために、感想を書く視点を与える。
	2	○センテンスカードを並び替えることで、物語の大まかなあらすじをおさえる。 ○ファンタジーの構造を捉える。	誰でも負担なく、センテンスカードを「松井さん」と「ちょう」、「女の子」に分けることができるように、センテンスカードに色を付けておく。 ファンタジー構造を捉えるために、「女の子」と「ちょう」が同時に描かれていないことに気付けるようにする。
二	1	○女の子＝白いちょうである根拠を叙述の中から探す。(伏線)	女の子がちょうである伏線を見つけやすくするために、女の子のセリフや行動描写をセンテンスカードにして提示する。
	2	○松井さんの人柄を捉える。(行動描写、セリフ)	松井さんの人物像を捉えるために、センテンスカードにダウト文をしかけておく。
	3	○松井さんの心情を捉える。(色彩語、五感)	松井さんの心情を読み取らせるために、セリフや行動描写をセンテンスカードにして示す。 五感の表現を通して、心情が表されていることに気付けるようにするため、比喩表現の有無を比較できるようにする。
	4	○物語の中の夏みかんと白いぼうしの役割を考える。	白いぼうしが場面同士をつなげる役割を果たしていることを捉えられるようにする。
三	1・2	○松井さんシリーズの紹介レポートをまとめ、交流する。	物語の内容的な面白さ、表現技法の面白さに着目して、紹介レポートを書けるようにする。

✓ 教材分析

エ ファンタジー

白いぼうしをつまみ上げたところから、松井さんは不思議な世界に入り込んでいると考えられる。物語の構造と、タイトルの「白いぼうし」を関連づけて考えさせたい。

オ 語感

語感のいい名前で、ユーモアを感じる。

カ 心情

ちょうを逃してしまって落ち込んでいる松井さんの心情が読み取れる。

キ 五感

「あたたかい～」の色で松井さんの温かな人物像を、「すっぱい～」のにおいで松井さんが子どものリアクションに期待して、胸を躍らせる心情を、松井さんの五感を通して表現していると考えられる。

アクセルをふもうとしたとき、[エ]松井さんは、はっとしました。「おや、車道のあんなすぐそばに、小さなぼうしが落ちているぞ。風がもうひとふきすれば、車がひいてしまうわい。」

緑がゆれているやなぎの下に、かわいい白いぼうしが、ちょこんとおいてあります。松井さんは車から出ました。

そして、ぼうしをつまみ上げたとたん、ふわっと何かが飛び出しました。

「あれっ。」

もんしろちょうです。あわててぼうしをふり回しました。そんな松井さんの目の前を、ちょうはひらひら高くまい上がると、なみ木の緑の向こうに見えなくなってしまいました。

「ははあ、わざわざここにおいたんだな。」ぼうしのうらに、赤いししゅう糸で、小さくぬい取りがしてあります。

[オ]「たけやまようちえん　たけの　たけお」

小さなぼうしをつかんで、ため息をついている松井さんの横を、太ったおまわりさんが、じろじろ見ながら通りすぎました。

[カ]「せっかくのえものがいなくなっていたら、この子は、どんなにがっかりするだろう。」

ちょっとの間、かたをすぼめてつっ立っていた松井さんは、何を思いついたのか、急いで車にもどりました。

運転席から取り出したのは、あの夏みかんです。[キ]まるで、あたたかい日の光をそのままそめつけたような、見事な色でした。すっぱい、いいにおいが、風であたりに広がりました。

松井さんは、その夏みかんに白いぼうしをかぶせると、飛ばないように、石でつばをおさえました。

■第二次・第1時

「女の子がちょうだとわかるのはどこ？」（Which型課題）

「女の子はちょうだったのですと書いてもいい？」（ゆさぶり発問）

女の子がちょうである根拠をセンテンスカードの中から探す。

例：四角い建物ばかりだもん

菜の花橋→菜の花横丁

早く行ってちょうだい

また、ゆさぶり発問で、伏線を見つけながら読んでいく面白さを考えさせる。（エ、ク、コ、サ）

■第二次・第2時

「松井さんはどんな人？」

松井さんの人物像を考えていく。基本的に優しく、温かい人物像であるが、ちょうの代わりに夏みかんを置く場面などお茶目な面やユーモアのある面も捉えることができる。

例：「もぎたてなのです。」

→やさしい

「あわててぼうしをふりまわしました。」

→おっちょこちょい

「どんなにがっかりするだろう」

→やさしい

「ええと、どちらまで。」

→礼儀正しい

松井さんはその夏みかんに…

→お茶目

（イ、ウ、カ、ケ）

◆教材分析のポイント　その①　ファンタジー

初めから、ちょうが女の子と同一人物ではないかと考える子どももいるだろう。作品の中には、根拠となりうる伏線が作品の中にちりばめられている。

◆教材分析のポイント　その②　五感

本作品は、書き出しから五感を使って読むことができる。においの表現に始まり、美しい色彩語も多用されていて、それらが読者が物語の世界に入り込む手助けをしていると言えるだろう。また、松井さんの五感を通していることから、松井さんの心情を読み取る手助けにもなっていることをおさえたい。

指導内容

ア　五感

書き出しの工夫。最後の「車の中には～」と対応して、終始、さわやかなにおいがあふれていることがわかる。

イ　人物像

「もぎたてなのです。」のセリフから松井さんの優しい人物像がわかる。

ウ　人物像

心内語、行動描写から、松井さんの優しい人物像がわかる。

白いぼうし

あまんきみこ

ア「これは、レモンのにおいですか。」

ほりばたで乗せたお客のしんしが、話しかけました。

「いいえ、夏みかんですよ。」

信号が赤なので、ブレーキをかけてから、運転手の松井さんは、にこにこして答えました。

今日は、六月のはじめ。

夏がいきなり始まったような暑い日です。松井さんもお客も、白いワイシャツのそでを、うでまでたくし上げていました。

「ほう、夏みかんてのは、こんなににおうものですか。」

イ「もぎたてなのです。きのう、いなかのおふくろが、速達で送ってくれました。においまでわたしにとどけたかったのでしょう。」

「ほう、ほう。」

ウ「あまりうれしかったので、いちばん大きいのを、この車にのせてきたのですよ。」

信号が青にかわると、たくさんの車がいっせいに走りだしました。その大通りを曲がって、細いうら通りに入った所で、しんしはおりていきました。

指導のポイント

■第一次・第2時

「女の子が消えるのは変だよね？」

センテンスカードを入れ替える活動を通して、女の子とちょうが同時に作中に登場していないことを捉える。ファンタジー作品であることに気付かせる。

教材分析

コ ファンタジー

「バックミラーには、だれもうつっていません。」ファンタジーの出口と考えられる。直前には、松井さんが白いぼうしのことを思い出し、白いぼうしが一つの鍵になっていると捉えられる。

サ ファンタジー

「よかったね。」のセリフはちょうのセリフで、無事に帰ってこられてよかったと解釈することができる。また、「松井さんには」「小さな声」から声の主はちょうであることが予想できる。

シ 五感

最後の一文は、最初の一文と対応している。終始夏みかんのにおいに包まれていること、においが消えないような短い時間の出来事だったことがわかる。

顔が、見えてきます。ケ「おどろいただろうな。まほうのみかんと思うかな。なにしろ、ちょうが化けたんだから――。」

「ふふふっ。」

ひとりでにわらいがこみ上げてきました。でも、次に、

「おや。」

松井さんはあわてました。コバックミラーには、だれもうつっていません。ふり返っても、だれもいません。

「おかしいな。」

松井さんは車を止めて、考え考え、まどの外を見ました。

そこは、小さな団地の前の小さな野原でした。

白いちょうが、二十も三十も、いえ、もっとたくさん飛んでいました。クローバーが青々と広がり、わた毛と黄色の花の交ざったたんぽぽが、点々のもようになってさいています。その上を、おどるように飛んでいるちょうをぼんやり見ているうち、松井さんには、こんな声が聞こえてきました。

サ「よかったね。」

「よかったよ。」

「よかったね。」

「よかったよ。」

それはシャボン玉のはじけるような、小さな小さな声でした。

シ車の中には、まだかすかに、夏みかんのにおいがのこっています。

■第二次・第3時

「松井さんの心情がわかるのはどれ？」（Which型課題）

「黄色い夏みかん、すっぱいでいいよね？」（ゆさぶり発問）

センテンスカードから松井さんの心情を読み取っていく。その中で選ばれにくい、夏みかんの描写に注目し、修飾語のない表現に変える。松井さんの五感を通した表現であることに気付かせ、そこからも心情を読み取りたい。情景描写につながる学習である。（ア、キ、シ）

あたたかい日の光をそめつけたような見事な色

→松井さんのやさしい気持ちが表れている

すっぱいいいにおい

→わくわくするようないたずらをしているときの気持ちを表している

■第二次・第4時

「タイトルにふさわしいのは白いぼうし？夏みかん？」（Which型課題）

タイトルにふさわしいのはと問い、それぞれの役割を考えていく。気付かなければゆさぶり発問でもう一方の大切さに気付かせていきたい。白いぼうしはファンタジーのきっかけになっている。夏みかんはにおいで登場人物をつないでいると言える。（ア、キ、エ、シ）

指導内容

ク 伏線

「四角い建物ばかりだもん」「菜の花横町ってあるかしら」から、人間の世界や言い方に慣れていないことがうかがえる。

「つかれたような声」から、道に迷ったことだけではなく、追い回され、逃げ回ったことに疲れているとも捉えられる。

「早く行ってちょうだい」から、男の子から逃げようとしているのではないかと捉えられる。

ケ 人物像

「おどろいただろうな。」から、松井さんのユーモアのある性格が読み取れる。「すっぱいにおい」と関わらせて読ませたい。

車にもどると、おかっぱのかわいい女の子が、ちょこんと後ろのシートにすわっています。

「道にまよったの。行っても行っても、[ク]四角い建物ばかりだもん。」

つかれたような声でした。

「ええと、どちらまで。」

「え。――ええ、あの、あのね、菜の花横町ってあるかしら。」

「菜の花橋のことですね。」

エンジンをかけたとき、遠くから、元気そうな男の子の声が近づいてきました。

「あのぼうしの下さあ。お母ちゃん、本当だよ。本当のちょうちょが、いたんだもん。」

水色の新しい虫とりあみをかかえた男の子が、エプロンを着けたままのお母さんの手を、ぐいぐい引っぱってきます。

「ぼくが、あのぼうしを開けるよ。だから、お母ちゃんは、このあみでおさえてね。あれっ、石がのせてあらあ。」

客席の女の子が、後ろから乗り出して、せかせかと言いました。

「早く、おじちゃん。早く行ってちょうだい。」

松井さんは、あわててアクセルをふみました。

やなぎのなみ木が、みるみる後ろに流れていきます。

「お母さんが、虫とりあみをかまえて、あの子がぼうしをそうっと開けたとき――。」と、ハンドルを回しながら、松井さんは思います。「あの子は、どんなに目を丸くしただろう。」

すると、ぽかっと口をＯの字に開けている男の子の

指導のポイント

本時の展開　第一次　第1時

目標　五感を働かせながら、音読することを通して、物語について感想をもち、交流することができる。

[本時展開のポイント]

作品に出合う前に内容を予想するためにタイトルに焦点をあてる。学習内容に入る前段階なので、自由な発言を保障し、楽しんで参加させたい。

また、この後の展開で重要になる「五感」を働かせながら音読することで、スムーズに学習事項につなげたい。

[個への配慮]

㋐タブレットの読み上げ機能を使う

文章を目で追いながら範読を聞くことが困難な場合、どこを読んでいるのかがわかるように、タブレットを用意し、読み上げ機能を使う。

㋑物語の最初の一文に着目させる

五感を使って音読するという意味を理解することが困難な場合、その読み方を理解できるよう、物語の最初の一文を教師が音読し、どんなにおいがするか一緒に考える。

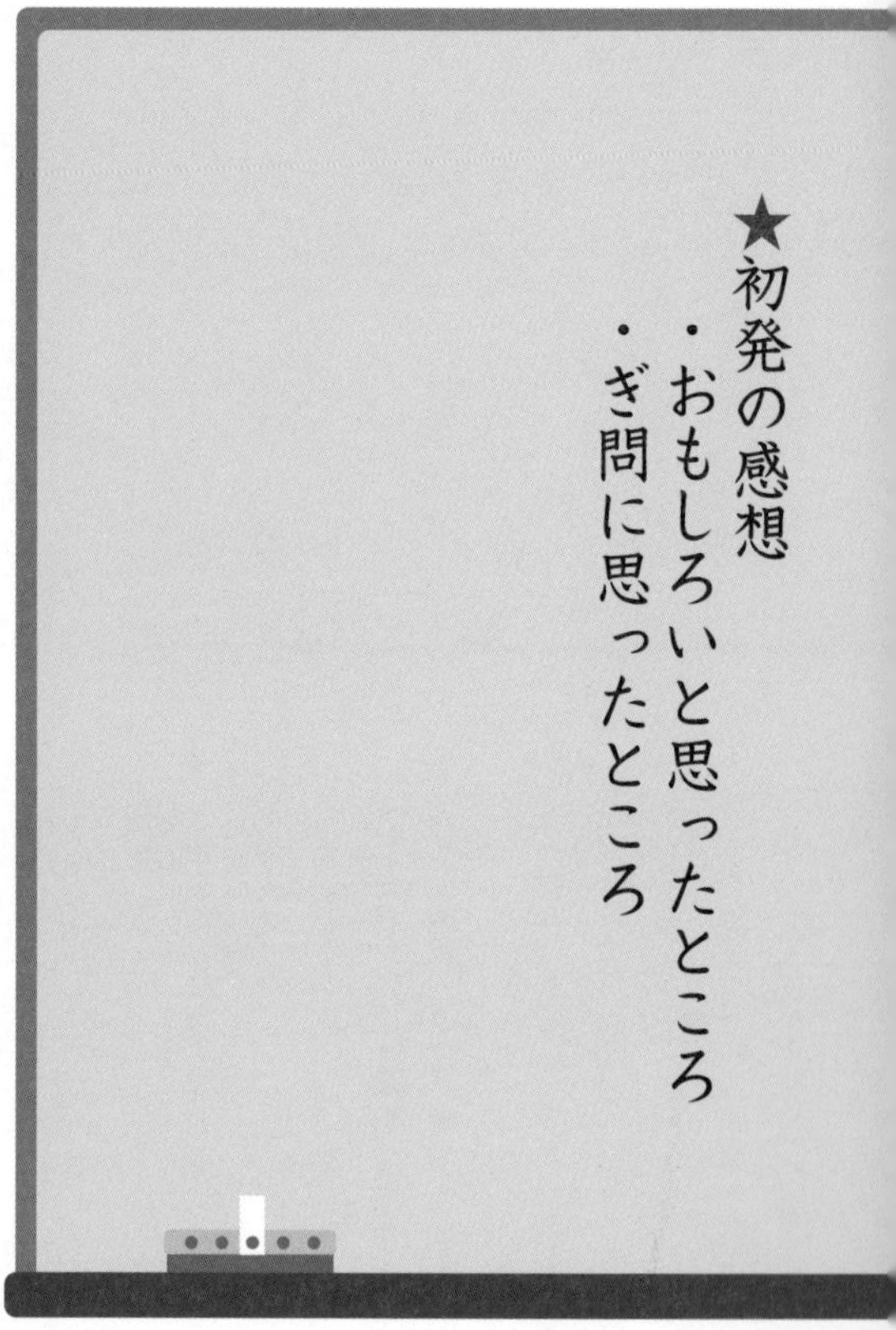

★初発の感想
・おもしろいと思ったところ
・ぎ問に思ったところ

3　五感を意識して音読してみる

五感を働かせて音読してみましょう

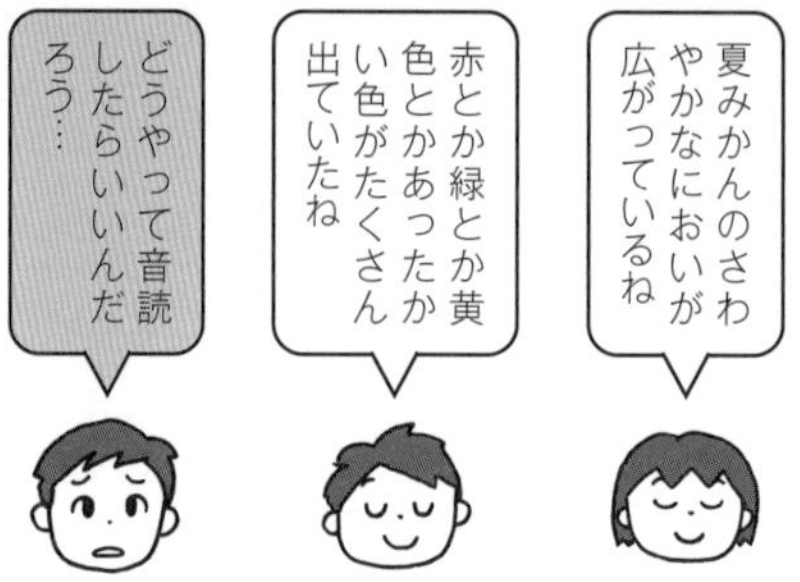

夏みかんのさわやかなにおいが広がっているね
赤とか緑とか黄色とかあったかい色がたくさん出ていたね
どうやって音読したらいいんだろう…

音読する際、どんな五感が働いたかを意識させながら音読し、感想を書かせる。物語の中で、多用されている「色彩語」や「におい」の表現に注目させたい。**配慮㋑**

4　初発の感想を書く

面白かったところや疑問に思ったところを中心に感想を書きましょう

松井さんのいたずらが面白かった
女の子はなんで消えちゃったのかな?

しかけ（限定する）

観点を絞って学習感想を書かせる。たくさんの子どもが注目するであろう「女の子がなぜ消えたのか」という疑問を解決していく見通しをもたせる。

準備物 ・特になし

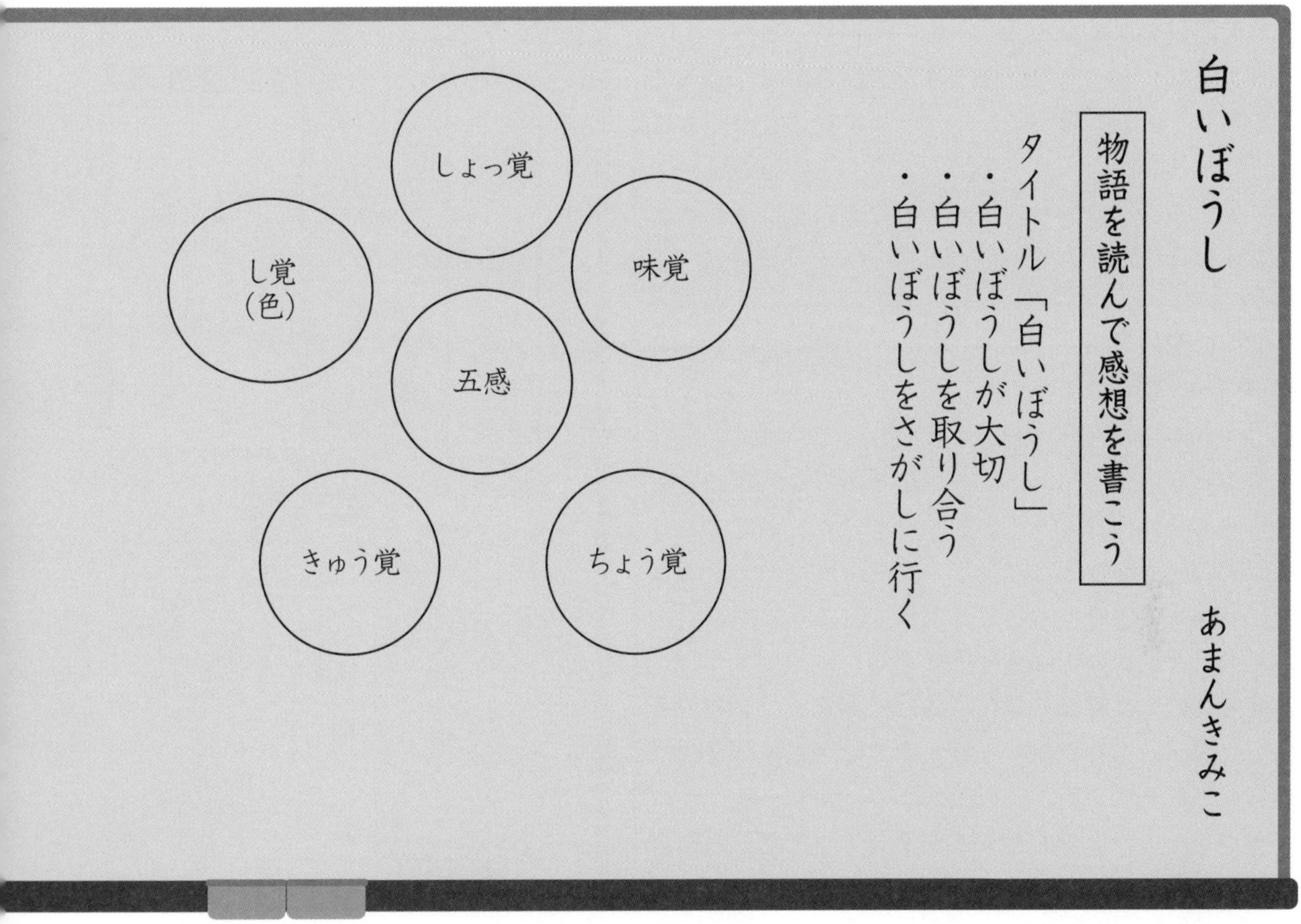
白いぼうし
あまんきみこ
物語を読んで感想を書こう
タイトル「白いぼうし」
・白いぼうしが大切
・白いぼうしを取り合う
・白いぼうしをさがしに行く
しょっ覚
味覚
し覚
（色）
五感
きゅう覚
ちょう覚

1 タイトルから中身を予想する

タイトルの『白いぼうし』から物語を予想してみましょう

白いぼうしが大切なんだね
白いぼうしをなくしちゃったりするのかな?

しかけ（限定する）

タイトルである「白いぼうし」から中身を想像する。白いぼうしをめぐってどんな物語が展開されるのか考えさせたい。

2 全文を通読する

白いぼうしに注目して、物語を読んでみましょう

白いぼうしが出てきた
読むのが苦手なんだよな

教師が範読する際、どこを読んでいるのか指でなぞりながら読んでもよいことを伝える。全文を範読した後で、新出の漢字や言葉の解説をする。

配慮ア

本時の展開　第一次　第2時

目標　登場人物が描かれたセンテンスカードを並び替える活動を通して、女の子とちょうが同一人物であることに気付き、ファンタジーの構造を捉えることができる。

[本時展開のポイント]

センテンスカードの色を分ける活動をおみくじ式で設定することで全員が楽しんで参加することができるようにする。また、センテンスカードを物語の順序に並び替えることで、物語の大まかな流れをつかむ。全体を読むことが難しい児童でも、参加することができる。

[個への配慮]

㋐カードを限定して考える

カードの色の人物は誰なのかについて、悩んでいる児童がいる場合は、人物が誰かを進んで考えることができるように、各色の一番考えやすいカードに書かれた叙述の箇所を教師と確認し、教師が前後の文をあわせて音読する中で、人物を特定できるようにする。

㋑他のファンタジー作品を紹介する

現実世界では起こり得ないことであると、女の子とちょうが同一人物であると考えることが困難な場合、ファンタジーであることを捉えることができるよう、児童が知っているであろう、他のファンタジーの物語や絵本を紹介する。

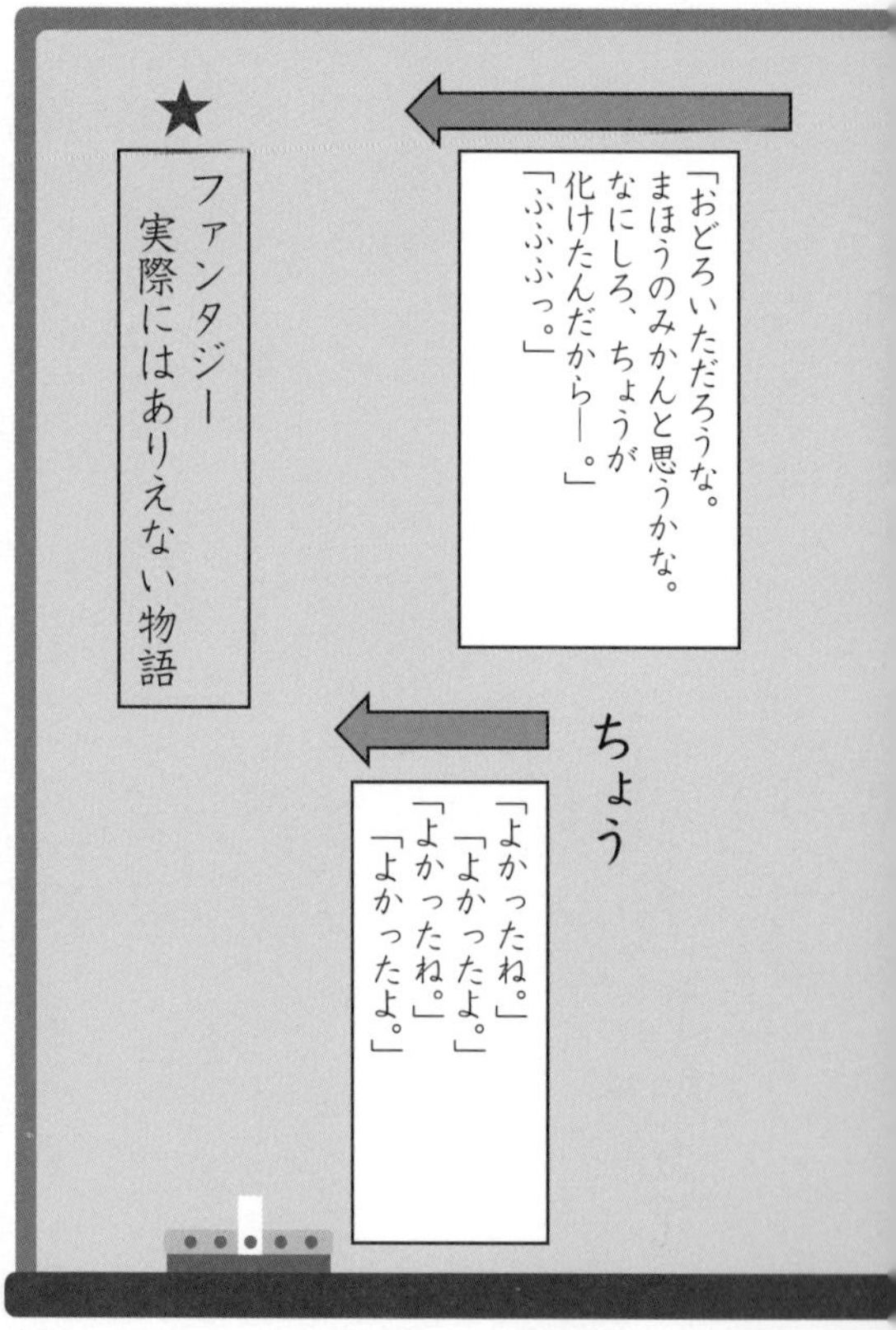

「おどろいただろうな。まほうのみかんと思うかな。なにしろ、ちょうが化けたんだから―。」
「ふふふっ。」
ちょう
「よかったね。」「よかったよ。」「よかったね。」「よかったよ。」
★
ファンタジー
実際にはありえない物語

3　女の子とちょうの関係について話し合う

女の子が消えちゃうなんて変だよね？ 最後まで車に乗っててもいいんじゃないかな？

ちょうが出てくるときに女の子は消えちゃってるね

女の子はちょうになったから消えたんじゃないかな？

しかけ（仮定する）

女の子とちょうが同時に描かれていないことを確認した上で、ゆさぶり発問をすることで、女の子とちょうが同一人物であることに気付かせる。

配慮㋑

4　本時の学習をまとめる

女の子はちょう？ ちょうじゃない？

消えた女の子はちょうだったら素敵だな

やっぱりちょうと女の子が同じ人なんて変だよ

しかけ（選択肢をつくる）

選択肢を与えて、本時の学習をまとめさせる。次時の伏線を探す展開につなげる。

現実ではあり得ないと話す児童の声を生かし、「ファンタジー」をおさえる。

準備物 ・センテンスカード 1-01～03、06～11

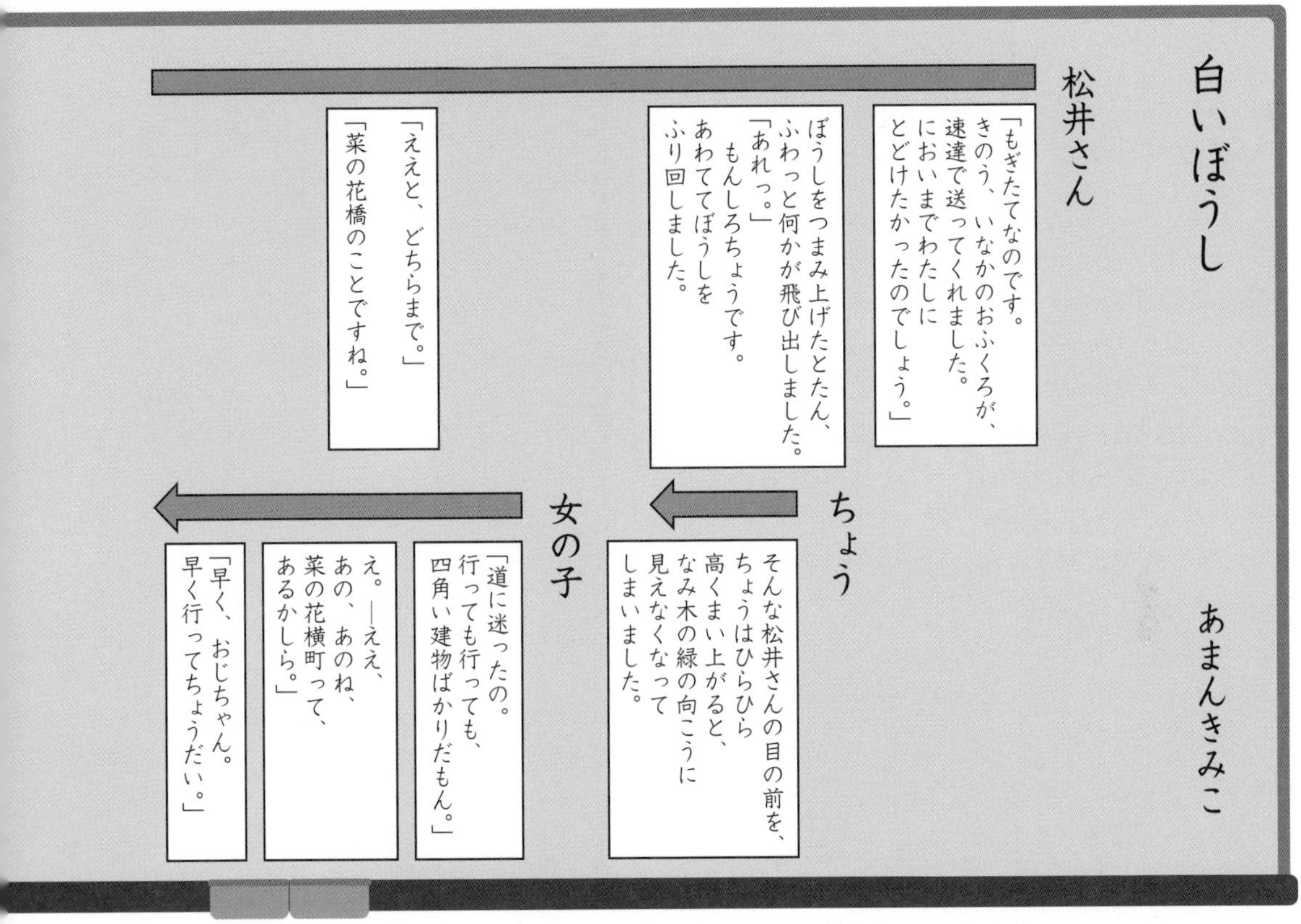
白いぼうし
あまんきみこ
松井さん
「もぎたてなのです。きのう、いなかのおふくろが、速達で送ってくれました。においまでわたしにとどけたかったのでしょう。」
ぼうしをつまみ上げたとたん、ふわっと何かが飛び出しました。「あれっ。」もんしろちょうです。あわててぼうしをふり回しました。
「ええと、どちらまで。」「菜の花橋のことですね。」
ちょう
そんな松井さんの目の前を、ちょうはひらひら高くまい上がると、なみ木の緑の向こうに見えなくなってしまいました。
女の子
「道に迷ったの。行っても行っても、四角い建物ばかりだもん。」
え。──ええ、あの、あのね、菜の花横町って、あるかしら。」
「早く、おじちゃん。早く行ってちょうだい。」

1 おみくじをしてセンテンスカードを分ける

青、赤、黄のカードはそれぞれ誰について書かれているでしょうか？

赤は松井さんの行動やセリフだね
青は女の子かな？ちょうかな？

しかけ（分類する）
裏返すと色が付いたセンテンスカードをめくる活動を通して、それぞれの行動やセリフを整理していく。
配慮ア

2 センテンスカードを並び替えて、物語の大まかな流れをつかむ

センテンスカードを物語の順番に並べ替えてみましょう

紳士との会話の場面の次は、ちょうの代わりにみかんを置く場面だね
ちょうが出てるときには女の子は消えちゃってるね

しかけ（図解する）
分類したセンテンスカードを物語の順序通りに並び替える。挿絵と関連させて考えることで、わかりやすくする。

✓ 本時の展開 第二次 第1時

目標 女の子がちょうである根拠について話し合う活動を通して、伏線の面白さに気付き、自分なりの解釈を書くことができる。

[本時展開のポイント]

全員が根拠をもって女の子＝ちょうと考えることができるよう、根拠となりうるセンテンスに注目できるようにする。その際、空欄の言葉を埋める活動を通して、注目してほしい言葉が目立つようにする。

[個への配慮]

ア センテンスカードの位置を教える

センテンスカードの空欄を埋めることが困難な場合、本文のどこに書いてある文かわかるよう、センテンスカードが何ページの何行目にあるのかを付箋に書き渡す。

イ カードを限定し、小さな質問で思考を促す

女の子とちょうが同一人物であることを捉えることが困難な場合、自分なりの理由を考えることができるよう、教師が意図的に一枚選び、「女の子はなんで急いでいるのかな？」「誰に追われているのかな？」「逃げないとどうなるの？」「女の子は一体誰？」などの小さな問いで思考を促す。

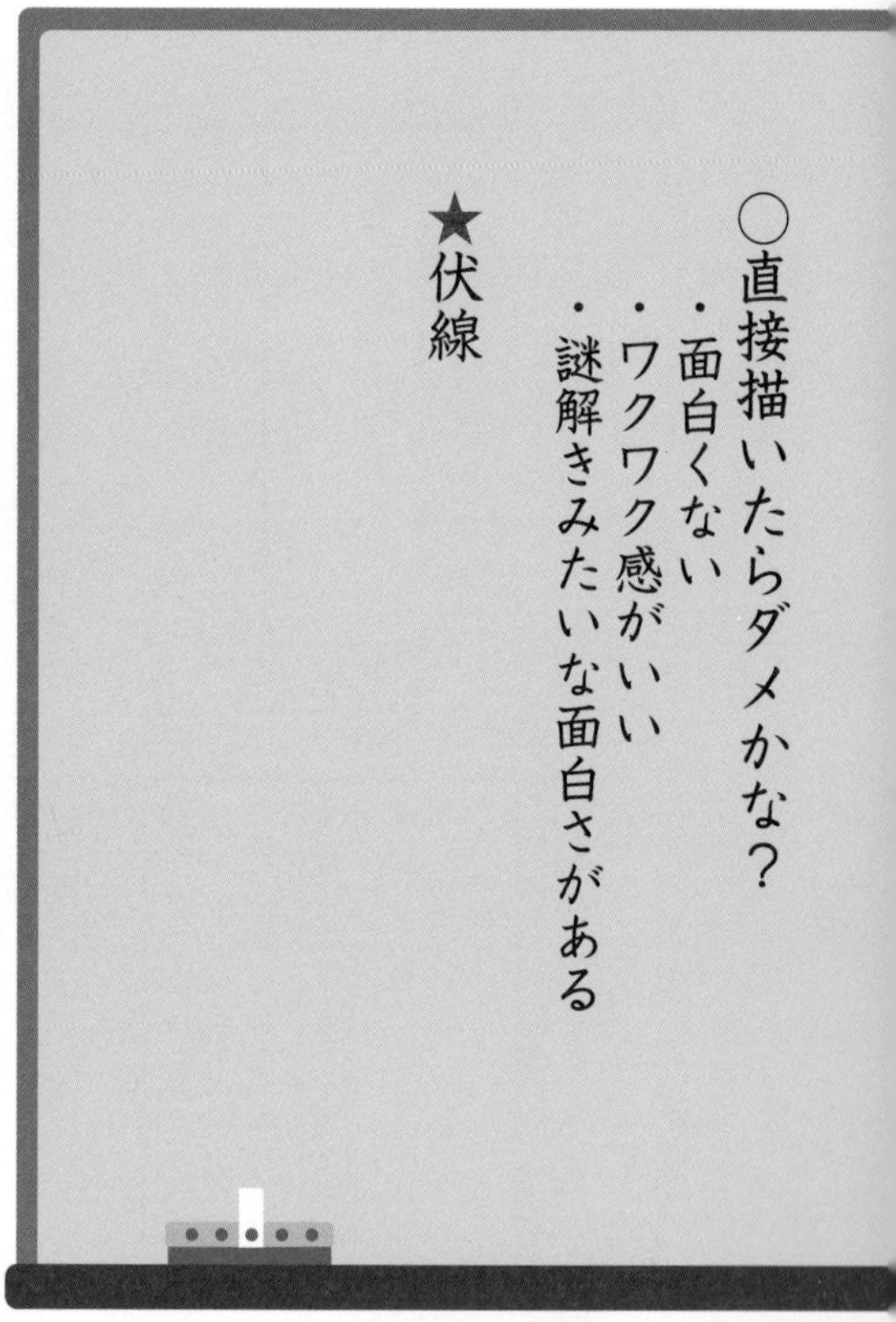
○直接描いたらダメかな？
・面白くない
・ワクワク感がいい
・謎解きみたいな面白さがある
★伏線

3 伏線を見つけながら読んでいく楽しさを話し合う

『女の子は実はちょうだったのです』って書いちゃえばいいんじゃないかな？

確かに書いてあればわかりやすいけど…
もしかしたらって考えながら読むのが楽しいよね！

しかけ（仮定する）

物語の中に「ちょう＝女の子」であると考えさせるような文がたくさん隠されていることをおさえた上で、ゆさぶり発問を行い、伏線で描かれることの面白さを話し合う。

4 本時の学習を納得解で表現する

『女の子はちょうだと思う。なぜなら～』に続けて今日の学習をまとめましょう

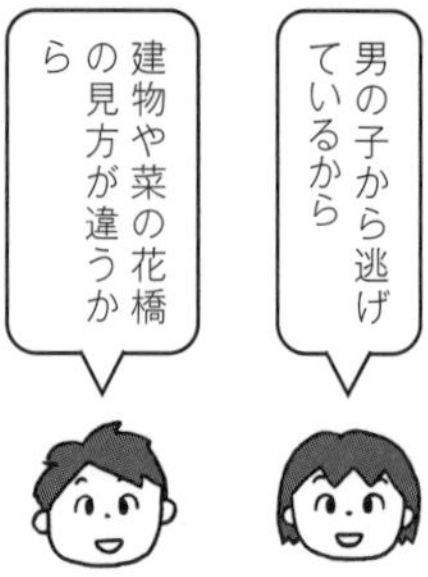
男の子から逃げているから
建物や菜の花橋の見方が違うから

女の子がちょうである理由について本時の学習の中から、納得できた答えをまとめる。お互いの解釈を話し合うことで理解を深めさせたい。

白いぼうし

あまんきみこ

女の子がちょうだと思う理由がわかるのはどこ？

そんな松井さんの目の前を、ちょうはひらひら高くまい上がると、なみ木の緑の向こうに見えなくなってしまいました。

見えなくなって、変身した。

「道に迷ったの。行っても行っても、四角い建物ばかりだもん。」

四角い建物
ちょうっぽ

え。――ええ、あの、あのね、菜の花横町ってあるかしら。」

菜の花橋を
ていうのは

「早く、おじちゃん。早く行ってちょうだい。」

男の子から逃げてる

「よかったね。」「よかったよ。」「よかったね。」「よかったよ。」

「よかったよ」は女の子だったちょうのセリフ

1

センテンスカードを音読し、内容をおさえる

空欄を埋めながら、センテンスカードを音読しましょう

四角に入るのは「見えなくなってしまいました」だね

何が入るか全くわからないな…

急いでるのは、男の子から逃げるためかもしれないね

え、女の子は、ちょうなの？

しかけ（隠す）

センテンスカードを音読することで内容の確認をしていく。その中で、注目してほしい言葉を隠

センテンスカードから女の子がちょうである根拠を探し、その理由について話し合う。センテンスカード以外から根拠を見つけることも認める。

配慮イ

本時の展開　第二次　第2時

目標　センテンスカードの間違いを探す活動を通して、松井さんの人物像について話し合い、自分なりに捉えた人物像を書くことができる。

[本時展開のポイント]

センテンスカードにダウト文を仕かけ、比較させることで、松井さんの温かい人柄に注目させる。また、③でいたずらのところに注目させることで、優しいばかりでなく、ユーモアもあり少しお茶目なところがあることにも気付かせたい。

[個への配慮]

㋐セリフカードを用意する

教科書を見ながら松井さんと紳士のやり取りを役割演技することが困難な場合、セリフだけを読みやすくするように、それぞれのセリフを書き分けたセリフカードを持たせる。

㋑発問を置き換える

「松井さんは本当にいい人か」のゆさぶり発問の意味の理解が困難な場合、発問の意味が理解できるよう、教師が近くへ行って「例えば筆箱の中のえんぴつが勝手に消しゴムに入れ替えられていたらどう思う？」と問いかける。

★松井さんは〇〇な人

人物像は「セリフ」「行動描写」「心内語」から読み取ることができる。

3　ちょうを逃してしまった場面について話し合う

ちょうの代わりに夏みかんを置く松井さんはいい人でしょうか?

やっちゃったことはよくないけど…

男の子のためにやってるから悪い人じゃないと思う

どうだろう、よくわかんないなあ

しかけ（仮定する）

松井さんのいい人柄をおさえた上で、いたずらをする松井さんに注目させる。驚かせるというよりも親切な気持ちが大きいことに気付かせる。

配慮㋑

4　納得解を書く

松井さんの人物像を一言でまとめましょう

僕は優しくて楽しいことが好きな人にしようかな

人物像は「セリフ」「行動描写」「心内語」から読み取れるね

本時の展開の中で考えた松井さんの人物像を一言でまとめる。

また、人物像は「セリフ」「行動描写」「心内語」から読み取れることを確認する。

準備物
・センテンスカード 1-01、02、04、07、10
・短冊 1-12

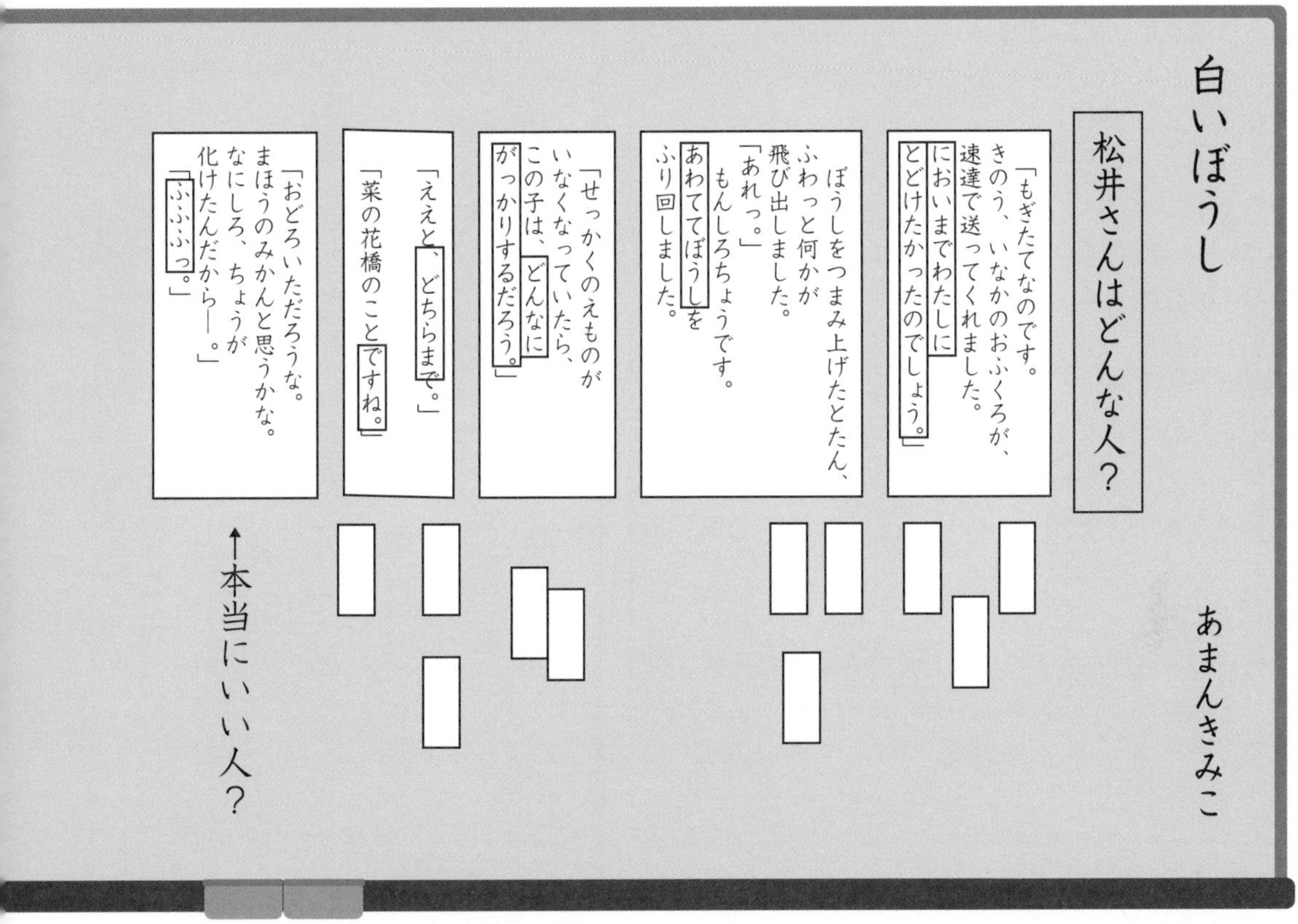

白いぼうし
あまんきみこ
松井さんはどんな人？

「もぎたてなのです。きのう、いなかのおふくろが、速達で送ってくれました。においまでわたしにとどけたかったのでしょう。」

ぼうしをつまみ上げたとたん、ふわっと何かが飛び出しました。「あれっ。」もんしろちょうです。あわててぼうしをふり回しました。

「せっかくのえものがいなくなっていたら、この子は、どんなにがっかりするだろう。」

「ええと、どちらまで。」

「菜の花橋のことですね。」

「おどろいただろうな。まほうのみかんと思うかな。なにしろ、ちょうが化けたんだから—。」

「ふふふっ。」

↑本当にいい人？

1 松井さんと紳士のやり取りを役割演技する

先生の音読は松井さんの人物像にぴったりかな？

今の読み方は松井さんぽくないね
松井さんはどんな人物なのかな？

しかけ（置き換える）
松井さんと紳士のやり取りを、役割を分けて音読する。途中で松井さんを教師が演じ、松井さんの人物像と合わない読み方をすることで松井さんの人物像に着目させる。
配慮ア

2 松井さんの人物像について話し合う

センテンスカードの間違っているところは？

「菜の花横町だね。」が違うね。もっと丁寧な言い方だったよ
落ち着いては違うね。あわててだ。あわてんぼうかな？

しかけ（置き換える）
松井さんの人物像がわかるセンテンスカードにダウト文をしかける。正しい言葉を確認しながら松井さんの人物像を確認する。考えた人物像を短冊に書き、黒板に貼る。

✓ 本時の展開 第二次 第3時

目標 松井さんの心情について話し合う活動を通して、五感からも心情を読み取ることができることに気付き、ノートにまとめることができる。

[本時展開のポイント]

松井さんの心情を読み取るために、センテンスを絞り提示する。また、五感からも心情が読み取れることに気付かせるために、表現を単調なものにして比較させる。

[個への配慮]

ア自分の気持ちと行動を想像させる発問をする

松井さんの心情を読み取ることが困難な場合、描写と心情が結びつくよう、教師が近くへ行って「『ふふふっ』って笑うときは、気持ちがプラスのとき・マイナスのとき？」など、自分の気持ちと行動を想像し考えられるようにする。

イ付箋に書く

最後の夏みかんのにおいと松井さんの心情を結びつけて想像することが困難な場合、心情とそのときに感じるであろうにおいを線で結ぶことができるよう、付箋に書く。

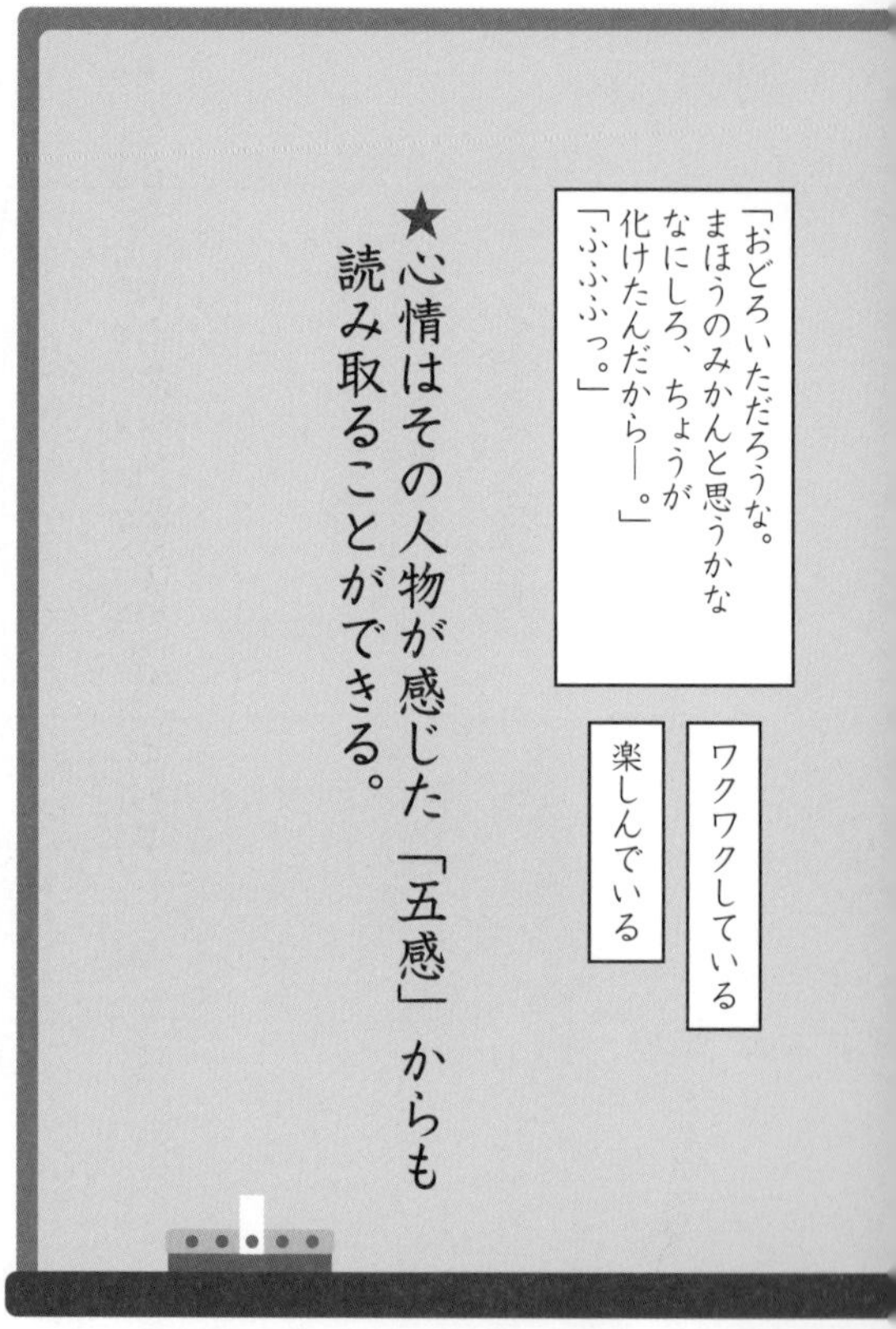

「おどろいただろうな。まほうのみかんと思うかな
なにしろ、ちょうが
化けたんだから―。」
「ふふふっ。」
ワクワクしている
楽しんでいる
★心情はその人物が感じた「五感」からも
読み取ることができる。

3 「五感表現」について話し合う

黄色い夏みかん、すっぱいでいいよね？

別にいい気もするけど…ねらいがあるのかな？

夏みかんを見ているのもいいにおいを感じているのも松井さんだね！

何で松井さんの気持ちがわかるの？

しかけ（仮定する）

選ぶ児童が少ないであろう「まるで～」の文をありきたりな表現に置き換えることで、松井さんの五感を通してそのときの心情を表現していることに気付かせる。配慮イ

4 既習事項を確認する

最後の夏みかんのにおいは甘い？ すっぱい？

ちょうを送り届けてホッとしてるから甘いにおいかな

不思議な出来事の後だからすっぱいにおいも合うよ

本文の最後に書かれている夏みかんのにおいは甘いのか、すっぱいのかを問う。どちらを選んでも、松井さんの心情と関わらせて解釈させたい。

準備物
・センテンスカード 1-01、02、04、05、10
・短冊

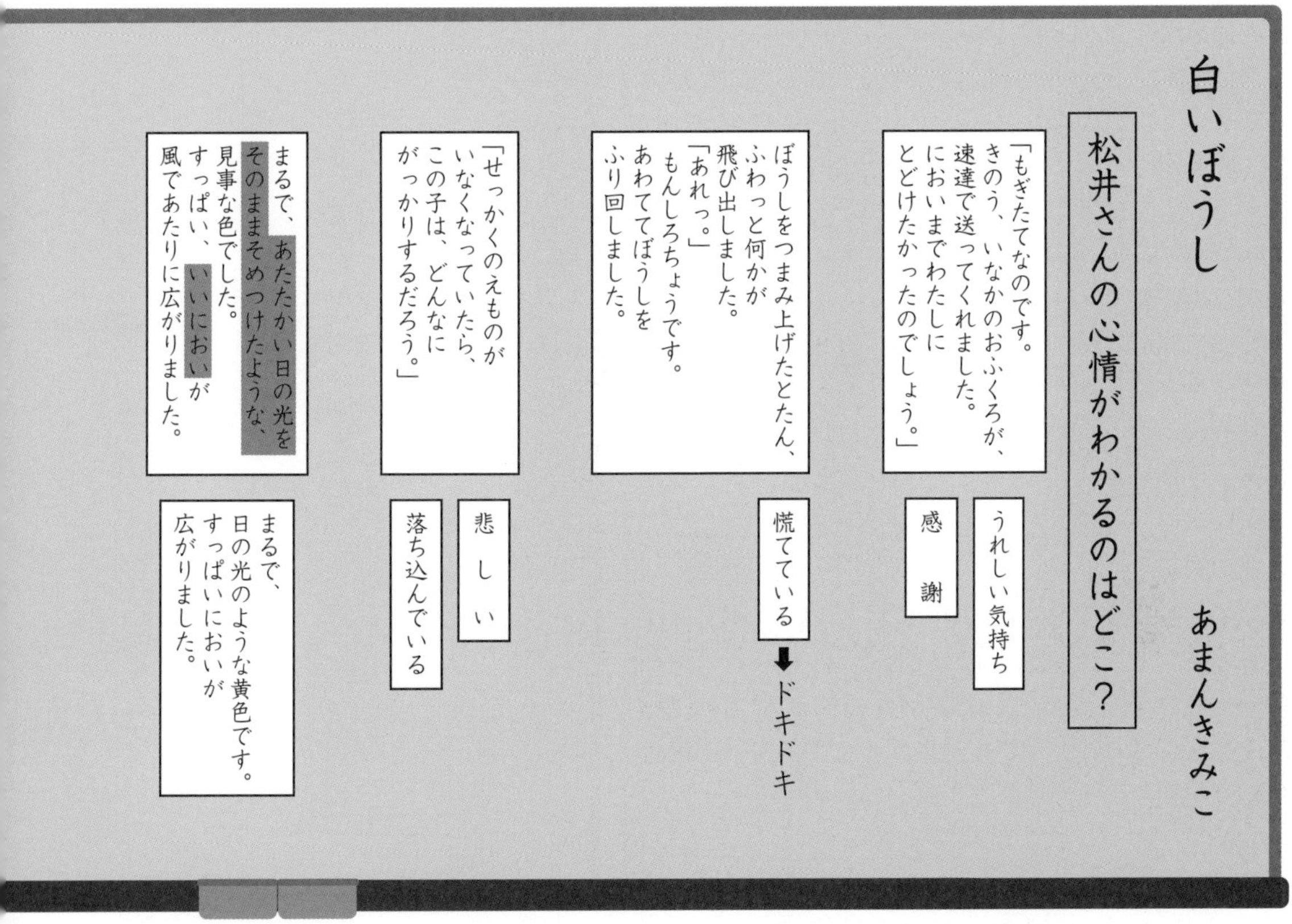
白いぼうし
あまんきみこ
松井さんの心情がわかるのはどこ？
「もぎたてなのです。きのう、いなかのおふくろが、速達で送ってくれました。においまでわたしにとどけたかったのでしょう。」
うれしい気持ち
感謝
ぼうしをつまみ上げたとたん、ふわっと何かが飛び出しました。「あれっ。」もんしろちょうです。あわててぼうしをふり回しました。
慌てている
ドキドキ
「せっかくのえものがいなくなっていたら、この子は、どんなにがっかりするだろう。」
悲しい
落ち込んでいる
まるで、あたたかい日の光をそのままそめつけたような、見事な色でした。すっぱい、いいにおいが、風であたりに広がりました。
まるで、日の光のような黄色です。すっぱいにおいが広がりました。

1 松井さんの心情に着目させる

最後の場面、女の子に乗り逃げされているから松井さんは不愉快だよね？

松井さんはそんな人じゃないよ
松井さんの気持ちを考えてみたいな

しかけ（置き換える）

松井さんの心情に着目させるために、教師が間違えた解釈を伝える。子どもたちの反論をもとに、学習課題を設定する。また、最後の発問にもつながるので、反論も吸い上げておきたい。

2 松井さんの心情が読み取れるところを探す

松井さんの心情がわかるのはどこでしょうか？

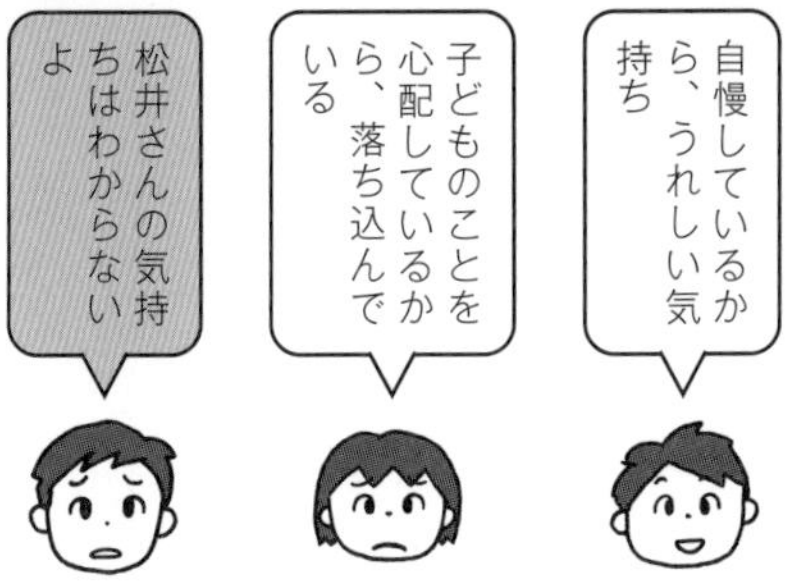
自慢しているから、うれしい気持ち
子どものことを心配しているから、落ち込んでいる
松井さんの気持ちはわからないよ

Which型課題

センテンスカードから松井さんの心情がわかる文を選び、松井さんの心情について話し合う。センテンスカード以外から根拠を見つけることも認める。

選んだセンテンスカードの下に読み取ったことを書いた短冊を貼り付ける。

配慮ア

本時の展開　第二次　第4時

目標　物語のタイトルについて話し合う活動を通して、白いぼうしと夏みかんの役割に気付き、タイトルに込められた作者の意図を考えることができる。

［本時展開のポイント］

全員がタイトルについて自分の考えをもつことができるよう、二つの選択肢を設ける。両方の大切さに気付くことができるよう、話し合いの流れで両方のゆさぶり発問ができるようにしておきたい。

［個への配慮］

㋐印象に残っているものは何か問いかける

タイトルにふさわしいのがどちらか決めることが困難な場合、「印象に残っているものはどちらだったの？」と問いかけ、「じゃあ、タイトルも、夏みかんの方がいいって思う？」などと教師と話し合う中で考えを明確にする。

㋑板書の写真から選ばせる

あまんきみこさんがなぜこのタイトルにしたのかを考えることが困難な場合、話し合いの中で出された意見を参考にすることができるよう、タブレットで板書の写真を撮り、その写真を指差しで選択できるようにする。

○タイトルはなぜ、白いぼうし？
　白いぼうしは
　　不思議な出来事を象徴している。
★象徴

3　必要に応じてゆさぶり発問をする

もしも、〇〇がなかったら？

白いぼうしがないと不思議な出来事は起こらないね

夏みかんが登場人物をつないでいるね

しかけ（仮定する）

話し合いの中で、前述のような役割が出てこなかった場合、ゆさぶり発問をする。それぞれのものがなければ物語が成り立たないことに気付かせる。

4　タイトルが「白いぼうし」の理由を考える

あまんきみこさんはなぜタイトルを『白いぼうし』にしたのでしょうか？

白いぼうしを中心に不思議な出来事が起こるからだね

あまんきみこさんの考えなんて…

本時の学習をまとめるために、作品に戻っていく。元々のタイトルはなぜ「白いぼうし」なのかをまとめさせる。配慮㋑

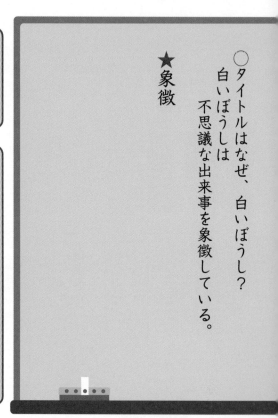

準備物　・特になし

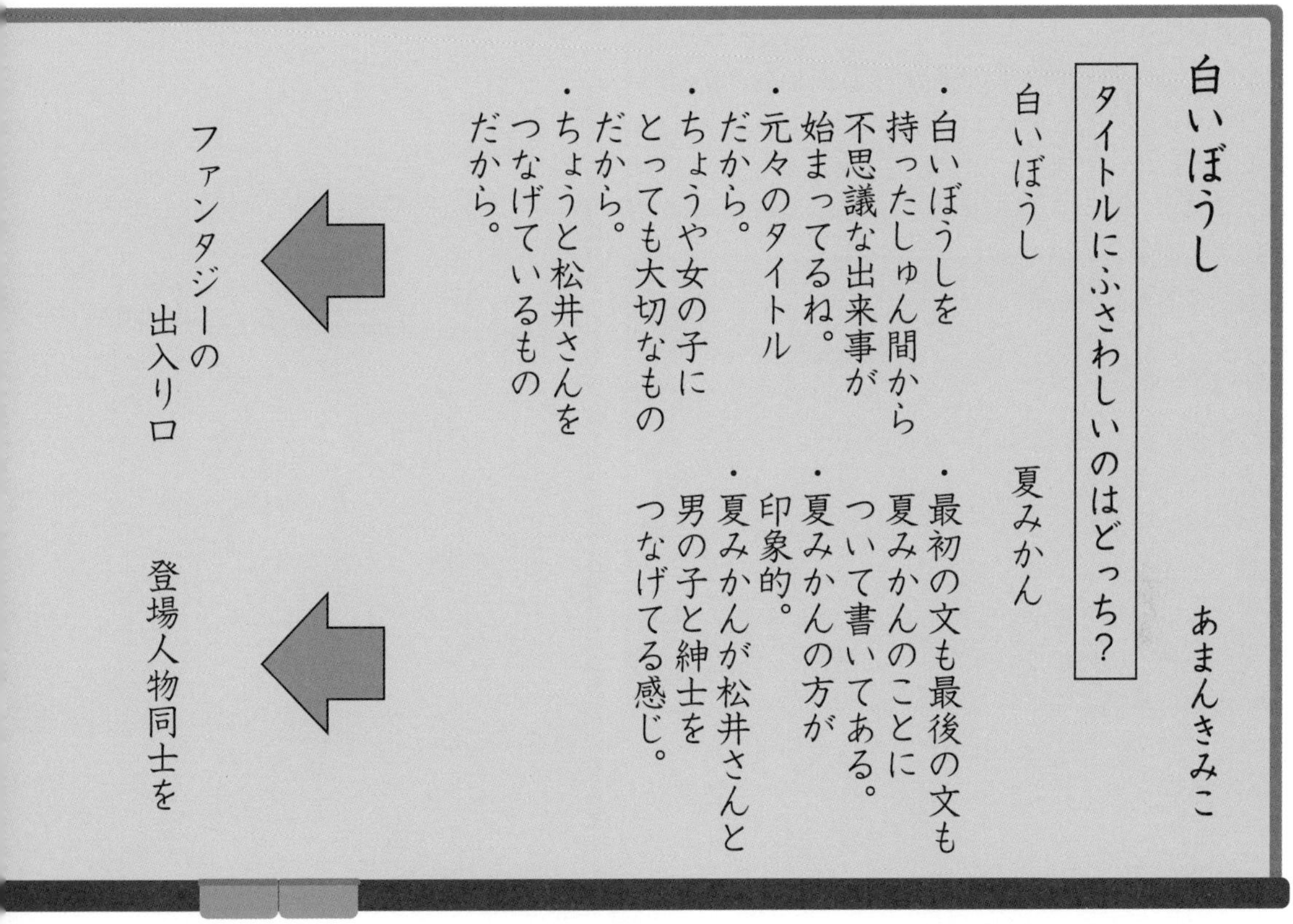
白いぼうし
あまんきみこ
タイトルにふさわしいのはどっち？
白いぼうし
・白いぼうしを持ったしゅん間から不思議な出来事が始まってるね。
・元々のタイトルだから。
・ちょうや女の子にとっても大切なものだから。
・ちょうと松井さんをつなげているものだから。
夏みかん
・最初の文も最後の文も夏みかんのことについて書いてある。
・夏みかんの方が印象的。
・夏みかんが松井さんと男の子と紳士をつなげてる感じ。
ファンタジーの出入り口
登場人物同士を

1 物語で印象に残っているものを発表する

この物語で印象に残っているのは『白いぼうし』と『夏みかん』のどちらでしょうか？

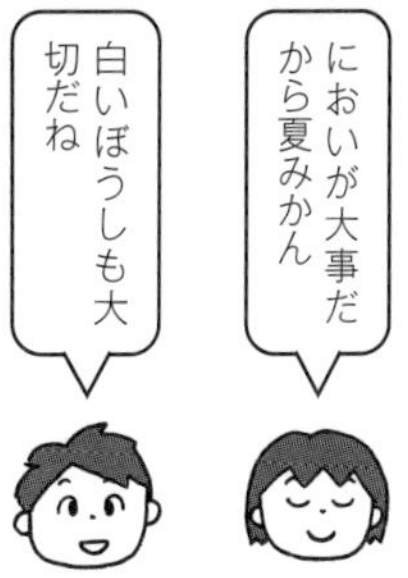
においが大事だから夏みかん
白いぼうしも大切だね

Which型課題

物語の中で、どちらが印象に残っているかを話し合う。発言を板書はしないが、「タイトル」とつながる発言があれば、その言葉を使い自然と次の展開へ方向づけられるようにする。

2 タイトルにふさわしいのはどっちか話し合う

タイトルにふさわしいのは夏みかん？　白いぼうし？

夏みかんのにおいは最初から最後までしているね
やっぱり元々の白いぼうしがいいんじゃないかな

Which型課題

タイトルについて話し合う活動を通して、それぞれの役割を確認していく。夏みかんが登場人物同士をつないでいること、白いぼうしがファンタジーのきっかけになっていることに気付かせたい。

配慮ア

本時の展開　第三次　第1・2時

目標 他の作品をワークシートにまとめる活動を通して、他の作品でも学んだ読みの技能を活用することができる。

[本時展開のポイント]

学んだ読みの技能を他の作品でも使えるようにする。ワークシートを用意し、何に注目してどのように読めばいいのかを示すことで考えやすくする。

[個への配慮]

ア板書の写真を見せる

学んだことを振り返ることが困難な場合、ここまでの授業を思い出すことができるよう、板書の写真を用意し個別に見せる。

イ書く順番を示す

ワークシートに書くことが困難な場合、書くことを明確にするために、書く順序を示す。「不思議な出来事」「伏線」「松井さんの人物像や心情がわかる文」「人物像や心情」の順にワークシートに番号を書く。

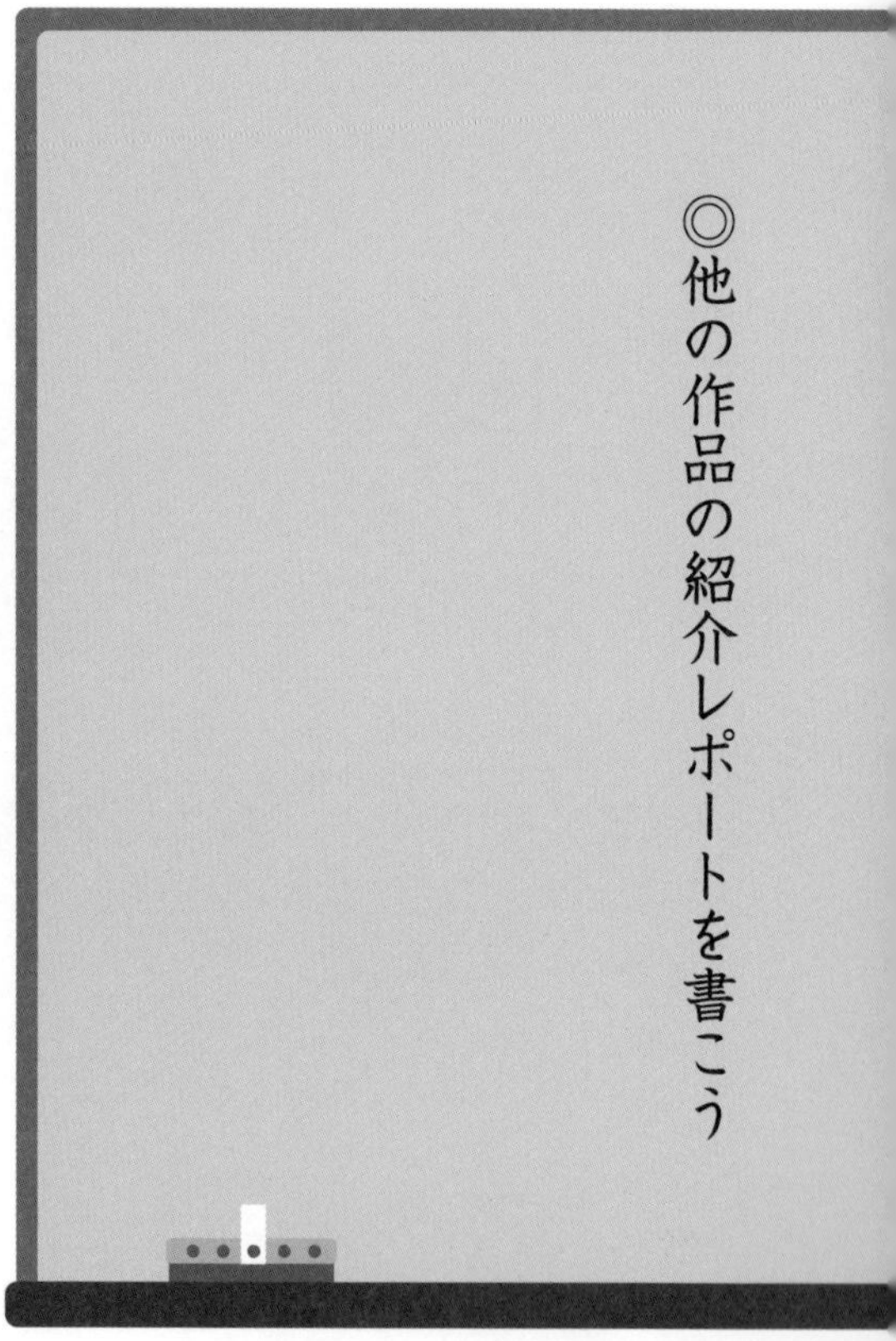
◎他の作品の紹介レポートを書こう

3

どこに、何を、どのように書くのかを確認する時間にする。

「先生は、この最後の一文が好きなんだけれど、どこに書けばいいのかな?」などの問いかけ形式で進めることもよい。

先生、最後の一文は、においだから「五感」に書くといいよ

松井さんの他の物語をワークシートにまとめる

車のいろは空のいろシリーズの他の作品の紹介レポートをまとめてみましょう

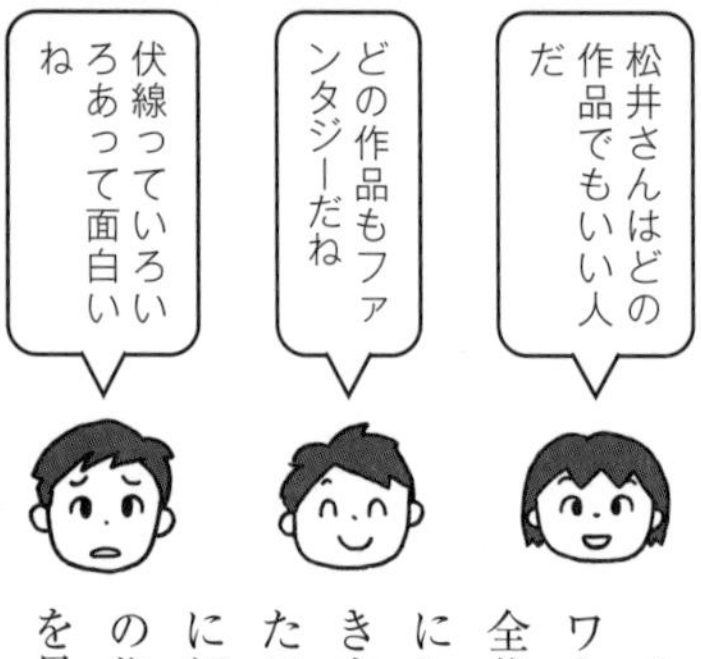
松井さんはどの作品でもいい人だ
どの作品もファンタジーだね
伏線っていろいろあって面白いね

シリーズの他の作品をワークシートにまとめる。全体で白いぼうしをもとにしてワークシートの書き方を確認する。まとめたワークシートをお互いに紹介し合う。それぞれの作品を比べて、共通点を見つけていくと面白い。配慮イ

準備物 ・ワークシート 1-12

白いぼうし

あまんきみこ

学んだこと
「フ〇〇〇ジー」→実際にはありえない世界
「〇線」→ちょっとずつのつながり
「〇感表現」→心情は五感からもわかる

タイトル
白いぼうし

不思議な出来事
松井さんがのせた女の子は、ちょうだったのです。

伏線
松井さんのタクシーにのった女の子は、「四角い建物」「菜の花横丁」など、不思議な言い方をしたり、「え。―ええ、あの」など、ちょうが言いそうな言葉を使っていました。

人物像や心情
松井さんは優しくて楽しいことが好きなすてきな人です。

人物像や心情がわかる文
「いなかのおふくろが速達でおくってくれました」
「この子は、どんなにがっかりするだろう」
「ふふふふっ」

1 学習を振り返る

白いぼうしで学んだことを確認しましょう

ファンタジーの伏線があったね

五感からも心情がわかるね！

やった気がするなあ。え？なんだっけ？

しかけ（隠す）

白いぼうしで学んだ「ファンタジー」「伏線」「五感表現」について確認する。

その際、大きく学んだことは、三つであることを伝える。ヒントとして黒板に「フ〇〇〇ジー」「〇線」「〇感表現」など穴あき問題にして学びを確認するのもよい。それぞれの言葉の意味については、必ず確認する。

配慮ア

2 「白いぼうし」でまとめ方を練習する

みんなで「白いぼうし」の紹介レポートをまとめてみましょう

女の子が「ちょう」じゃないかってこと書きたいんだよね。それって…あ、伏線かあ

しかけ（分類する）

まずは、全体で白いぼうしをもとにしてワークシートの書き方を確認する。

「ごんぎつね」の授業デザイン

（光村図書４年下）

教材の特性

本作品は、中心人物の「ごん」が心を寄せる同じひとりぼっちの兵十に撃たれるという惨劇で幕を閉じる物語である。そのため、「ごんは、うなぎを盗んで、おっかあを殺したからだ」などの読み間違いをする児童も多く出てしまう。

下に示した表の「1」から「5」は「ごん」の視点で書かれており、「いたずら」から「つぐない」へと変化する「ごん」の心の変容が捉えやすい。巧みな情景描写で「ごん」の心情が描かれているのも本作品の特徴である。「6」では視点が「ごん」から「兵十」へと転換される。そのことで一気にクライマックス場面の緊張感が増し、兵十の心の変容を捉えることもできる。あえて「ごん」の心情が語られないことで子どもたちは「ごん」の最期に想像を膨らませることができる作品である。

展開部					冒頭部
山場	展開				前話し
ごんを撃つ兵十	兵十と加助の話を聞くごん（失望する）	兵十と加助の話を聞くごん（反応をうかがう）	つぐないを始めるごん	おっかあの死後悔するごん	ごんの紹介うなぎ事件を起こすごん

※「ごんぎつね」は終結部が存在しない作品である。

身に付けさせたい力

・様子や行動、心情や性格を表す語を捉える力
・情景描写、視点の転換などから心情の変化やかかわりの変化を捉える力

授業づくりの工夫

焦点化	視覚化	共有化
○情景描写・視点の転換に焦点化した単元構成をする。 ○児童の捉え方や思考の「ずれ」に焦点をあてた授業展開をする。	○センテンスカードなどの視覚物を使って、情景描写や視点の転換に注目しやすいようにする。 ○本時の鍵となる学びやわかったことなどを、色付きチョークで囲むなど、色で重要度がわかるようにして理解を助ける。	○思考の「ずれ」が起きた場面では、「どんな理解のずれか」「次に何を・どのように考えるのか」など、細目に理解をそろえてから展開する。 ○表現の場面では、何をどのように表現するのかモデル提示し、どう書いてよいかわからない児童の精神的負担を減らす。

✓ 単元目標・評価規準

目標 情景描写、視点の転換に注目することで、中心人物の心情の変化や対象人物とのかかわりの変化を捉え、進んで話し合ったり、ノートにわかったことを表現したりすることができる。

知識・技能
○情景描写の効果や意味、視点の転換について理解し、語彙を豊かにしている。
((1) オ)

思考・判断・表現
○「読むこと」において、中心人物の性格や心情の変化を、情景描写、心内語と結びつけて想像している。
(C (1) オ)

主体的に学習に取り組む態度
○読んで考えたことを、積極的に話し合い、一人ひとりの感じ方や、意見のよさに気付こうとしている。

✓ 単元計画(全10時間)

次	時	学習活動	指導上の留意点
一	1	○題名と挿絵を使って物語を想像し、作品と出合う。	題名や挿絵をもとに、中心人物のごんについて誰もが自由に想像し発表しやすいように選択肢を設けるようにする。
	2	○挿絵やセンテンスカードを並び替え、作品全体を捉える中で、読み間違いを正す。	センテンスカードにダウト文などの「しかけ」をする際は、文字のフォントや大きさを変えるなど工夫する。 「ごんがおっかあを殺した」などの読み間違いは叙述をもとにみんなで正すようにする。
	3	○情景描写に注目し、中心人物の心情を捉える。	情景描写の書かれたセンテンスカードはこの作品に必要なのかな?とゆさぶることで学習内容へ引き付ける。
二	1	○「ごん」の人物像(悪いきつねから、よいきつねに変わった)を話し合う中で、ごんがいたずらをするわけについて捉える。	理由を問うような発問をする場合は、選択肢を設けるなど、より多くの児童が参加し考えやすい状況をつくるようにする。選択肢を設ける際は、児童の発言や思考などを取り入れ、教師主導の展開にならないよう気をつける。
	2	○ごんの「つぐないを通して兵十に伝えたい思い」について捉える。	選択肢を提示し、「つぐない」の理由として謝罪だけでなく、兵十の心へ寄り添うごんの心情を捉えられるようにする。
	3	○「ごんはいたずらをもうしないのか」について考える。	ゆさぶり発問で、いたずらの真意や兵十への思いの強さを捉えられるようにする。
	4	○視点の転換に注目し、兵十の心情の変化を捉える。	「おれ読み」をすることで、「視点」を理解し、視点転換により、兵十の心情が変化したことを捉えられるようにする。
	5	○兵十はごんとの出来事を誰かに伝えたのかについて考える。	書き出しの一文に注目し、本作品が伝承されていたことを捉えることができるようにする。
三	1	○兵十が「ごん」のことを、その後、誰にどのように伝えたのか創作する。	まずは、加助に伝えたことを想定し、教科書の一部を使い創作体験をしてから、自由に創作をするようにする。
	2	○創作「その後話」発表会	発表の聞き手は、自分の作品をよりよいものにするために、友達の優れた表現をメモし、自分の作品に取り入れるようにする。

教材分析

子どもではない。

「夜でも昼でも」から、ごんは計画的にいたずらをしているわけではない。

村人の視点に寄り添った描かれ方で、村人のごんに対する怒りや憎しみの感情がわかる。

ウ 表現技法　情景描写

ごんの気持ちが晴れ晴れとし、わくわくした感情を表現。

エ 視点　視点人物がごん

ごんに寄り添った視点で、兵十の様子がクローズアップされた描かれ方になっている。

オ 人物　兵十の人物像

兵十の登場

おっかあのために、危険を冒しても魚をとる優しい人柄。顔に葉がついても気にせず取り組むまじめさ。周りをあまり気にしないおおらかな性格とも捉えられる。

カ 人物　兵十の心情

兵十のごんに対する怒りの感情がわかる。作品の中でごんと直接関わった場面①。

のすすきのほには、まだ雨のしずくが光っていました。川は、いつもは水が少ないのですが、三日もの雨で、水がどっとましていました。ただのときは水につかることのない、川べりのすすきやはぎのかぶが、黄色くにごった水に横だおしになって、もまれています。ごんは、川下の方へと、ぬかるみ道を歩いていきました。

ふと見ると、川の中に人がいて、何かやっています。ごんは、見つからないように、そうっと草の深い所へ歩きよって、そこからじっとのぞいてみました。

「兵十《ひょうじゅう》だな。」と、ごんは思いました。エ・オ　兵十は、ぼろぼろの黒い着物をまくし上げて、こしのところまで水にひたりながら、魚をとるはりきりというあみをゆすぶっていました。はちまきをした顔の横っちょうに、円いはぎの葉が一まい、大きなほくろみたいにへばりついていました。

しばらくすると、兵十は、はりきりあみのいちばん後ろのふくろのようになったところを、水の中から持ち上げました。その中には、しばの根や、草の葉や、くさった木切れなどが、ごちゃごちゃ入っていましたが、でも、ところどころ、白い物がきらきら光っています。それは、太いうなぎのはらや、大きなきすのはらでした。兵十は、びくの中へ、そのうなぎやきすを、ごみといっしょにぶちこみました。そして、また、ふくろの口をしばって、水の中へ入れました。

兵十は、それから、びくを持って川から上がり、びくを土手に置いといて、何をさがしにか、川上の方へかけていきました。

兵十がいなくなると、ごんは、ぴょいと草の中から飛び出して、びくのそばへかけつけました。ちょいと、いたずらがしたくなったのです。ごんは、びくの中の魚をつかみ出しては、はりきりあみのかかっている所より下手の川の中を目がけて、ぽんぽん投げこみました。どの魚も、トボンと音を立てながら、にごった水の中へもぐ

■第一次・第1〜3時

作品全体のあらましを捉える
（しかけ「順序を変える」）
（しかけ「置き換える」）

「挿絵」や、作品全体の伏線となる出来事や描写をまとめた「センテンスカード」を並び替える活動を通して、話の大まかな流れを全員が捉えるようにする。

※提示するセンテンスカードの内容で、児童が読み間違いしそうなものには、あえてダウト文を入れておくなどの工夫も必要。（全文）

■第二次・第4時

視点について
（しかけ「置き換える」）

人物名を「おれ」と置き換えて音読する「おれ読み」で、誰の目に寄り添って書かれているのかを捉える。

例：『「兵十だな。」と、ごんは思いました。』

兵十の視点で「おれ読み」をすると『「おれだな。」と、ごんは思いました。』となり違和感がある。ごんの視点で「おれ読み」をすると『「兵十だな。」と、おれは思いました。』と違和感なく読めることから、視点人物は「ごん」、対象人物は「兵十」であることがわかる。

◆教材分析のポイント　その①　ごんの心情の変化

いたずらばかりしていた「ごん」は「2」から大きく変わり始める。「3」の「おれと同じ、ひとりぼっちの兵十か。」からごんは兵十に心を寄せはじめ「つぐない」を始める。「いたずら」から「つぐない へ」へとごんの行動は変化している。ごんにとっての「いたずら」の意味は何か。「つぐないは」はいつ始まり、どう変化しているのかに注目することで、ごんの心情の変化を捉えることができる。その際、情景描写や色彩語に着目することで、より細かくごんの人物像や心情の変化を捉える手掛かりとなる。

◆教材分析のポイント　その②　視点の転換

「6」の途中から視点が「ごん」から「兵十」に転換している。「5」まで「ごん」に寄り添って読み進めてきた読者にとって、突然「兵十」に視点が転換されたことで、場面の緊張感を高める効果をもたらしている。また視点の転換は、「兵十」の心情が変化したことを強調する効果もある。「兵十」の心情の変化を捉えることで、「ごん」と「兵十」は心が通じ合ったのかを考えたり、書き出しの「これは、わたしが小さい時に……」と伝承されていることとつなげたりした学習と関連させることができる。

指導内容

ア 作品の構造

人々が「ごん」のことを伝承していることから、最後の場面と、書き出しの一文はつながっている。「ごんの兵十への思い」が、兵十に伝わったこと」、そのことで「ごんは、最期にひとりぼっちではなくなったこと」がこの一文よりわかる。

イ 人物　ごんの人物像

「少しはなれた」から、村から近くもなく遠くもない距離に住むのは、「ごん」の寂しさや関わりたい気持ちの表れ。

「いたずらばかり」は、いたずら好きとも捉えられるし、心の通わせ方がわからない不器用な性格とも捉えられる。

「子ぎつね」ではないことから、

ごんぎつね

新美南吉《にいみなんきち》

1

[ア]これは、わたしが小さいときに、村の茂平《もへい》というおじいさんから聞いたお話です。

昔は、わたしたちの村の近くの中山《なかやま》という所に、小さなお城があって、中山様というおとの様がおられたそうです。

その中山から[イ]少しはなれた山の中に、「ごんぎつね」というきつねがいました。ごんは、ひとりぼっちの小ぎつねで、しだのいっぱいしげった森の中に、あなをほって住んでいました。そして、[イ]夜でも昼でも、あたりの村へ出てきて、いたずらばかりしました。畑へ入っていもをほり散らしたり、菜種がらのほしてあるのへ火をつけたり、百姓《しょう》家のうら手につるしてあるとんがらし《（とうがらし）》をむしり取っていったり、いろんなことをしました。

ある秋のことでした。二、三日雨がふり続いたその間、ごんは、外へも出られなくて、あなの中にしゃがんでいました。

雨があがると、ごんは、[ウ]ほっとしてあなからはい出ました。空はからっと晴れていて、もずの声がキンキンひびいていました。

ごんは、村の小川のつつみまで出てきました。あたり

指導のポイント

■第二次・第5時

書き出しの一文の意味や効果を考える　（Which型課題）

「兵十はごんとの出来事を誰に伝えたのだろうか？」と問うことにより、この一文の意味を捉え、この作品が伝承されていることに気付かせる。そのことで、ごんが一人ぼっちでなくなったことに「誰に」「どんなことを伝えたのか」を考える中で、作品の主題にせまらせたい。

（ア　6の場面）

教材分析

サ 表現技法　情景描写の対比
「さき続いていました。」

「ふみ折られていました。」

「赤いさつまいも」

葬式後の寂しさや悲しみを表現し、ごんが穴の中で考えるきっかけを演出している。

シ 人物　ごんの思い込み
あくまでもごんが勝手に想像していることであり、兵十のおっかあの死の原因の事実についてはわからない。

ス 人物　ごんの人物像
ごんは、自分のやった行動を振り返り反省できるきつねであることがわかる。自分の行いから逃げることなく責任をもって「つぐない」へと向かう心をもっているきつねである。

セ 人物　ごんの心情の変化
「おれと同じ、ひとりぼっちの」
初めて心を通じ合わせることのできる存在を兵十に感じ、心を寄せ始める。

ソ 作品の構造　つぐないの始まり
いわし屋の登場により、ごんは、弥助のおかみさんといわし屋のやり取りを見聞きして、「つぐない」を思いつく。

[ケ]「ああ、そうしきだ。」と、ごんは思いました。
「兵十のうちのだれが死んだんだろう。」

お昼がすぎると、ごんは、村の墓《ぼ》地へ行って、六地蔵《ぞう》さんのかげにかくれていました。いいお天気で、遠く向こうには、[コ]お城の屋根がわらが光っています。墓地には、ひがん花が、赤いきれのようにさき続いていました。と、村の方から、カーン、カーンと、かねが鳴ってきました。そうしきの出る合図です。

やがて、白い着物を着たそうれつの者たちがやって来るのが、ちらちら見え始めました。話し声も近くなりました。そうれつは、墓地へ入ってきました。人々が通ったあとには、[サ]ひがん花がふみ折られていました。

ごんは、のび上がって見ました。兵十が、白いかみしもを着けて、いはいをささげています。いつもは、赤いさつまいもみたいな元気のいい顔が、今日はなんだかしおれていました。

「ははん、死んだのは、兵十のおっかあだ。」ごんは、そう思いながら頭を引っこめました。

そのばん、ごんは、あなの中で考えました。[シ]「兵十のおっかあは、とこについていて、うなぎが食べたいと言ったにちがいない。それで、兵十が、はりきりあみを持ち出したんだ。ところが、わしがいたずらをして、うなぎを取ってきてしまった。だから、兵十は、おっかあにうなぎを食べさせることができなかった。そのまま、おっかあは、死んじゃったにちがいない。ああ、うなぎが食べたい、うなぎが食べたいと思いながら死んだんだろう。[ス]ちょっ、あんないたずらをしなけりゃよかった。」

3

兵十が、赤い井戸のところで麦をといでいました。

兵十は、今までおっかあと二人きりで、まずしいくらしをしていたもので、おっかあが死んでしまっては、も

■第二次・第1時（本編では別の展開）
情景描写の対比　（しかけ「置き換える」）

情景描写の文を入れ替えた文章提示し、情景描写の効果を捉える。「ひがん花が、赤いきれのようにさき続いていました。」「ひがん花がふみ折られていました。」

この二文を入れ替えた文章を提示したときの違和感から、情景描写で描かれているごんの心情の変化を捉えられることに気付くことができる。　（コ、サ）

■第二次・第2時
ごんの心情の変化を捉える　（Which型課題）
「ごんがつぐないを始めたのはなぜだろう？」と問い、選択肢を提示することでごんの心情の変化を深く読む。
①おっかあを殺してしまったから
②うなぎをとってしまったから
③おれと同じひとりぼっちだから
④そのほか
※選択肢は、教師が提示してもよいが、なるべく児童の発言を生かした選択肢を提示したい。

指導内容

キ 人物　ごんの人物像

ごんは、自分が今までしてきた「いたずら」により、捕まれば命の危機になることを理解している。

「あなの外の…」から、うなぎを食べたいわけではなく、いたずらがしたかったことがわかる。また、うなぎを粗末に扱っていないところからも、ごんがただの乱暴者ではないこともわかる。

ク 人物　ごんの人物像

「ふふん、村に何かあるんだな。」から、ごんは、今までいたずらだけをしていたわけではなく、村の様子を何度も観察していたことがわかる。

ケ 人物　ごんの人物像

村の人の様子で「葬式」があることを理解できるほど、今まで村の様子を観察していたことがわかる。

コ 表現技法　色彩語

「赤いきれのように」↔「白いかみしも」。巧みに色彩語を対比させ描いているため、場面を色鮮やかに想像しやすい。

作品全体に「赤」が使われていることが多く、最後の場面の「青」との対比にもつながる。

りこみました。

いちばんしまいに、太いうなぎをつかみにかかりましたが、なにしろぬるぬるとすべりぬけるので、手ではつかめません。ごんは、じれったくなって、頭をびくの中につっこんで、うなぎの頭を口にくわえました。うなぎは、キュッといって、ごんの首へまきつきました。そのとたんに兵十が、向こうから、

[カ]「うわあ、ぬすっとぎつねめ。」

とどなり立てました。ごんは、[キ]びっくりして飛び上がりました。うなぎをふりすててにげようとしましたが、うなぎは、ごんの首にまきついたままはなれません。ごんは、そのまま横っ飛びに飛び出して、一生けんめいににげていきました。

ほらあなの近くのはんの木の下でふり返ってみましたが、兵十は追っかけては来ませんでした。

ごんはほっとして、うなぎの頭をかみくだき、やっと外して、あなの外の草の葉の上にのせておきました。

2

十日ほどたって、ごんが弥助《やすけ》というお百姓のうちのうらを通りかかりますと、そこのいちじくの木のかげで、弥助の家内が、お歯黒をつけていました。かじ屋の新兵《しんべ》衛《え》のうちのうらを通ると、新兵衛の家内が、かみをすいていました。ごんは、[ク]「ふふん、村に何かあるんだな。」と思いました。「なんだろう、秋祭りかな。祭りなら、たいこや笛の音がしそうなものだ。それにだいいち、お宮にのぼりが立つはずだが。」

こんなことを考えながらやって来ますと、いつのまにか、表に赤い井戸のある兵十のうちの前へ来ました。その小さなこわれかけた家の中には、おおぜいの人が集まっていました。よそ行きの着物を着て、こしに手ぬぐいをさげたりした女たちが、表のかまどで火をたいています。大きなべの中では、何かぐずぐずにえていました。

指導のポイント

■第二次・第1・3時
ごんの性格・状況について
（Which型課題）

「ごんは『よいきつね』なのか、『悪いきつね』なのか、どちらかなあ?」と間口の広い発問で、ごんの行動の長所短所の両面、思考や行動の変化について捉えることができるようにする。

※「よいきつね」か「悪いきつね」を話し合う中で、「かわいそうなきつね」「ただ認めてほしかっただけのきつね」など、多様にごんの人物像を捉えられることをねらいとする。

■第二次・第1時　その①
情景描写から視点人物の心情を捉える
（しかけ「分類する」）

第一次で使った「センテンスカード」の中に情景描写のカードを入れて、会話文や行動描写のカードとの相違点に注目する中で、視点人物の心情を捉えることができることに気付かせる。
（ウ、サ、マ）

教材分析

ト 人物 加助の登場
加助の「どうも、そりゃ、人間じゃない、神様だ。」発言により、ごんはより兵十に自分の思いや存在を気付いてほしいという思いの高まりが、最後の惨劇へと話を加速させる。

ナ 人物 兵十の人物像
いわし屋の件については一切触れていないことから、細かいことはあまり気にしないおおらかな性格とも読める。

ニ 人物 ごんの心情
「びくっとして…立ち止まる」から、兵十や加助に見つかれば、殺される可能性があるのに、兵十が自分の「つぐない」や「思い」に気付いているか、自分のことをどう考えているかに意識が行きすぎて油断をしている。

ヌ 人物 ごんの心情
「兵十のかげぼうしを」ということは、加助の話す内容よりも兵十の話す内容が気になり、無意識のうちに兵十の方に寄っていってしまったことがわかる。

ネ 人物 兵十の人物像
加助の話を素直に聞き入れていることから、素直で純朴な性格であることがわかる。

ごんは、これはしまったと思いました。「かわいそうに兵十は、いわし屋にぶんなぐられて、[チ]あんなきずまでつけられたのか。」

ごんはこう思いながら、そっと物置の方へ回って、その入り口にくりを置いて帰りました。
[ツ]次の日も、その次の日も、ごんは、くりを拾っては兵十のうちへ持ってきてやりました。その次の日には、くりばかりでなく、松たけも二、三本、持っていきました。

4

[テ]月のいいばんでした。ごんは、ぶらぶら遊びに出かけました。中山様のお城の下を通って、少し行くと、細い道の向こうから、だれか来るようです。話し声が聞こえます。チンチロリン、チンチロリンと、松虫が鳴いています。
ごんは、道のかたがわにかくれて、じっとしていました。話し声は、だんだん近くなりました。それは、兵十と、加助《かすけ》というお百姓でした。

「そうそう、なあ、加助。」

と、兵十が言いました。

「ああん。」

「おれあ、このごろ、とても不思議なことがあるんだ。」

「何が。」

「[ナ]おっかあが死んでからは、だれだか知らんが、おれにくりや松たけなんかを、毎日毎日くれるんだよ。」

「ふうん、だれが。」

「それが分からんのだよ。おれの知らんうちに置いていくんだ。」

ごんは、二人の後をつけていきました。

「ほんとかい。」

「ほんとだとも。うそと思うなら、あした見に来い

■第一次・2時 第二次・第3時
ごんの心情の変化
（しかけ「置き換える」）
ダウト文を提示することでごんの心情の変化に気付き、つぐないを続けるごんの深層心理を捉える。
例：「ごんは、ぶらぶらいたずらをしに出かけました。」と提示する中で、「いたずら」から「遊び」に心情が変わっていることに気付かせる。
※「ごんは、今後いたずらはしないのかな？」というゆさぶり発問を通し、ごんの心情の変化やその理由を確認するのもよい。
※情景描写「月のいいばんでした。」と関連させて、ごんの気持ちのよさの原因を捉えさせるのもよい。

指導内容

タ 人物 ごんの心情

「まず一つ」と思うほど、これからも「つぐない」を続けようと思っている。

チ 人物 ごんの心情

「あんなきずまで」と思うほど、ごんは兵十のことを大事な存在と考えていることがわかる。さらに、自分の軽率な「つぐない」行動への自責の念が、次の日、その次の日への思いの高まりへとつながっている。

ツ 人物 ごんの心情

「次の日も、その次の日も」と毎日「くりや松たけ」を持っていくのは、単にうなぎをとった「つぐない」だけではなく、自分と同じ境遇の兵十に「同じ、ひとりぼっち」の仲間としての思いを強くもっている。

テ 表現技法 情景描写

「月のいいばん」

秋の月の美しさを表現するだけでなく、ごんの心もすっきりしてきていることを表現。次文も「いたずら」ではなく、「遊び」に変わったことからもごんの心情に変化があったことがわかる。

うひとりぼっちでした。[セ]「おれと同じ、ひとりぼっちの兵十か。」こちらの物置の後ろから見ていたごんは、そう思いました。

ごんは、物置のそばをはなれて、向こうへ行きかけますと、どこかで、いわしを売る声がします。

「いわしの安売りだあい。生きのいい、いわしだあい。」

ごんは、そのいせいのいい声のする方へ走っていきました。と、弥助のおかみさんが、うら戸口から、

「いわしをおくれ。」

と言いました。いわし売りは、いわしのかごを積んだ車を道ばたに置いて、ぴかぴか光るいわしを両手でつかんで、弥助のうちの中へ持って入りました。ごんは、そのすき間に、かごの中から五、六ぴきのいわしをつかみ出して、もと来た方へかけだしました。そして、兵十のうちのうら口から、うちの中へ[ツ]いわしを投げこんで、あなへ向かってかけもどりました。とちゅうの坂の上でふり返ってみますと、兵十がまだ、井戸のところで麦をといでいるのが小さく見えました。

ごんは、[タ]うなぎのつぐないに、まず一つ、いいことをしたと思いました。

次の日には、ごんは山でくりをどっさり拾って、それをかかえて兵十のうちへ行きました。うら口からのぞいてみますと、兵十は、昼飯を食べかけて、茶わんを持ったまま、ぼんやりと考えこんでいました。変なことには、兵十のほっぺたに、かすりきずがついています。どうしたんだろうと、ごんが思っていますと、兵十がひとり言を言いました。

「いったい、だれが、いわしなんかを、おれのうちへ放りこんでいったんだろう。おかげでおれは、ぬすびとと思われて、いわし屋のやつにひどいめにあわされた。」

と、ぶつぶつ言っています。

指導のポイント

■第二次・第3時

つぐないの変化を捉える①

（Ｗｈｉｃｈ型課題）

（しかけ「限定する」）

いわし（盗む）

←（盗むこと→人を傷つける）

くりをどっさり（たまたま）

←（自分の力→誰も傷つけない）

くりばかりでなく松たけも二、三本

つぐないのための物や物の数の変化から、ごんの心情の変化（学び）と共に、視覚的にも兵十への思いの強さを捉えるようにする。

■第二次・第3時（本編では別の展開）

つぐないの変化を捉える②

ゆさぶり発問で「つぐない」の意味や、兵十への思いを捉える。

三つの考えの問題点を捉える。

①「今度は、ばれないところに、いわしをぬすんでおいておく」

②「売り物じゃない、他の人の畑の野菜をあげる」

③「毎日、くりを投げ入れる」

※つぐないの物の変化や、置き方などの変化を表でまとめ、視覚的に見やすくする。

（Ｗｈｉｃｈ型課題）

✓ 教材分析

つながれなかった寂しさを表現。

ホ　人物　兵十の心情

「ばたりと取り落としました」

自分のためにしてくれていたごんの行動に対し、自分がごんを撃ってしまったという後悔の念で愕然としている。ごんの思いが兵十に伝わったからこそ、兵十は愕然とし、銃を取り落とした。

マ　人物　兵十の心情の変化

「ぬすっとぎつねめ」

「あのごんぎつねめが」

↓

「ごん、おまい…」

ミ　表現技法

「青いけむりが、まだつつ口から細く」

下に目線を向ける兵十と対比するかのように上る青いけむり。作品全体の象徴的な赤色（生の色）に対する青（死の色）と捉えると、ごんの最期の様子を描いているともとれる。また、兵十の情景描写と捉えれば、青く細いけむりは、弱々しさと共に、兵十の後悔の念とも捉えることができる。

した。「おれがくりや松たけを持っていってやるのに、そのおれにはお礼を言わないで、ノ神様にお礼を言うんじゃあ、おれは引き合わないなあ。」

6

ハその明くる日も、ごんは、くりを持って、兵十のうちへ出かけました。兵十は、物置で縄をなっていました。それで、ごんは、うちのうら口から、こっそり中へ入りました。

そのとき兵十は、ふと顔を上げました。と、きつねがうちの中へ入ったではありませんか。こないだ、うなぎをぬすみやがったあのごんぎつねめが、またいたずらをしに来たな。

「ようし。」

兵十は立ち上がって、なやにかけてある火縄じゅうを取って、火薬をつめました。そして、足音をしのばせて近よって、ヒ今、戸口を出ようとするごんを、ドンとうちました。

ごんは、ばたりとたおれました。

兵十はかけよってきました。うちの中を見ると、土間にくりがかためて置いてあるのが、目につきました。

「おや。」

と、兵十はびっくりして、ごんに目を落としました。

フ「ごん、マおまい《（おまえ）》だったのか、いつも、くりをくれたのは。」

ヘごんは、ぐったりと目をつぶったまま、うなずきました。

兵十は、火縄じゅうをホばたりと取り落としました。ミ青いけむりが、まだつつ口から細く出ていました。

意識的に寄っていく。（Which型課題）

■第二次・4時

視点の転換について　（しかけ「置き換える」）

人物名を「おれ」と置き換えて音読する「おれ読み」で、誰の目に寄り添って書かれているのかを捉える。

例：「きつねがうちの中へはいったではありませんか。」

ごんを「おれ」と置き換えて読むと「おれがうちの中へはいったではありませんか」となり、違和感がある。兵十を「おれ」読みすると、違和感なく読むことができることから、視点人物は兵十であることを捉える。

■第三次（本編では別の展開）

視点の転換の意味や効果を考える　（Which型課題）

南吉文と三重吉文の二文を比較する中で、視点の転換の意味や効果を捉える。　（しかけ「限定する」）

「ごんは、ぐったりと目をつぶったまま、うなずきました。」

「ごんは、ぐったりなったままうれしくなりました。」

それぞれの文のよさを話し合う中で、兵十の心情の変化がわかり、ごんの心情を読者が自由に想像できるよさを捉える。

指導内容

ノ　**人物　ごんの心情**
「その明くる日も…」から、「引き合わないなあ」という納得のいかない感情よりも、兵十への思いが勝っている。

ハ　**視点の転換**
ごんから兵十へ視点が転換されたことで、兵十のごんへの恨みの感情が読者にも伝わる。今までごんに寄り添って読んできた読者は、ごんの心情や行動の変化を知っているため、ごんに憎しみをもつ兵十の行動に、緊張感を高める。

ヒ　**人物　ごんの心情**
兵十がごんに気付き、銃を準備していても、ごんは気付かないほど「つぐない」をすることに集中している。

フ　**人物　兵十の心情**
撃ち殺したいほど憎んでいる「ごん」と、自分を大事に思ってくりや松たけを毎日持ってきてくれていた「ごん」とが、兵十の中で結びついた。

作品の中で直接ごんと関わった場面②。

ヘ　**人物　ごんの心情はわからない**
ようやく気付いてもらえたごんの喜びと、こんな惨劇でしか

よ。そのくりを見せてやるよ。」

「へえ、変なこともあるもんだなあ。」

それなり、二人はだまって歩いていきました。

加助が、ひょいと後ろを見ました。ごんはニびくっとして、小さくなって立ち止まりました。加助は、ごんには気がつかないで、そのままさっさと歩きました。吉《きち》兵《べ》衛《え》というお百姓のうちまで来ると、二人はそこへ入っていきました。ポンポンポンポンと、木魚の音がしています。まどのしょうじに明かりが差していて、大きなぼうず頭がうつって、動いていました。ごんは、「お念仏《ぶつ》があるんだな。」と思いながら、井戸のそばにしゃがんでいました。しばらくすると、また三人ほど人が連れ立って、吉兵衛のうちへ入っていきました。おきょうを読む声が聞こえてきました。

5

ごんは、お念仏がすむまで、井戸のそばにしゃがんでいました。兵十と加助は、またいっしょに帰っていきます。ごんは、二人の話を聞こうと思って、ついていきました。ヌ兵十のかげぼうしをふみふみ行きました。

お城の前まで来たとき、加助が言いだしました。

「さっきの話は、きっと、そりゃあ、神様のしわざだぞ。」

「えっ。」

と、兵十はびっくりして、加助の顔を見ました。

「おれはあれからずっと考えていたが、トどうも、そりゃ、人間じゃない、神様だ。神様が、おまえがたった一人になったのをあわれに思わっしゃって《（お思いになって）》、いろんな物をめぐんでくださるんだよ。」

ネ「そうかなあ。」

「そうだとも。だから、毎日、神様にお礼を言うがいいよ。」

「うん。」

ごんは、「へえ、こいつはつまらないな。」と思いま

指導のポイント

■**第二次（本編では別の展開）**
劇化してごんの深層心理を捉える。
（しかけ「順序を変える」「配置する」）
その①「ごんはびくっとして、小さくなって立ち止まりました。」
その②「井戸のそばにしゃがんでいました。」
その③「兵十のかげぼうしをふみふみ行きました。」
劇化の際には、ごんの動きや、位置を確認し、ごんはそのときどんなことを思ったのかを確認しながら進めていく。例えば、③を取り上げる場合、「ごんはどの位置でかげぼうしをふみふみしていたのか」を三つの選択肢を提示して取り組む。
①兵十のすぐ後ろ
②兵十のかげぼうしの腰のあたり
③兵十のかげぼうしの頭のあたり
三つの選択肢を劇化する中で、兵十に近づきたい思いはあるものの、近づきすぎると殺されてしまうという葛藤の中にいる心理を捉えさせたい。
※「ごんは、かげぶみをして遊びたいんでしょ。だったら、兵十じゃなく、加助のかげぶみでもよかったのかなあ？」というゆさぶり発問から、兵十の方に無

本時の展開 第一次 第1時

目標 作品と出合う前に、題名や挿絵で作品を想像し、次時からの学習への意欲を高めることができる。

[本時展開のポイント]

「よいきつね」か「悪いきつね」なのかを読む目的として作品と出合うようにしかける。

[個への配慮]

ア例を使って理解を助ける

濁点がある、ないのイメージの違いについてよく理解できない児童がいる場合は、理解を助けるために、「ゴリラ」が「コリラ」だったらなどと短い言葉の例を出す。

イ想像する範囲を限定する

どの絵を手がかりに考えればよいか悩んでいる児童には、負担なく活動に取り組めるように、教師が意図的に一枚絵を持っていき、「この絵のきつねは、いいきつね？」など児童の考える場面を限定する。

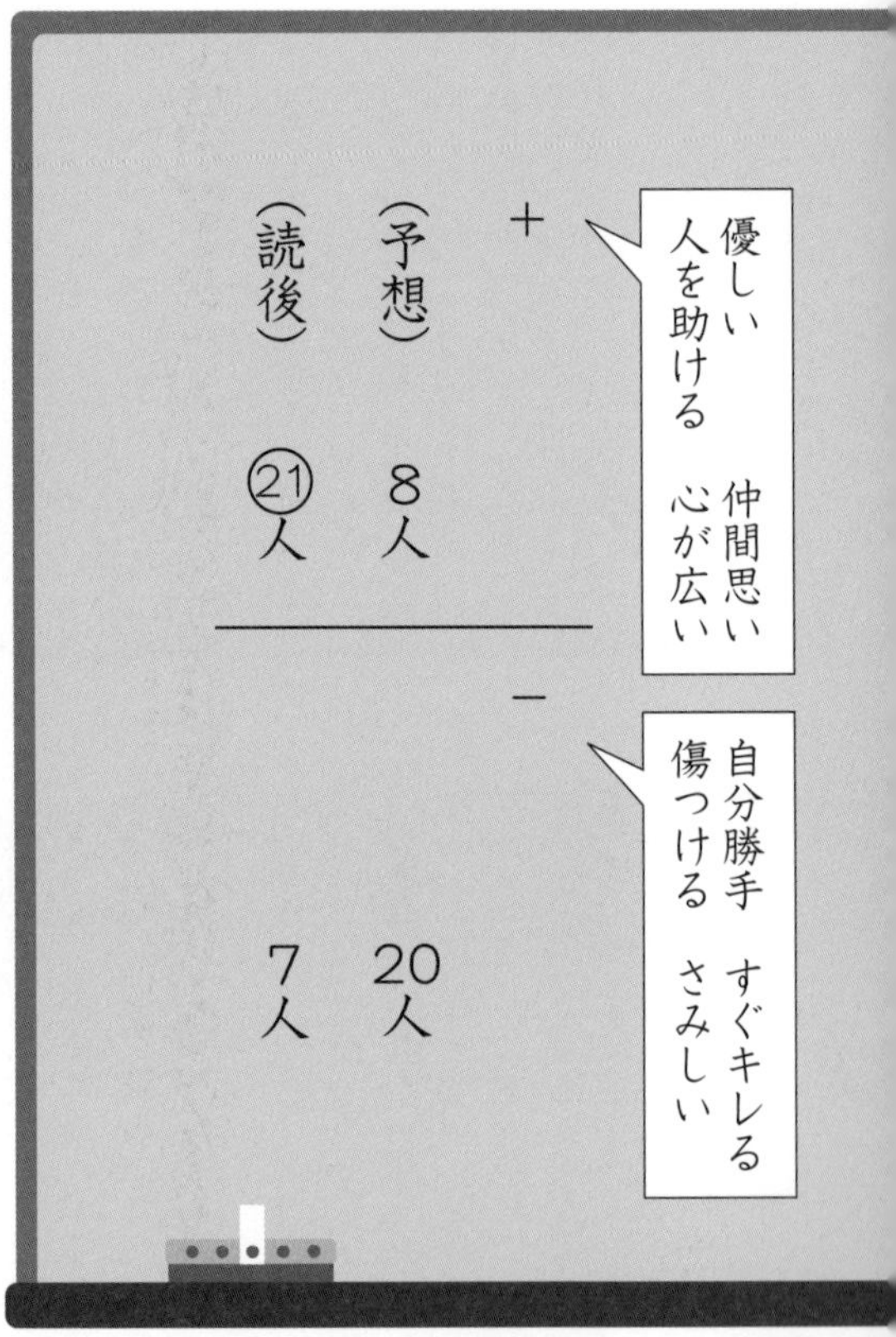

優しい
人を助ける
仲間思い
心が広い
＋
（予想）
（読後）
8人
㉑人
－
自分勝手
傷つける
すぐキレる
さみしい
20人
7人

3 ごんの人物像について予想する

絵を手がかりに中心人物のきつねは、よいきつねか、悪いきつねか予想してみましょう

何か、盗んでる。完全に悪いきつねじゃん
どの絵に注目したらよいのだろう？

Which型課題

挿絵を手がかりに、プラスきつねか、マイナスきつねかを想像する。その際、全員の「よい」「悪い」のイメージを共有してから取り組む。配慮イ

4 作品と出合い、「ごん」は、よいきつねか、悪いきつねかについて考える

よいきつねか、悪いきつねか、先生が作品を音読するので、考えてみましょう

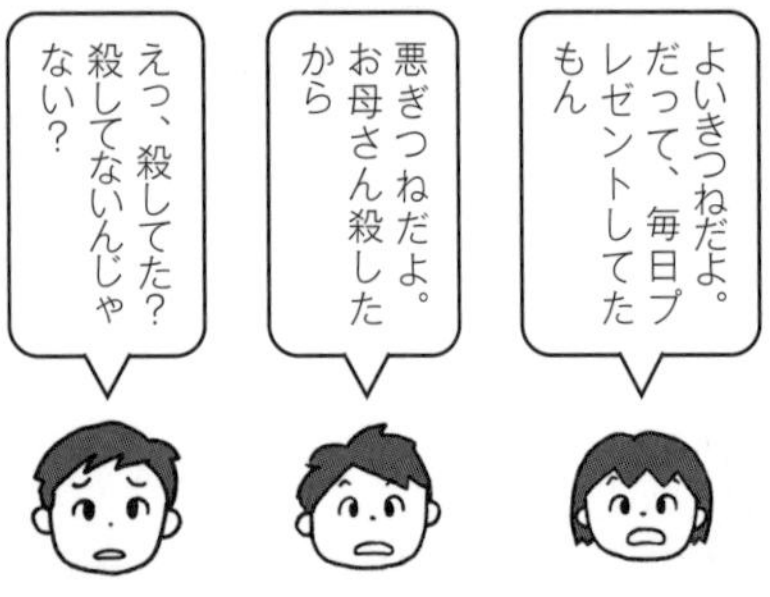

よいきつねだよ。だって、毎日プレゼントしてたもん
悪ぎつねだよ。お母さん殺したから
えっ、殺してた？殺してないんじゃない？

教師の範読後児童に「ごん」の人物像について問う。「よいきつね」「悪いきつね」の理由を聞く中で、児童の読みの「ずれ」を明確にする。

次時は、「ずれ」を確かめるため、作品の流れを確かめる時間にすることを確認する。

準備物 ・教科書の挿絵（6枚）

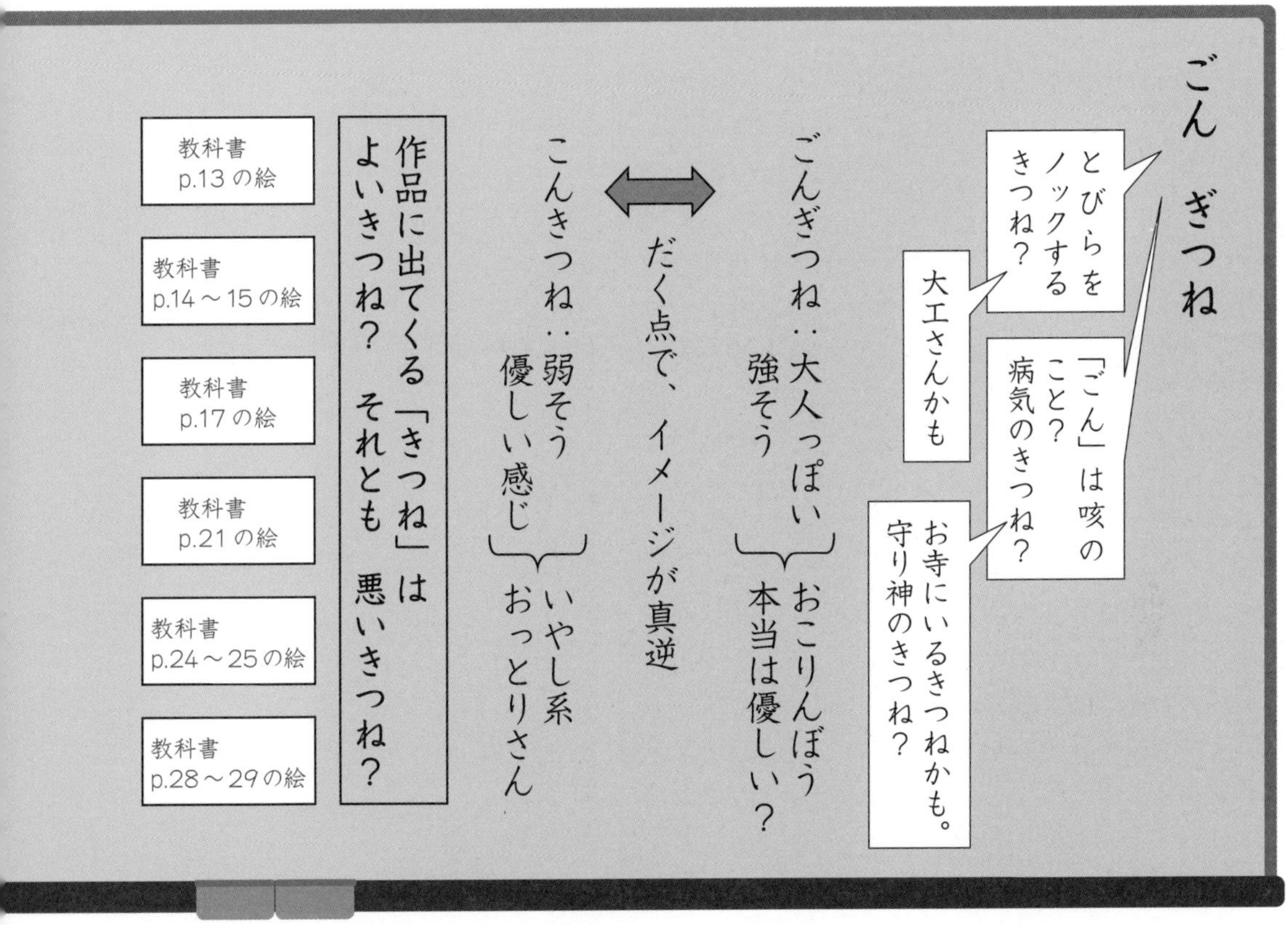

ごん ぎつね
とびらをノックするきつね？
大工さんかも
「ごん」は咳のこと？病気のきつね？
お寺にいるきつねかも。守り神のきつね？
ごんぎつね：大人っぽい 強そう
おこりんぼう 本当は優しい？
だく点で、イメージが真逆
こんきつね：弱そう 優しい感じ
いやし系 おっとりさん
作品に出てくる「きつね」はよいきつね？ それとも 悪いきつね？
教科書 p.13の絵
教科書 p.14～15の絵
教科書 p.17の絵
教科書 p.21の絵
教科書 p.24～25の絵
教科書 p.28～29の絵

1 題名を提示し、中心人物について自由に想像し作品への興味・関心を高める

『ごん』ぎつね ってどんなきつねだと思いますか？

「きつね」じゃなく、「ぎつね」ってなんか暗いイメージがするなあ
「゛」でイメージが変わる？どういうこと？

しかけ（限定する）

児童の自由な発想を発表させる。濁点のあるなしでイメージが変わるなど、言葉に注目した意見は、板書で視覚化して理解をサポートする。 配慮ア

2 挿絵をもとに作品を想像する

この作品の挿絵を六枚見せます。どんな話か自由に想像してみましょう

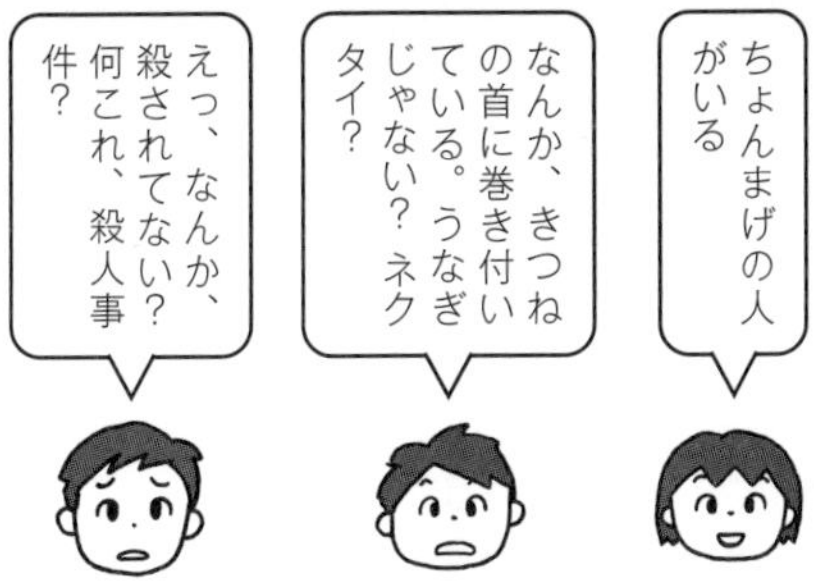

ちょんまげの人がいる
なんか、きつねの首に巻き付いている。うなぎじゃない？ネクタイ？
えっ、なんか、殺されてない？何これ、殺人事件？

しかけ（順序を変える）

ランダムに挿絵を提示したときの児童の自由なつぶやきを教師が拾い、時にゆさぶり発問をしながら、作品設定を捉える。

例：「確かに。ちょんまげの人がいるね。じゃあ、時代は平成だね。」→違うよ。江戸時代でしょ。

本時の展開　第一次　第2時

目標 挿絵やセンテンスカードを並び替える中で、読み違いを正し、ごんの人物像についての自分の考えを進んで話し合ったりノートにまとめたりすることができる。

[本時展開のポイント]

読み間違いをしているところをセンテンスカードを使って正し、「もし、ゆっくり逃げたらどうなるの？」などとゆさぶり発問を通して、ごんの状況や人物像を捉えることができるようにする。

[個への配慮]

㋐注目するカードを限定する

ダウト文探しに困難さを感じる児童については、自分から進んで取り組めるようにするため、文字のフォントや大きさが変わっているところに注目すればよいことを確認し、ダウト文を探せそうなカードを教師と相談し、限定して取り組むようにする。

㋑動作化で想像する

ダウト文のままでは、ごんにとってどんな問題が起きるのか想像できない児童には、ごんと兵十の位置関係と危険の関係を捉えられるように、子どもがごん役に教師が兵十役になって、実際の距離が近づくとどうなるか想像できる場を設ける。

教科書 p.28～29 の絵

㋖「ごん、お前だったのか、いつもくりをくれたのは。」

多分 ⇐ ごんは殺していない

★〈まとめ〉

①ごんは村人から、かなりうらまれている ⇐ 殺されそうになる

②ごんはおっかあを殺していない。（自分が悪いけれど…）

3 ダウト文で読みのずれを修正したり、児童の読みの「ずれ」を明確にしたりする

え!? このカードの内容で問題はあるかな？先生は問題ないと思うけどなあ

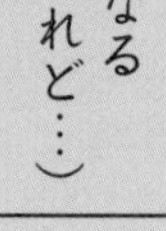

先生と同じ。別にいいと思う

ほら、「ゆっくり」逃げちゃうと大変だよ

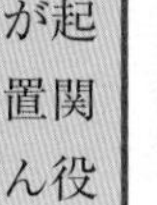

そうそう、つかまっちゃうよ

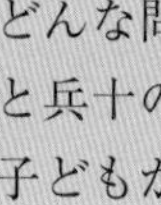

なんでゆっくりだと問題あるの？

Which型課題

例えば二枚目のカードを扱う際は、「『ゆっくり』逃げたらだめなの？ゆっくり逃げてもいいと思う人はいない？」などと、教師は、意図的に読み間違いをする子の立場でゆさぶり発問をして、ごんの状況を捉えられるようにする。　配慮㋑

4 本時の学びをまとめる

みんなが読み間違えていたことや、わかったことをノートにまとめてみましょう

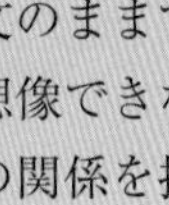

ごんは、おっかあを殺していなかった。自分で想像しただけだった

読み間違えていたことやわかったことについて話し合う。

※最後に次時へ布石の発問をする。「一枚目のカードの文って必要かな？」

準備物 ・教科書の挿絵（6 枚）　・センテンスカード（7 枚）　2-01 〜 07
・児童の手持ちセンテンスカード（7 枚）

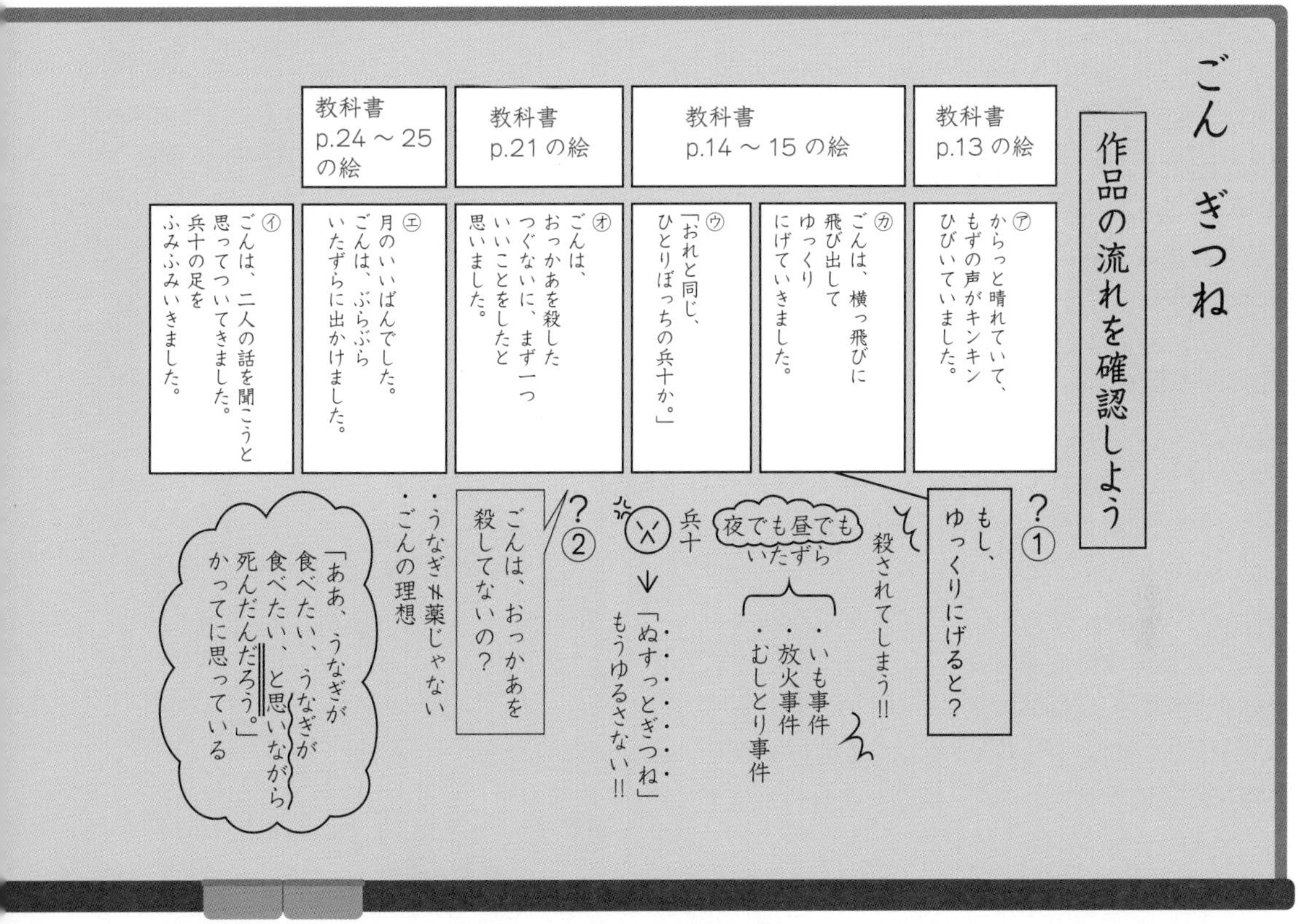
ごん　ぎつね
作品の流れを確認しよう
教科書 p.13 の絵
㋐ からっと晴れていて、もずの声がキンキンひびいていました。
教科書 p.14 〜 15 の絵
㋕ ごんは、横っ飛びに飛び出してゆっくりにげていきました。
㋒ 「おれと同じ、ひとりぼっちの兵十か。」
教科書 p.21 の絵
㋔ ごんは、おっかあを殺したつぐないに、まず一つ いいことをしたと思いました。
教科書 p.24 〜 25 の絵
㋓ 月のいいばんでした。ごんは、ぶらぶらいたずらに出かけました。
㋑ ごんは、二人の話を聞こうと思ってついていきました。兵十の足をふみふみいきました。
?① もし、ゆっくりにげると？
殺されてしまう!!
夜でも昼でもいたずら
・いも事件
・放火事件
・むしとり事件
兵十
「ぬすっとぎつね」もうゆるさない!!
?② ごんは、おっかあを殺してないの？
・ごんの理想
・うなぎ≠薬じゃない
「ああ、うなぎが食べたい、うなぎが食べたい、と思いながら死んだんだろう。」かってに思っている

1 挿絵を並び替える中で話の流れを捉える

まずは、挿絵を使って、作品を確認しましょう

先生、並び順がおかしいよ

そうだよ。いきなり撃たれたらお話が終わっちゃうよ

しかけ（順序を変える）
意図的に挿絵の順番を入れ替え、「この作品は、この順番だったよね」と児童に投げかけ、学習へと引き付ける。

2 センテンスカード（言語）で作品のあらましを確認する

今度は、言葉のカードを並べていくからよく見てください。何か言いたいことがあれば、手を挙げてください

あ、わかった。間違いがある

文字の大きさが違うところが、怪しいなあ

えっ、どのカードの、どこがおかしいのかな？

しかけ（置き換える）
センテンスカードの中に、前時での読み間違っていた内容を意図的に入れたダウト文を入れておく。そのことで、読み間違いを正したり、読みの「ずれ」を明確にしたりする。 配慮㋐

本時の展開　第一次　第3時

目標　一枚目のセンテンスカードは必要かどうかを考える中で、情景からも中心人物の心情を読み取ることができることを理解し、情景描写についてわかったことをノートにまとめることができる。

[本時展開のポイント]

情景描写からも中心人物の心情を読み取ることができることに気付き、より広い視点で心情の変化を読み取ることができるようにする。

[個への配慮]

ア考える範囲を限定する

カードの相違点に気付けず困っている児童には、「ごん」という言葉が出ていないことに気付けるように、考えるカードを㋐㋑㋒の3枚に限定して考えるようにする。まず㋐㋑の共通点（ごんという言葉）に気付ければ、丸で囲み、㋒と比べることで、違いに気付くことができる。

イ対照的な文章を例示することで思考を助ける

情景描写について理解できていない児童には、「からっと晴れて」の文章の横に、付箋に「空はくもっていて」と書いたものを並べ、「どちらの方がプラスの気持ちに感じる？」と発問を投げかけ、情景描写についての理解を助けるようにする。

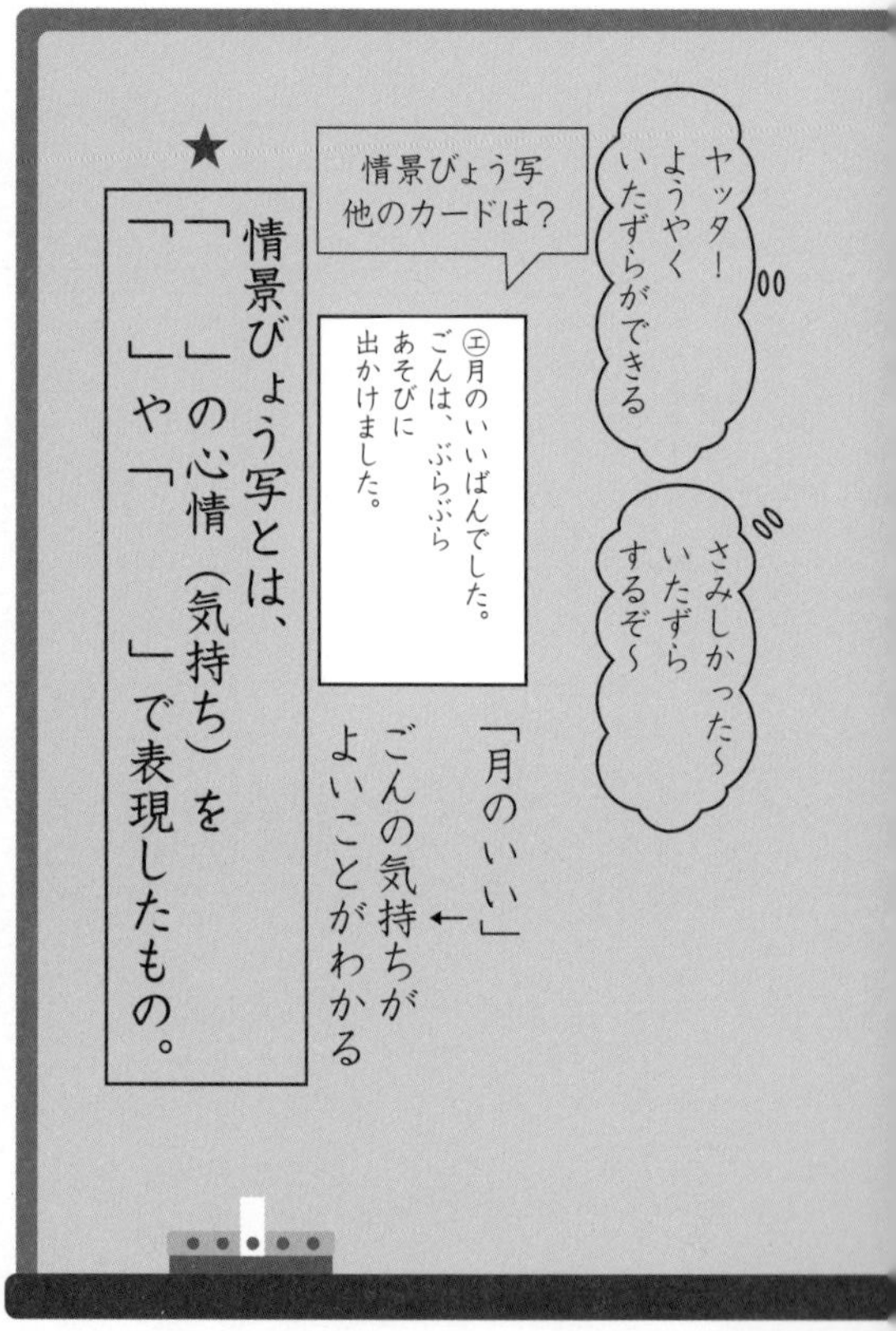

ヤッタ！ ようやく いたずらができる
さみしかった～ いたずら するぞ～
情景びょう写 他のカードは？
㊁月のいいばんでした。ごんは、ぶらぶら あそびに 出かけました。
「月のいい」← ごんの気持ちが よいことがわかる
★
情景びょう写とは、「　」の心情（気持ち）を「　」や「　」で表現したもの。

び）であることをおさえる。配慮イ

3　情景描写クイズで理解を深める

他のカードの中にも、情景描写はあるかな？

Which型課題

「月のいいばんでした。」を取り上げ、このときのごんの心情は「プラスの気持ちかマイナスの気持ちか」を問う。情景描写の前後での変化に注目することで、情景描写の意味について再確認する。

「いい」ってことは、プラスの気持ちだよ
お月さんがきれいに見えるほど、ごんの心も幸せなんだよ

4　情景描写についてノートにまとめる

情景描写とは、「　」の心情を「　」で表現したもの。この「　」にはなんて言葉が入るでしょう

しかけ（隠す）

次時は、まだ解決していない「ごんはよいきつねか・悪いきつねか」について考えることを予告する。

この彼岸花も、そうかもしれない
ぴかぴか光るいわしって、違うかなあ

準備物
・掲示物センテンスカード（A4判7枚）⤓2-01～07
・㋐と㋓のセンテンスカード（A3判）

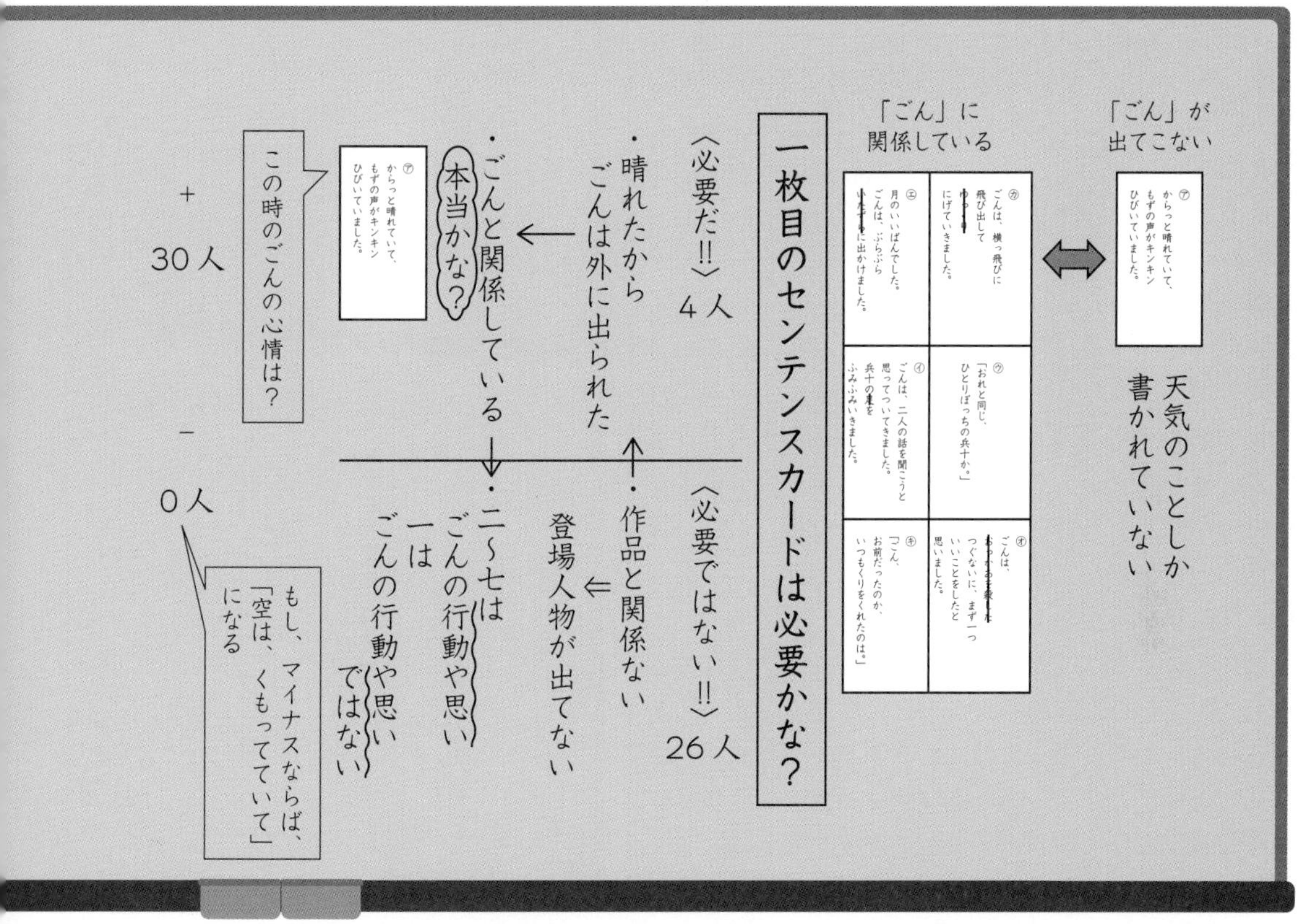

「ごん」が出てこない
㋐ からっと晴れていて、もずの声がキンキンひびいていました。
天気のことしか書かれていない
「ごん」に関係している
㋕ ごんは、横っ飛びに飛び出して にげていきました。
㋓ 月のいいばんでした。ごんは、ぶらぶら に出かけました。
㋒ 「おれと同じ、ひとりぼっちの兵十か。」
㋑ ごんは、二人の話を聞こうと思ってついていきました。兵十の を ふみふみいきました。
㋔ ごんは、 つぐないに、まず一つ いいことをしたと思いました。
㋖ 「ごん、お前だったのか、いつもくりをくれたのは。」
一枚目のセンテンスカードは必要かな？
〈必要だ!!〉4人
・晴れたからごんは外に出られた
・ごんと関係している
本当かな？
㋐ からっと晴れていて、もずの声がキンキンひびいていました。
この時のごんの心情は？
＋
30人
－
0人
〈必要ではない!!〉26人
・作品と関係ない
登場人物が出てない
・二～七はごんの行動や思い
一はごんの行動や思いではない
もし、マイナスならば、「空は、くもってていて」になる

1 情景描写のカードに話題を向ける

㋐のカードと他のカードの違いは何でしょうか？

㋐以外はごんの気持ちがわかる

違い？どこだろ？

Which型課題

㋐だけ、中心人物の心情が直接的に表現されていないことに気付けるように、他の六枚のカードとの違いに注目させる。 配慮㋐

2 違いをもとに、㋐のカードの文が必要か話し合う

㋐のカードの文は必要なのかな？別になくてもいいのかな？

天気のことだけだから、なくてもいい文でしょ

そうか。晴れたのは、天気もそうだけど、ごんの気持ちも晴れたんだ！

どこにも、ごんの気持ちが書いてないよ

Which型課題

必要ないという意見には、「このカードは景色だけを書いたカードじゃないって言う人がいたの。どういうことかわかるかな？」などの発問を考えておく。

景色を通して中心人物の心情を表現することを「情景描写」ということをおさえ、このときのごんの心情がプラス（喜

✓ 本時の展開　第二次　第1時

目標　「ごん」の人物像（よいきつねか、悪いきつねか）を話し合う中で、ごんがいたずらをするわけについて捉え、ノートにまとめることができる。

［本時展開のポイント］

悪いきつね（いたずらをしていた）時に焦点をあて、「いたずら」をしてきた理由について、児童の発言をもとに選択肢を設け、それをもとに話し合う中で、ごんの状況や深層心理を捉えるようにする。

［個への配慮］

㋐読む・考える範囲を限定する

自分の意見に自信がもてない児童には、意見の根拠を自分で探すことができるように、「○○さんも、同じ㋒を選んでたよ。そういえば、この辺りに理由を見つけていたよ」などと、教科書の叙述を指し示し、考える範囲を限定して考えられるようにする。

㋑付箋に例文を書いて参考に

理由をまとめることに困難さが見られる児童には、板書されている友達の考えから理由を選んでよいことを伝える。児童によっては、インタビュー形式で児童の考えを聞いたりする。児童の発言を受けて、教師が付箋に例文を示し参考にできるようにする。

★〈まとめ〉
・ごんは「おれと同じ…」でよいきつねへと成長をはじめた
・ごんがいたずらをしていた本当の目的は

㋹・ひとりぼっちでさみしくて村人にかまってほしかった。
・仲間（家族）がほしい気持ちを伝えていた。

いっしょに遊びたかった

4

Which型課題

児童の言葉を使った選択肢を設けるようにする。教師も選択肢を提示できるよう準備をしておく。

さらに深くごんの心理を捉えるために、「ごんの心の中で、いたずらする一番大きい理由はどれだろう？」などの発問も準備しておく。

配慮㋐

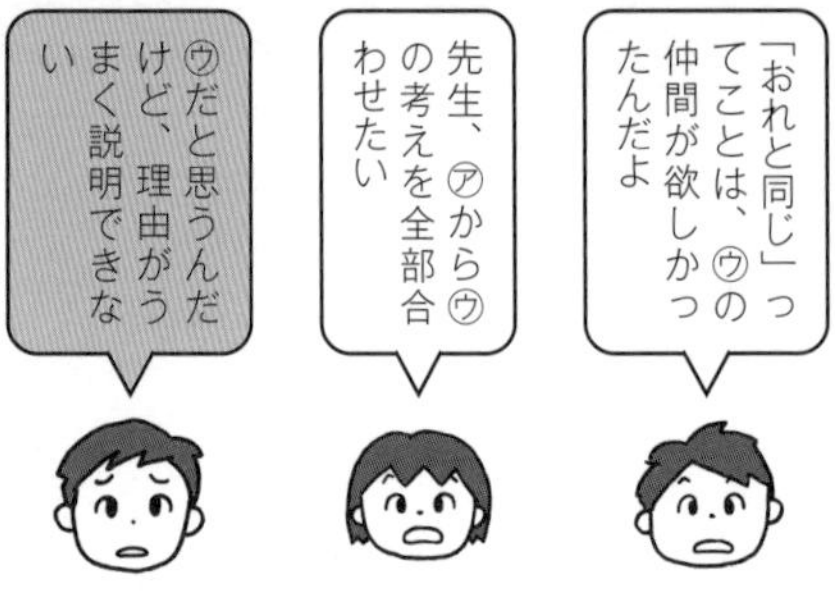

「おれと同じ」ってことは、㋒の仲間が欲しかったんだよ
先生、㋐から㋒の考えを全部合わせたい
㋒だと思うんだけど、理由がうまく説明できない

ごんの人物像をまとめる

ごんがいたずらをした本当の目的は、『　』。この『　』にあなたは、なんて言葉を入れますか?

一人ぼっちでさみしすぎたから。かまってほしかった
一人ぼっちで、ずっと仲間が欲しかったから
理由を何て書けばいいだろう…

しかけ（隠す）

ペアで確認する時間を確保する。不安をもっている児童のために、何人かの意見を黒板にまとめる。

※「ごんは、いいきつねに変わったから、もういたずらはしないよね？」と話題をふって終える。

配慮㋑

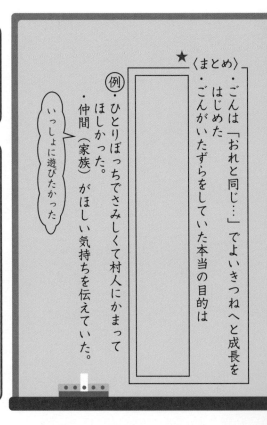

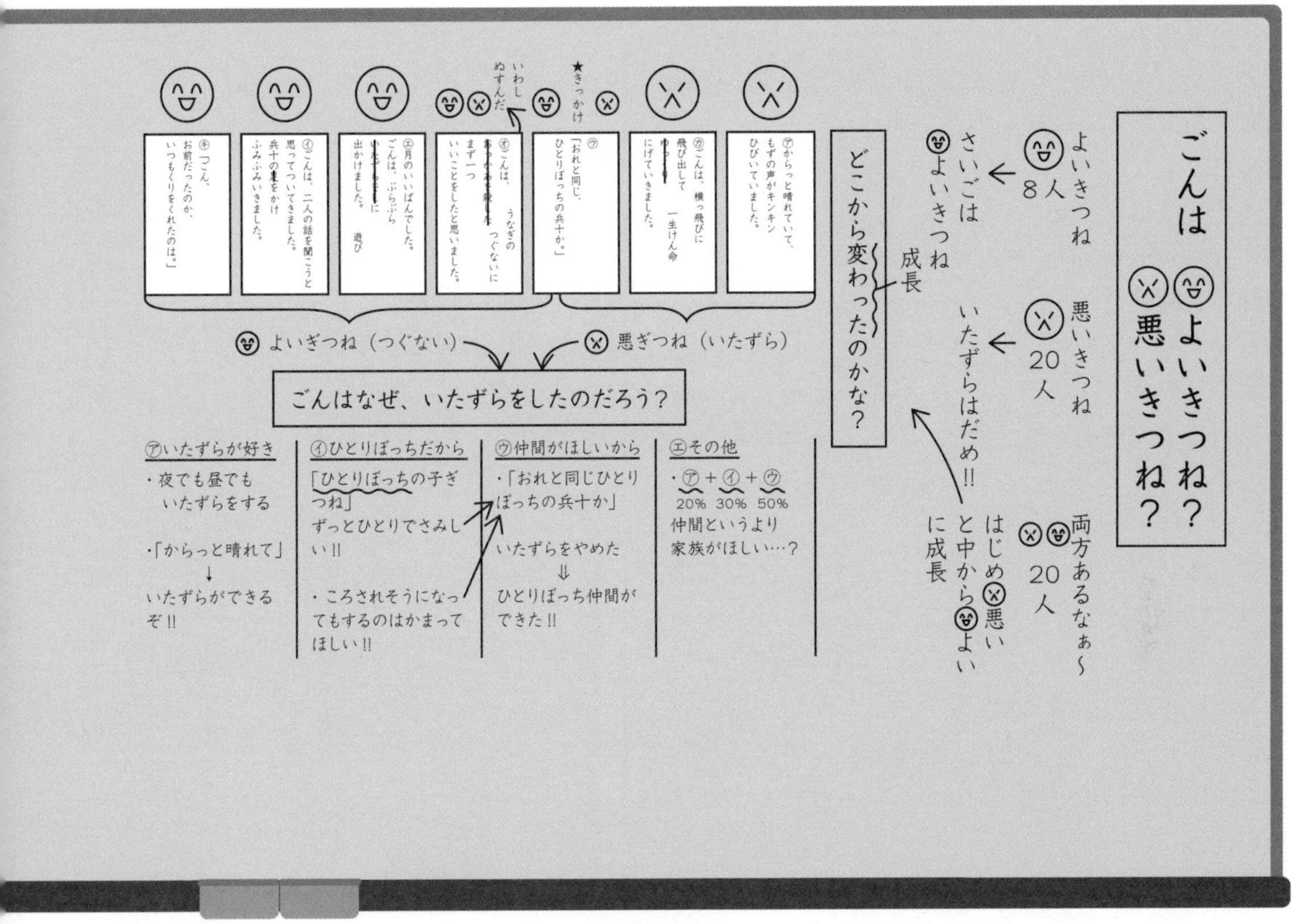

1 ごんの人物像を想像する

ごんは、よいきつねですか？ 悪いきつねですか？

Which型課題

「よい・悪い」という極端な問いかけをすることで、一概に「よい・悪い」と言えない理由がごんの心情の変化から見えてくることを捉える。

2 ごんの心情の変化について捉える

何枚目から、ごんはよいきつねに変わったのかな？

Which型課題

顔マークやマークの大きさを変えることで、ごんの変化を視覚的に理解できるようにする。

3 ごんのいたずらのわけについて考える

ごんは、なぜいたずらをしていたのでしょうか

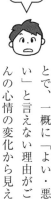

本時の展開 第二次 第2時

目標 ごんの心情の変化となるきっかけや、つぐないを通して兵十に伝えたい思いを、選択肢をもとに読み取り、ノートにまとめることができる。

［ 本時展開のポイント ］

よいきつね（つぐないぎつね）時に焦点をあて、いわし屋の登場がつぐないのきっかけになったことを捉えるとともに、兵十の「さみしさ」に寄り添っていくごんの心情を捉える。

［ 個への配慮 ］

㋐教師が動作化しながら解説する

つぐないのきっかけとなった場面への理解ができない児童には、場面の様子の変化からきっかけを捉えられるようにするため、「ごんは、物置のそばをはなれて、向こうへ行きかけますと…」などの文章を文節ごとに教師が動作化しながら読み、「ごんは、何しに戻ってきたのだろう」などと共に考える。

㋑消去法で考える

３択で自分の意見をもてずに困っている児童には、自分の考えをもてるように、付箋に㋐㋑㋒と書いたものを渡す。三つの中で一番おかしいと思うものから順番に×をつけるようにアドバイスをし、消去法で自分の考えに近いものを考えるようにアドバイスをする。

いたずらをしてきた

どんどんふえてくる
思いも強くなっている!!

★
〈まとめ〉
・ごんがつぐないで伝えたかったのは、「　　」という思い。

例・「だいじょうぶだよ、わしがいるよ。」
・「兵十とわしは仲間だよ。
だからひとりぼっちじゃないよ。
…でも早く気づいて。
そしていたずらゆるして。」

3 ごんがつぐないをしたわけについて読む

ごんがつぐないをして、兵十に伝えたかった思いは何でしょうか

謝るっていうよりも、うれしかったんだよ。仲間ができて

ごめんなさいもあるなあ。仲間だよもあるなあ

どれにしようかな

Which型課題

意見を三つほどに教師が意図的に絞り選択肢を提示し子どもたちが負担なく考えられるようにする。四つ目の選択肢に「その他」という選択肢をもつことで、教師主導の展開にならないようにする。配慮㋑

4 ごんがつぐないをしたわけについてまとめる

ごんが、兵十に伝えたかったのは、『　』という思い。の『　』にあなたはなんて言葉を入れますか

おっかあのうなぎをとってごめん。でも、それは、かまってほしかったんだよ

ごめんね。兵十。あなたのさみしさわかるよ。俺と一緒だ

しかけ（隠す）

まとめることが苦手な児童のために、数人の発言を板書しておく。
※次時の学習へつなげるため、「じゃあ、もうごんは、いたずらをやめたのかな?」と話題をふる。

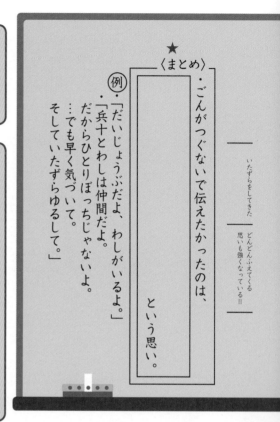

準備物
・センテンスカード（7枚）⤓2-01～07
・つぐない場面の挿絵

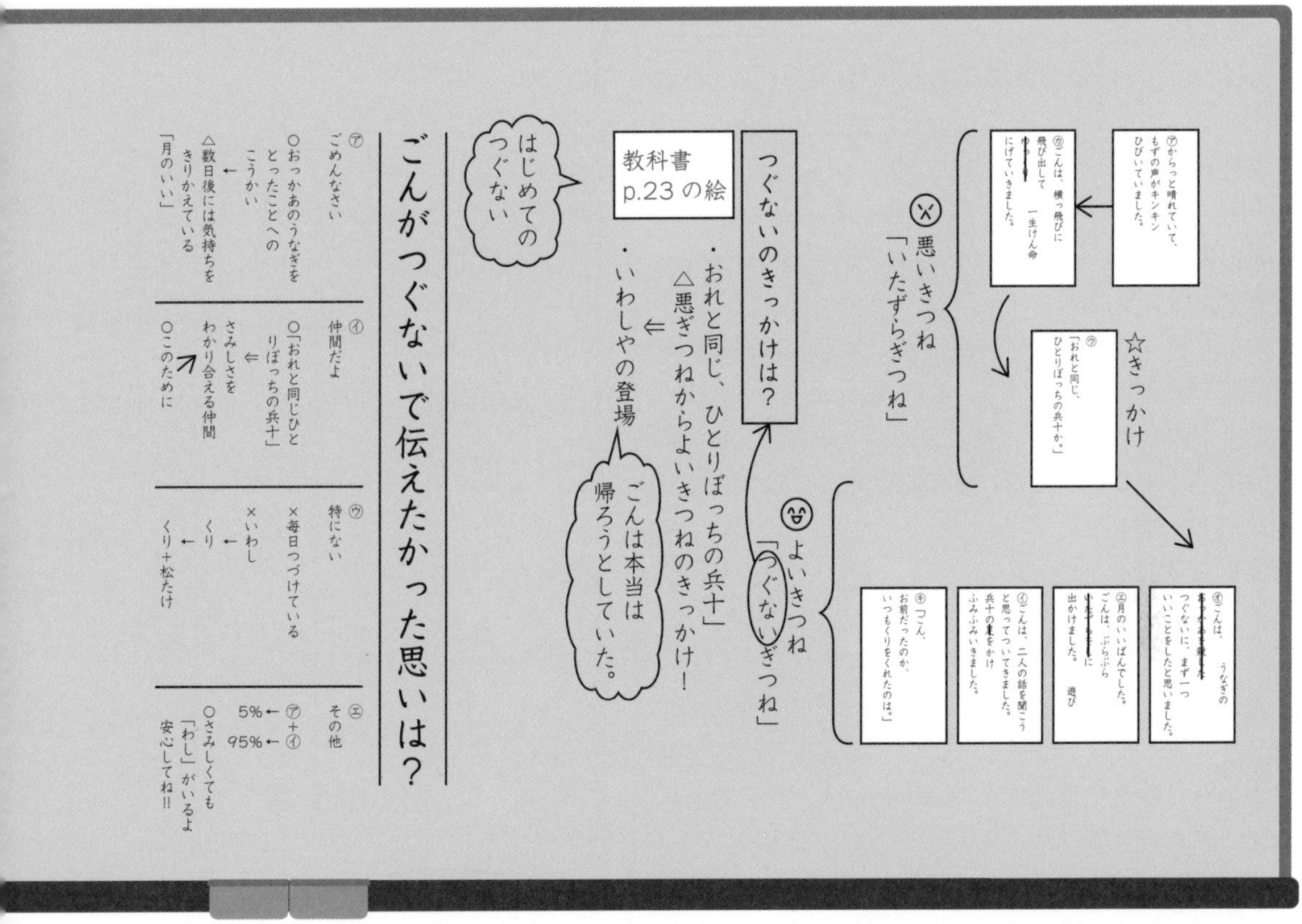

☆きっかけ
㋐からっと晴れていて、もずの声がキンキンひびいていました。

㋕ごんは、横っ飛びに飛び出して 一生けん命 にげていきました。

悪いきつね「いたずらぎつね」

㋒「おれと同じ、ひとりぼっちの兵十か。」

㋔ごんは、 うなぎの つぐないに、まず一つ いいことをしたと思いました。

㋓月のいいばんでした。ごんは、ぶらぶら 遊び 出かけました。

㋑ごんは、二人の話を聞こうと思ってついていきました。兵十のかげをふみふみいきました。

㋖「ごん、お前だったのか、いつもくりをくれたのは。」

よいきつね「つぐないぎつね」

つぐないのきっかけは？
・おれと同じ、ひとりぼっちの兵十」
△悪ぎつねからよいきつねのきっかけ！
⇐
・いわしやの登場
ごんは本当は帰ろうとしていた。
教科書 p.23の絵
はじめてのつぐない
ごんがつぐないで伝えたかった思いは？
㋐ ごめんなさい
○おっかあのうなぎをとったことへのこうかい
←
△数日後には気持ちをきりかえている「月のいい」
㋑ 仲間だよ
○「おれと同じひとりぼっちの兵十」
⇐
さみしさをわかり合える仲間
○このために
㋒ 特にない
×毎日つづけている
×いわし ← くり ← くり＋松たけ
㋓ その他
5%← ㋐＋㋑ 95%←
○さみしくても「わし」がいるよ 安心してね!!

1 前時までの振り返りをする

昨日、みんなは、何枚目のカードからごんは変わったって言っていたのかな？

「おれと同じ」って思ったところがきっかけだったよ
「いたずら」から「つぐない」に成長したんだよ

しかけ（分類する）

前時までの振り返りと共に、「いたずらぎつね」から「つぐないぎつね」へと変化したことを確認する。

2 ごんがつぐないをするきっかけについて考える

ごんがつぐないをしようと思ったきっかけは何ですか？

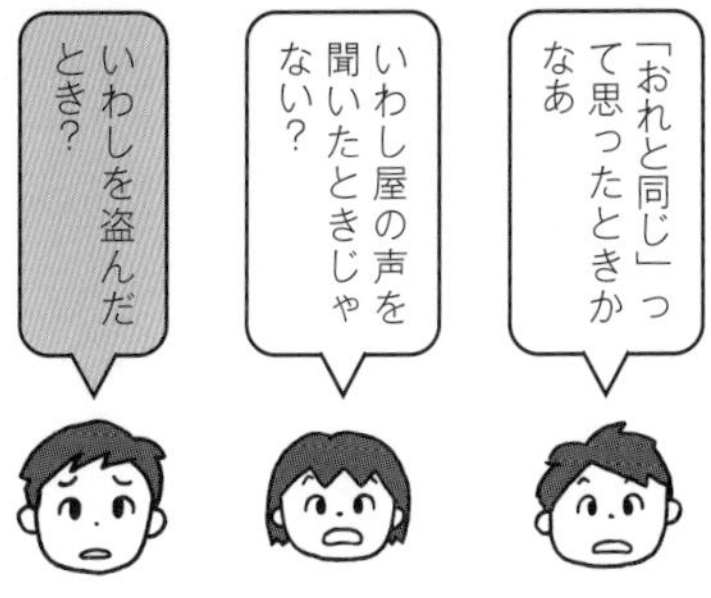

「おれと同じ」って思ったときかなあ
いわし屋の声を聞いたときじゃない？
いわしを盗んだとき？

Which型課題

初めての「つぐない」の場面の挿絵を提示することで、「いわし屋」の登場が、つぐないの行動と関連していることを捉えられるようにする。

配慮㋐

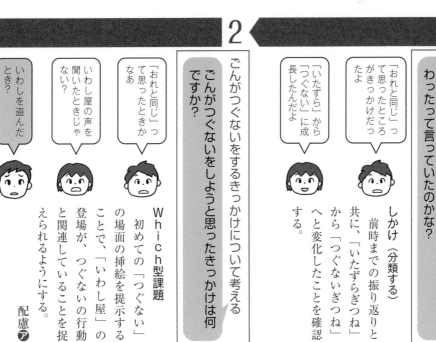

本時の展開　第二次　第3時

目標 「ごんはもういたずらはしないのか」について考えることで、ごんの心情の変化や、兵十への思いの強さを読み取り、ノートにまとめることができる。

［本時展開のポイント］

ごんは、「いたずらをこれからしないのか」を読む中で、ごんの兵十への見方の変化や兵十への思いの強さを捉える。

［個への配慮］

ア考えるヒントを提示する

理由が考えられず集中が途切れた児童には、進んで自分から考えられるように、教師が「〇〇さんも同じ意見で、教科書のこの言葉に注目していたよ」と、叙述の箇所に印をつけたり、付箋に書いたりして、考える材料を提供する。

イ板書から選ぶ

ノートに何をまとめればよいか困っている児童には、ノートのまとめ方を理解できるように、ノートのどの位置から何を書くのか説明し、必要に応じ書き始めの文節をノートに教師が書くようにする。何を書いてよいか困っている児童には、板書の例をもとに、自分の納得できた意見を写してもよいことを伝える。

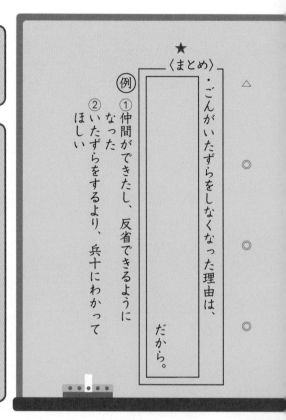

△

◎

◎

◎

★〈まとめ〉

・ごんがいたずらをしなくなった理由は、

　　　　　　だから。

例

①仲間ができたし、反省できるようになった

②いたずらをするより、兵十にわかってほしい

3

5の場面の最後の文を提示し、深く考える

このとき、ごんは腹が立って、またいたずらしてやろうと思わなかったのかな

そう簡単に、人は変われないかも

そうじゃないよ。ごんはいたずらがしたかったわけじゃないんだよ

一人ぼっち仲間にいたずらはしなくていいよ。でも、ちょっと腹立つなあ

Which型課題

「おれが、くりや松たけ…引き合わないなあ」のときのごんの心情を考え、それでも、また明くる日もくりを持っていくごんの兵十への思いの強さを捉えるようにする。

児童の発言を受け、ごんの心の声を顔マークなどで視覚化するなど、板書を工夫するようにする。

4

つぐないを続けるごんの兵十への思いをノートにまとめる

ごんがいたずらをしなくなった理由は、『　』から。この『　』にあなたならなんて言葉を入れますか？

ずっと一人ぼっちだったから、その寂しさを一番知ってるのは、ごんだよね

しかけ（隠す）

数人の児童の意見を黒板に書くことで、書くことに苦手意識の強い児童の助けになるようにする。配慮イ

準備物 ・5の場面の最後の会話文の拡大文章 2-08

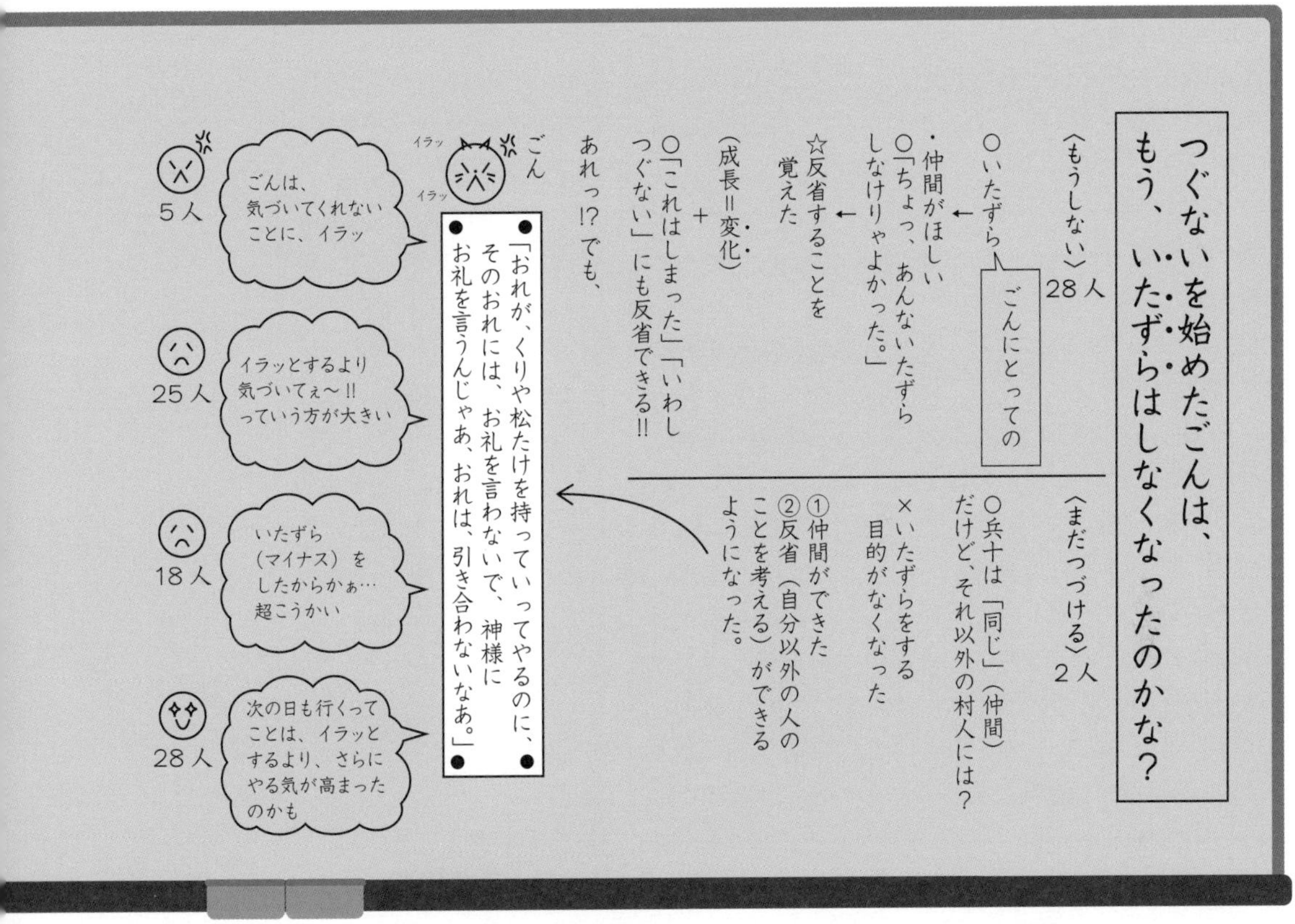

1 前時の学びの確認をする

ごんは、どんなことを伝えたくて兵十につぐないをし続けたのだったかな

復習の意図もあるが、②の活動で、より多くの児童が考える際の材料となることを意図した活動である。

2 つぐないを続けるごんの心情を読む

つぐないを始めたごんは、もういたずらはしなくなったのかな？

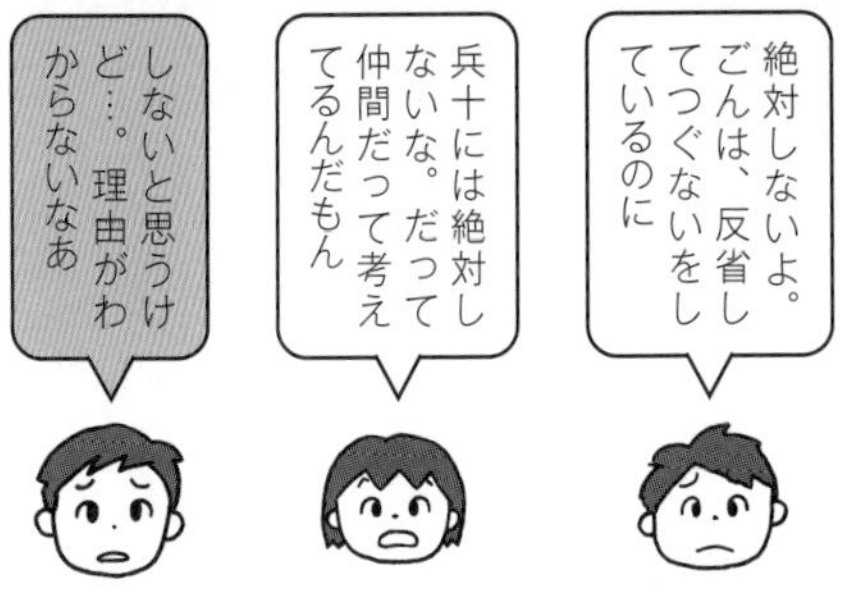

Which型課題

「もうしない」「まだ続ける」の2択にすることで、より多くの子が負担なく考えられるようにする。児童の発言にもよるが、つぐないの物の変化から、ごんの兵十への思いの強さも捉えられるとよい。配慮ア

本時の展開　第二次　第4時

目標　6の場面は視点が転換されていることに気付き、6場面での兵十の心情の変化を読み、ノートにまとめることができる。

[本時展開のポイント]

視点の意味や、視点の転換があったことにより、兵十がごんの思いに気付くことができたことを理解することができる。

[個への配慮]

ア意図的に範読を工夫する

視点について理解に時間を要する児童もいるため、視点人物が「兵十」であることを捉えやすくするように、6場面目の「ごん」を「おれ読み」する場面では、教師が意図的に「おれ」に替える前後の文節をゆっくり大きな声で読むことで、違和感を感じやすくする。

イ付箋に友達の名前を書く

プラスかマイナスかは考えられるが、理由が考えらない児童には、考えるきっかけをつかめるように、全体での話し合い活動の前に、付箋を配付し、一番納得のできた意見の人の名前を書くように指示する。話し合い後、誰のどんな意見に納得できたか教師と確認する。

ごめんなさい ←　×

六場面が、ごんの視点で語られていたら…。

⇓

○本当はよいきつねだったんだね

兵十がごんのよさに気づいたことがわからなかった

★〈まとめ〉

①六場面だけ、兵十の視点で語られているところがある。

②ずっとごんの視点で語られていたら、兵十がごんのよさに気づいたかわからない。

3 兵十の心情を読む

このときの兵十の気持ちは、プラスかな？それともマイナスかな？

Which型課題

ごんのやってきた行動に初めて気付き、ショックを受ける兵十の心情をおさえる。

兵十の心情に変化があったことを読み取ることができたのは、視点人物が「兵十」であったことをおさえる。配慮イ

プラスは絶対おかしいよ。ごんを撃っているもん

そのあと、火縄銃を落とすってことは、後悔してるよ

心の中はマイナスだけど。理由が…

4 本時の学びをノートにまとめる

今日のわかったことを、黒板にまとめようと思いますが、先生はどんなことを書けばいいかな？

児童の言葉をもとに、教師がまとめるようにする。

※次時の学習へつなげるため、「ごんの素晴らしさに気付いた兵十は、ごんとの出来事を誰かに伝えているのだろうか？」と話題をふる。

「視点」については、まとめた方がいい

ずっと「ごん」の視点だったらについても大事だと思う

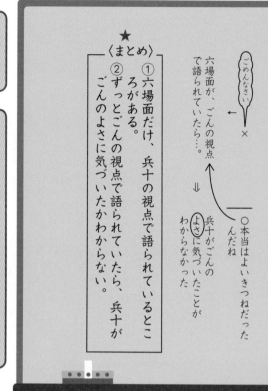

準備物 ・6の場面の一部を抜粋した文章（PC） 2-07

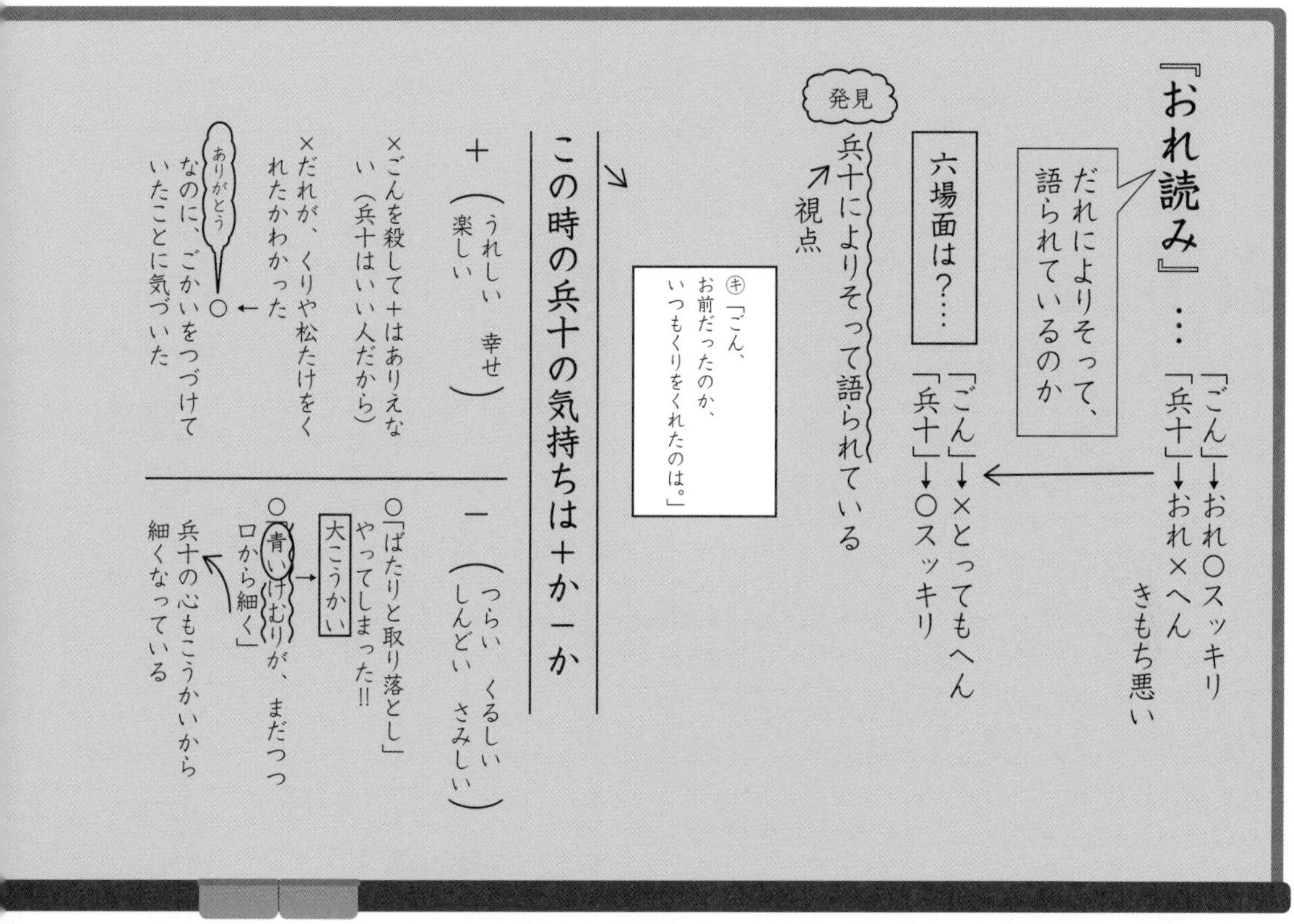

1 テレビに映し出された文章を「おれ読み」し、気付いたことを話し合う。

「ごん」や「兵十」を「おれ」に置き換えて読むとどうなるでしょうか

「兵十」を「おれ」に替えて読むと変だよ

ごんを「おれ」に替えて読んでも変じゃない

しかけ（置き換える）

「兵十」や「ごん」をそれぞれ「おれ」と置き換えて読み、違和感があるかないかで、視点人物が誰かを理解する。

2 6の場面を「おれ読み」し、視点の転換について理解する

6の場面は誰に寄り添って語られているのか、考えてみましょう

ごんを「おれ」に替えて読むとおかしいよ。気持ち悪い

あれ、さっきの1の場面と全く逆になっている

誰に寄り添っているんだろう？ごん？

しかけ（置き換える）

教師が、6の場面を「おれ読み」し、6の場面の途中から視点人物が「兵十」に変わっていることに気付けるようにする。そこから、視点人物である「兵十」の心情の変化を捉えることができるように展開する。 配慮ア

✓ 本時の展開 第二次 第5時

目標 本作品が伝承されていることに気付き、兵十のごんへの思いを読み取り、ノートにまとめることができる。

[本時展開のポイント]

「ごん」についての話が、兵十からリレー形式で茂平じいさんにまでつながったことを捉え、人々が伝え続けた「ごん」のよさについて読む。

[個への配慮]

ア図解して理解を助ける

書き出しの一文に注目しても「ごん」のことを兵十が伝えたことを理解できていない児童には、伝承されていることを理解できるように、教師が、「わたし」←「茂平さん」←というようにノートに図解しながら誰から話が伝わったか確認できるようにする。

イ数直線で時間を捉える

「茂平さん」ではない理由がつかみきれない児童には、茂平さんと兵十の生きた時代が違うことを理解できるように、児童のノートに数直線をかき、兵十の年代と現在の年代には300年近く時間があることを視覚的に捉えられるようにする。

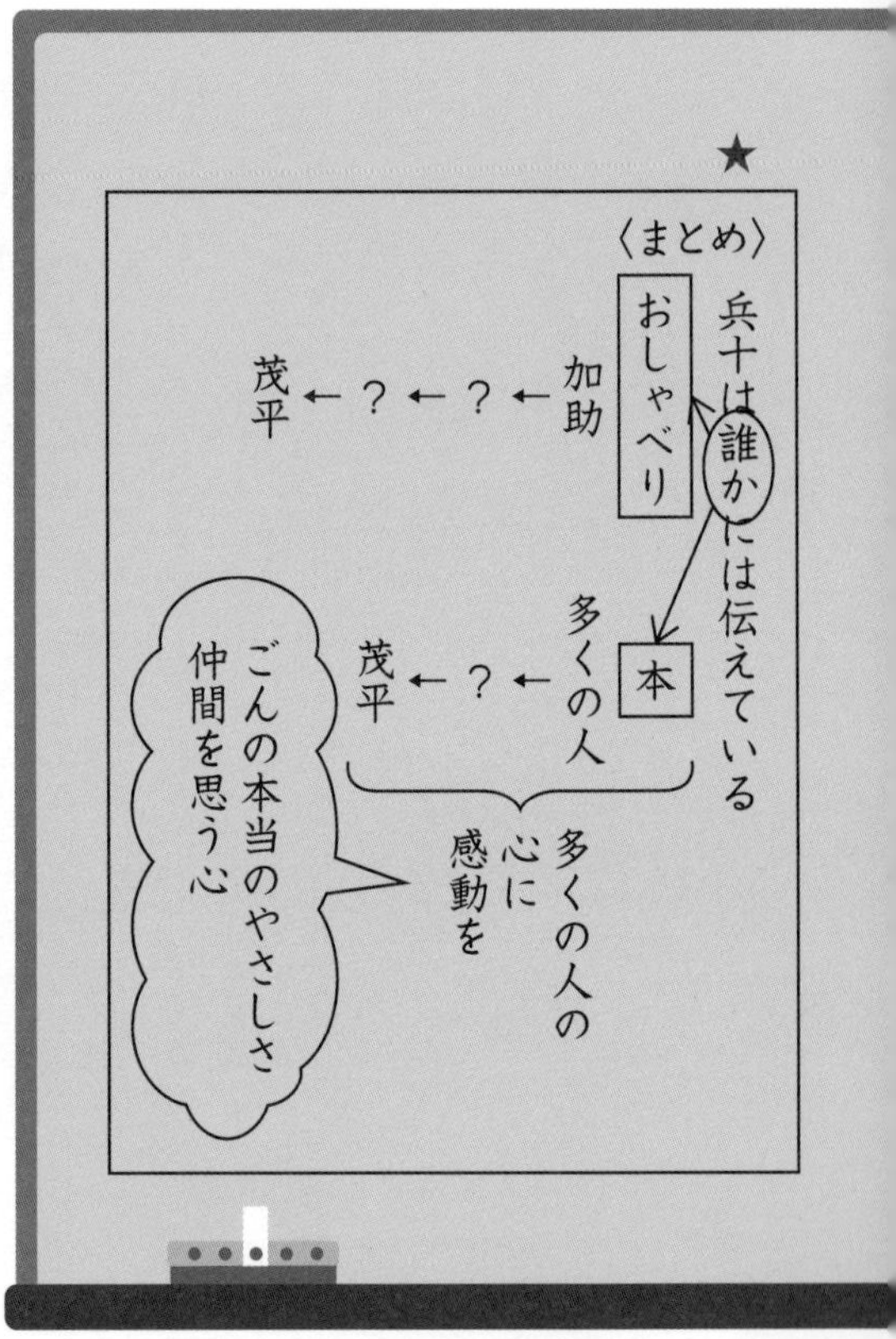

★
〈まとめ〉
兵十は誰かには伝えている
おしゃべり
加助
茂平←？←？←
本
多くの人
茂平←？←
多くの人の心に感動を
ごんの本当のやさしさ
仲間を思う心

3 ゆさぶり発問でリレー形式で伝承されていることを捉える

えっ、茂平さんじゃないの？だって、作品にそう書いてあるよ

確かに。茂平さんだ

違うでしょ。そしたら、茂平じいさん三百歳になっちゃうよ

えっ、じゃあ、どうやって「わたし」に伝わったんだ？

なんで、茂平さん三百歳になるの？？？

教師は、誤答や少人数の子の立場に寄り添い、全体に投げかけることで、理解や考えのずれを明確にする。

児童の実態にもよるが、「兵十は、本を通して伝えたのではないか」などの意見が出ることもある。加助などに伝えることとの共通点を探ると、作品の主題と関連した意見が出ることもある。配慮イ

4 学習のまとめをする

今日のみんなの話し合いをまとめましょう

「ごんの優しい心」に感動した人が伝えていったのだと思う

兵十が話した「ごん」との出来事についての話が、リレー形式でつながっている原因についてもおさえるようにする。

準備物 ・加助の絵 2-09 ・茂平さんの絵 2-10 ・その他の掲示物

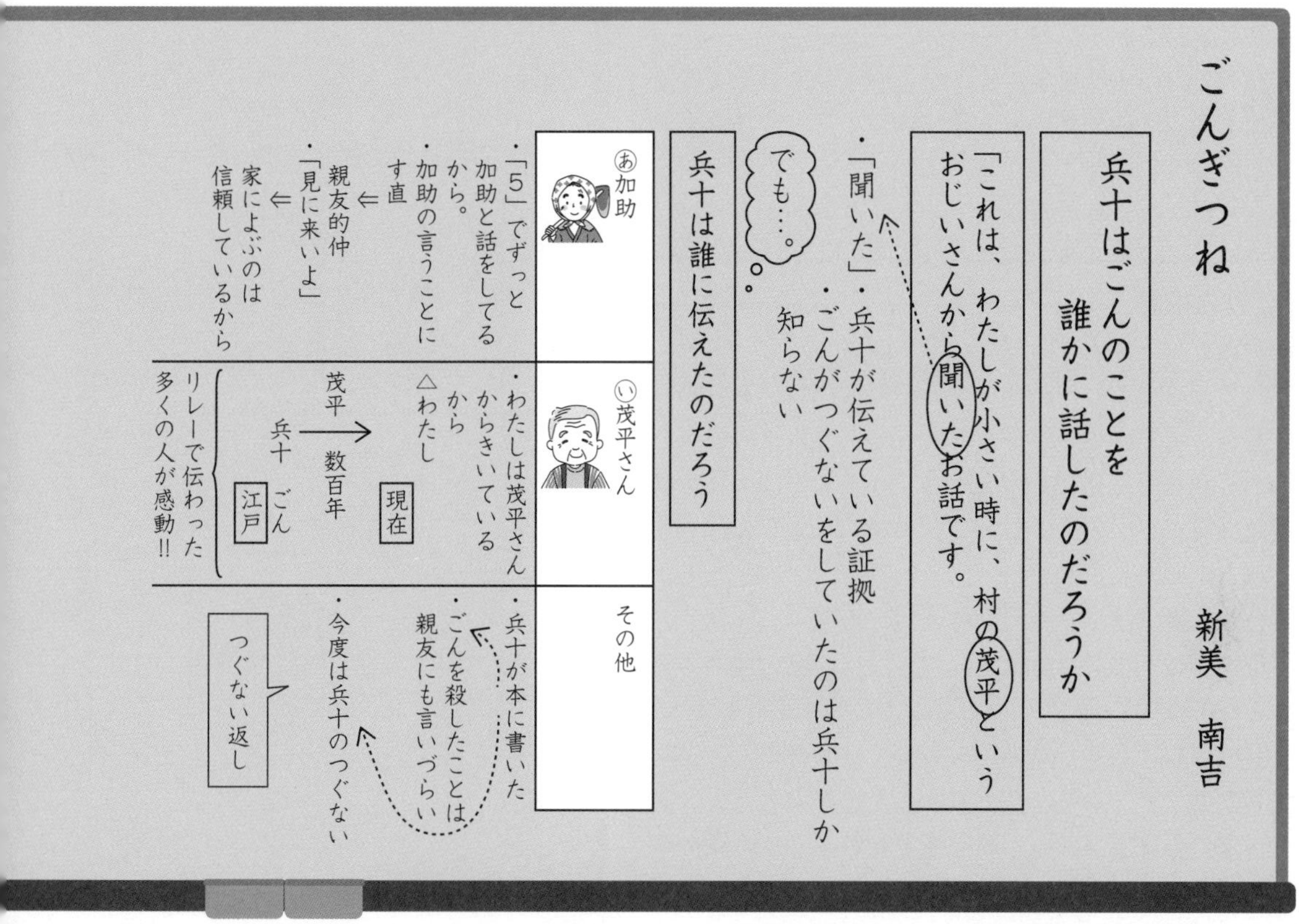

ごんぎつね
新美 南吉
兵十はごんのことを誰かに話したのだろうか
「これは、わたしが小さい時に、村の茂平というおじいさんから聞いたお話です。」
・「聞いた」・兵十が伝えている証拠
・ごんがつぐないをしていたのは兵十しか知らない
でも…。
兵十は誰に伝えたのだろう
あ加助
・「5」でずっと加助と話をしてるから。
・加助の言うことにす直 ⇐ 親友的仲
・「見に来いよ」⇐ 家によぶのは信頼しているから
い茂平さん
・わたしは茂平さんからきいているから
△わたし 現在
茂平 → 数百年
兵十 ごん 江戸
リレーで伝わった多くの人が感動!!
その他
・兵十が本に書いたから
・ごんを殺したことは親友にも言いづらい
・今度は兵十のつぐない
つぐない返し

1 伝承されている話であることに気付く

この話の後、兵十は、ごんとの出来事を誰かに伝えたのでしょうか

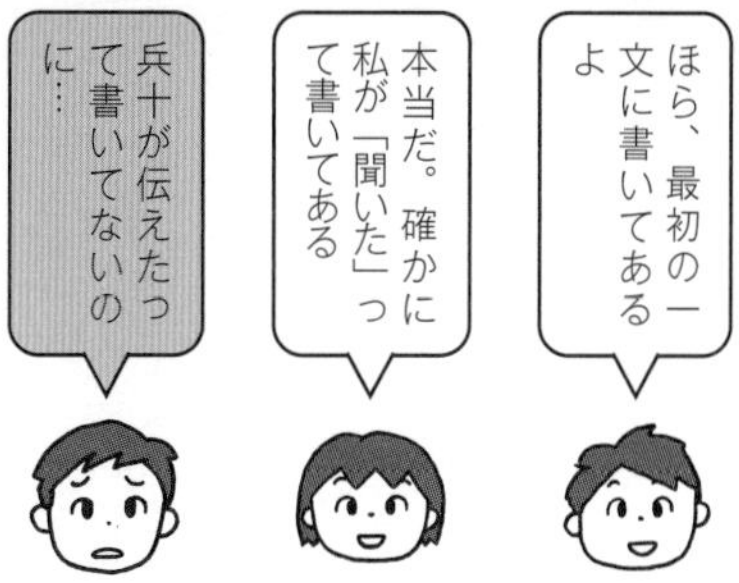

ほら、最初の一文に書いてあるよ
本当だ。確かに私が「聞いた」って書いてある
兵十が伝えたって書いてないのに…

Which型課題
場合によっては、「兵十はごんとの出来事を誰かに伝えたのだけど、その証拠がこの作品にあるんだ」と、結果を先に述べてから、冒頭の一文に注目させるなど、児童の実態に応じ対応する。配慮ア

2 誰に伝えたのか想像する

次の三つから選びましょう

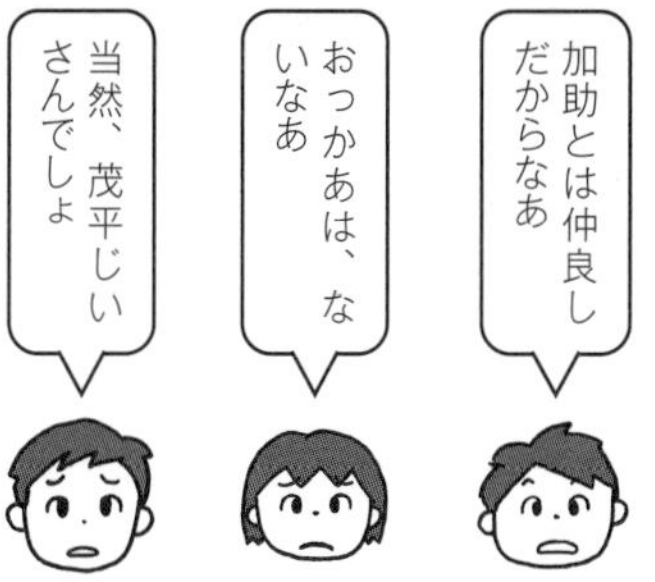

加助とは仲良しだからなあ
おっかあは、ないなあ
当然、茂平じいさんでしょ

Which型課題
選択肢の中に、「その他」を入れておくことで、自由な発想で考えられるようにする。ここでおさえることは、兵十が話したことが何人もの人に伝わって「わたし」まで届いている兵十の思いである。

本時の展開 第三次 第1時

目標 「兵十がもし加助にごんのことを伝えるとしたらどう伝えるのか」を考えることを参考に、自分なりに話の続きを創作することができる。

［本時展開のポイント］

初めて創作活動をすることが予想される。そこでまずは、創作活動をクラス全体で体験する。作品を参考にしたり、学んだことを創作活動に生かしたりする経験をして、その後自由な表現活動へと展開する。

［個への配慮］

ア付箋を並び替えて話の流れをつかむ①

何を書いてよいのか困っている児童には、自分なりに続きの話の流れをつかめるように、黒板に書かれた◎の意見を付箋に書いて配付する。「まずは、兵十は加助に何から伝えるかなあ」と一緒に付箋を操作し並び替えを考える。

イ付箋を並び替えて話の流れをつかむ②

創作活動が進まない児童については、話の続きの流れをつかめるように、教師から伝える相手を「村の人」や「いわし屋」にした場合を考えてはどうかとアドバイスをする。どんなことを話すのか一緒に考え、一枚の付箋に一文ずつ書き、順番を並び替えながら話の流れを考える。

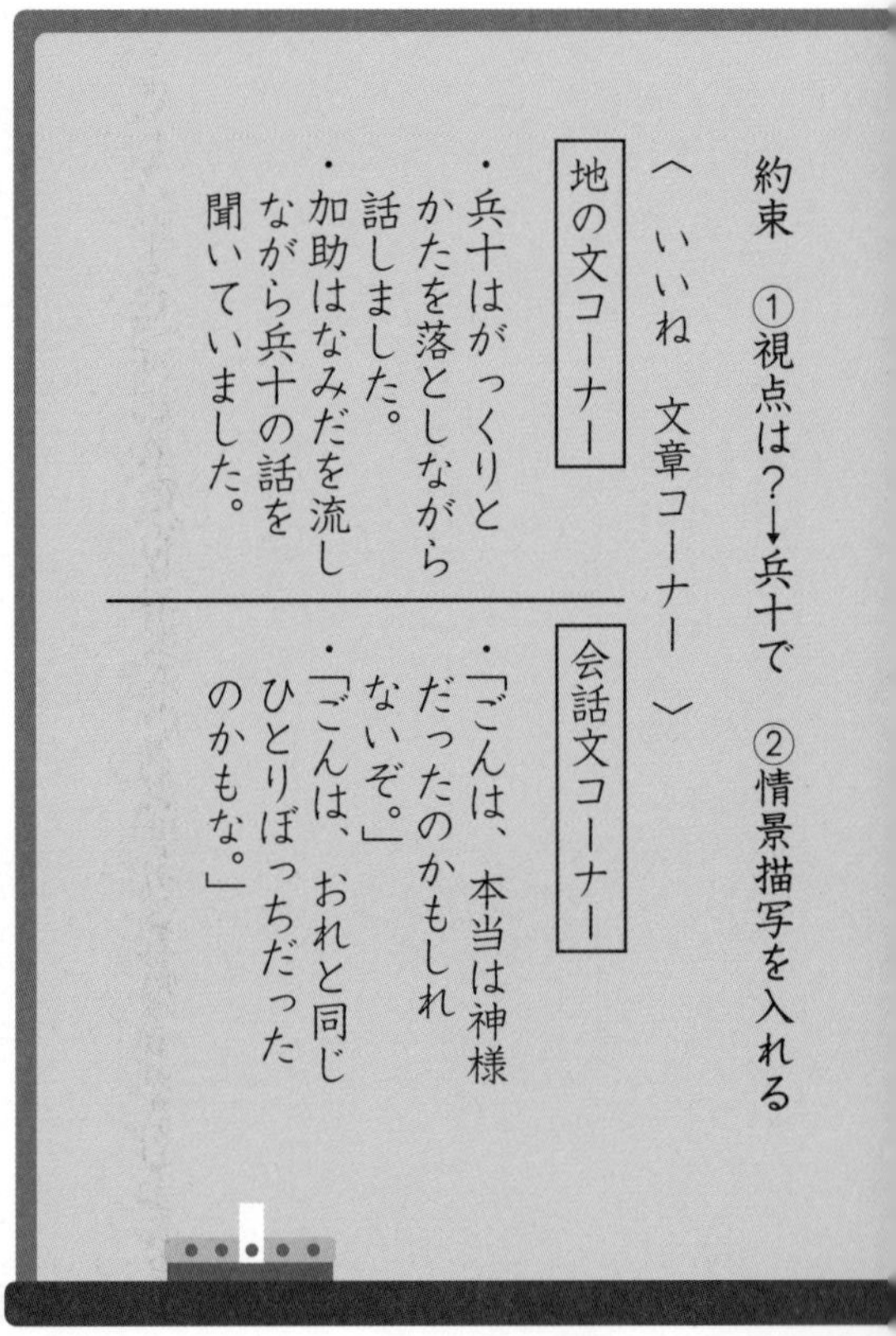

約束 ①視点は？→兵十で ②情景描写を入れる
〈いいね 文章コーナー〉
地の文コーナー
・兵十はがっくりとかたを落としながら話しました。
・加助はなみだを流しながら兵十の話を聞いていました。
会話文コーナー
・「ごんは、本当は神様だったのかもしれないぞ。」
・「ごんは、おれと同じひとりぼっちだったのかもな。」

一部を抜粋したものを提示し、みんなで創作活動の体験をするようにする。その際、兵十の「視点」で書くこと。情景描写を入れること。この二点を約束とし、学んだことを生かす活動を計画する。

配慮ア

「月はなく、雨が降っていました。」だと、兵十の後悔が雨で表せるよ

「あれぇ」の続きは、まず、ごんを殺してしまったことを伝えないといけないね

書き方がわからないなあ

3 自分なりのその後の話を創作する

誰にどんなことを伝えたか、その後の話を創作してみましょう

加助がごんのさみしさに気付いたことにして考えよう

いわし屋に言ったことにしようかな。いわし屋だったらいろいろな家に行くのですぐに広まりそう

しかけ（分類する）

机間指導をする中で、児童の優れた「会話文」や「地の文」を見つけたら、〈いいね文章コーナー〉に板書しておく。「会話文」と「地の文」の両方を分けて掲示しておく。

配慮イ

兵十が加助に伝えるなら？

◎・ごんをうって、こうかいしていること
・ごんがうなぎを取ったこと
○・くりや松たけをくれたのは、ごんだったこと
◎・ごんは、本当は優しい思いやりにあふれたきつねだったこと
・ごんは、仲間（家族）が欲しくていたずらをしていた

兵十には、「ごんのいたずらの理由」はわからないかも・・・。←
◎優しい兵十なら、「なんでくりや松たけをくれたのか」を考えていくうちに、ごんのいたずらの理由について想像はできるかも

その後の話を創作しよう

ごんをうったその夜、兵十は加助に会いに行きました。

月は［　　　］でした。（情景描写をいれよう）

「そうそう、なあ加助。」

と兵十が言いました。

「ああん？」

「おれぁ、［　　　］」

「何で？」

「［　　　］」

「［　　　］」

1 兵十がもし加助にごんのことを伝えるのならばと仮定する

兵十は加助に、どんなことを伝えるのだろう？

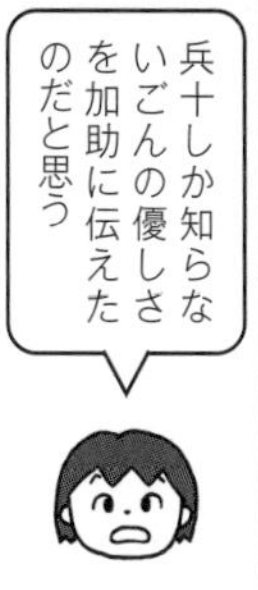
兵十しか知らないごんの優しさを加助に伝えたのだと思う

ごんの「いたずら」のわけは、ごんにしかわからないけれど、兵十だったらきっと理解できるよ

Which型課題
次の創作活動の際に、何を書けばよいか困る児童が予想される。そこで、一通り意見が出たところで、「創作の中に必ず入れなければいけないもの」「入れた方がよいもの」はどれかを問い、◎○を使って評価し、創作の際の参考になるようにする。

2 作品をもとに、その後の話を創作する

4の場面を参考にみんなでその後の話を創作してみましょう？

「月は雲で見えませんでした。」はどう？ 兵十のつらさがわかるよね

しかけ（隠す）
初めて話の続きを創作する活動をする児童が多いことが予想される。まずは、4の場面の「加助」と「兵十」の会話の

✓ 本時の展開 第三次 第2時

目標 友達の発表から優れた表現を見つけ、それを参考に自分の作品をよりよいものに進んで加除修正し作品を完成させることができる。

[本時展開のポイント]

最後の活動で自分の作品をよりよくするために、友達の優れた表現と出合うために、発表会を計画している。発表会の形式は実態に応じ小グループ・全体など柔軟に変更して行うようにする。

[個への配慮]

ア教師が一緒に読んで確認をする

視点人物の確認の仕方がわかっていない児童に、「おれ読み」で視点人物の確認ができることを理解できるようにするため、教師と一緒に「兵十」を赤で「対人物」を青で囲み、それぞれを「おれ」と置き換えて読む中で、視点人物が兵十か確認する。

イ付箋に書いて付け足していく

どこに書き足せばよいか困っている児童には、書き足す位置を見つけやすくするために、付箋に足す内容を書いて、教師と一緒に付箋を動かしながら、適切な場所を探すようにする。

ことはこのことでした。（地）

・ふみおられていたひがん花は今はきれいにさいています。（情景描写）

・「この前、いわしを盗んだのはどうやらごんなんだ。きっとおれがさみしい思いをしているから、プレゼントしてくれたんだ。」（兵十→いわし屋）

ようにして、発表後確認するようにする。板書する際は、「地の文」「情景描写」誰から誰への「会話なのか」がわかるようにし、次の加除修正の活動で児童が生かせるようにする。

いわし屋に言うのか。確かにそれもあるかもしれない。その方が話が広まりやすいもんね

最後の「ごんが本当に望んでいたことでした。」ってなんか、感動する

3 自分作品を加除修正する

誰にどんなことを伝えたか、その後の話を創作してみましょう

友達の〈いいね文章〉を参考に、加除修正する。 配慮イ

※児童は「ごん」をよみがえらせるストーリーを考えるケースがある。自由に創作することは素晴らしいが、「ごんのよさ」か「ごんがよみがえったこと」のどちらが大事かを児童に考えさせ、取り組ませたい。

「ごんが本当に望んでいたこと」は入れたいなあ

この後、加助に本を出そうと言われたことにして、続きを書こう

あの黒板の文章、自分の作品にも入れたいけれど…どこに書き足せばいいのかな…

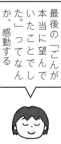

準備物 ・特になし

その後の「自分作品」を見直そう
① 兵十の視点で書かれているか
→「おれ読み」で確認
② 情景描写があるか
→兵十の心情がわかるか

自分作品発表会

〈いいね 文章コーナー〉

情景描写・地の文コーナー

・兵十はがっくりとかたを落としながら話しました。（地）
・加助はなみだを流しながら兵十の話を聞いていました。（地）
・今までで一番月のいい晩でした。月を見ていると、ごんの笑い声が聞こえてきました。（情景描写）
・大好きなおっかあのとなりでごんは静かにねむっています。ごんが本当に望んでいた

会話文コーナー

・「ごんは、本当は神様だったのかもしれないぞ。」（加助→兵十）
・「ごんは、おれと同じひとりぼっちだったのかもな。」（兵十→加助）
・「これは、本に書いてみんなに伝えよう。それがお前のできるごんへのつぐないだろ。」（加助→兵十）

1 作品を推敲する

兵十の視点で書かれているかと情景描写が入っているのかを確認しましょう

あれ？「おれ読み」するとなんか変な文章があった

会話文が多いなあ。地の文があまりないなあ

「おれ読み」って、どうやればいいんだっけ？

しかけ（置き換える）

視点人物が兵十になっているのか「おれ読み」をすることで確認する。

その際、「兵十」を赤色で囲み、対人物を青色で囲みそれぞれを読み比べる中で視点人物が兵十になっている文章か確認する。 配慮ア

2 自分作品発表会

今から、ごんぎつねのその後の作品発表会をしましょう

「おれと同じ、ひとりぼっち」って兵十が言うのもいいなあ。ごんと心が通じてる感じがする

時間や児童の実態に応じて、発表の場を工夫する。

発表を聞く側は、ノートに、素晴らしいなと思った「地の文」や「会話文」をメモしながら聞く

「プラタナスの木」の授業デザイン

（光村図書４年下）

教材の特性

この物語は「マーちん」を中心とする４人組がおじいさんと出会い、プラタナスの木に対する思いが変化する物語である。登場人物がそれぞれ個性的で、それぞれの特徴に着目させることができる。本作品は、中心人物がどのように変化したのかが直接的に描かれていない。物語の設定や、中心人物の行動や会話文など、複数の叙述を関連づけ、自分なりの考えを形成することができるだろう。また、登場人物の年齢が児童と近いことから、自然とマーちんの視点に同化して読むことができる。対人物と考えることができるおじいさんの存在も魅力的で、おじいさんが何者なのか考えることでファンタジーの要素として読むことが作品の面白さにつながるだろう。

終結	山場		展開	冒頭
立ち入り禁止がとけてからの公園での子どもたち	新学期プラタナスの木がなくなった公園	夏休み、祖父母の家で遭遇した台風	梅雨明けのころの、おじいさんとの出会い	公園でサッカーを楽しむマーちんと3人の友達

身に付けさせたい力

・様子や行動、気持ちや性格を表す語句の量を増やし、語彙を豊かにする力
・登場人物の気持ちの変化や性格、情景について、場面の移り変わりと結びつけて、具体的に想像する力

授業づくりの工夫

焦点化	視覚化	共有化
○「中心人物の変化」「きっかけ」「伏線」などについて指導内容を焦点化する。 ○中心人物の変化や、きっかけなど、解釈によって意見が分かれることをあらかじめ予想し、教師から選択肢を与えることで、全員参加を促す。	○挿絵と本文を比較しながら読むことで、視覚的に物語の設定を捉える。 ○中心人物の変容を図式化することで、視覚的に捉えやすくする。	○話し合いの際、ペアやグループを活用し、自分の意見を伝えたり、重要な考えをおさえたりすることで共有を図る。 ○ネームプレートを活用し、自分の立場や考えを可視化することで、同じ意見や異なった意見を共有する。

単元目標・評価規準

目標 登場人物の気持ちの変化や性格、情景について、場面の移り変わりと結びつけて具体的に想像するとともに、物語の魅力を紹介する文を書くことができる。

知識・技能
○様子や行動、気持ちや性格を表す語句の量を増やし、語彙を豊かにしている。（(1) オ）

思考・判断・表現
○「読むこと」において、登場人物の行動や気持ちなどについて、叙述を基に捉えている。（C (1) イ）

主体的に学習に取り組む態度
○積極的に登場人物の気持ちの変化や性格などについて、場面の移り変わりと結びつけて想像し、物語の魅力を紹介する文章を書こうとしている。

単元計画（全8時間）

次	時	学習活動	指導上の留意点
一	1	○挿絵から、物語を予想する。 ○観点を絞って初発の感想を書く。	物語の終結を予想しながら読むために、終結の挿絵を示す。 全員に感想を書かせるために、感想の観点を絞る。
	2	○物語がいつの出来事かを考え、大まかなあらすじを捉える。	物語の設定を捉えるために、時を表す文章に着目できるようにする。
二	1	○挿絵と本文を比較することを通して、登場人物の人物像をおさえる。 ○中心人物を捉える。	登場人物の人物像を捉えるために、叙述に注目できるようにする。
	2	○おじいさんは何者だったか話し合う。	全員に意見をもたせるために、Which 型課題を示す。 おじいさんの描写に着目することで、ファンタジーの要素に気付けるようにする。
	3	○物語の最初と最後の中心人物の変化を捉える。（中心人物の変化）	Which 型課題を示すことで、全員が中心人物の変容に対して考えをもてるようにする。 中心人物の変容が直接的に書かれていないことを捉え、そのよさを考えるために、ゆさぶり発問をする。
	4	○中心人物の変化のきっかけについて話し合う。（きっかけ）	Which 型課題を示すことで、全員が「変化のきっかけ」について考えられるようにする。 ゆさぶり発問をすることで、「変化のきっかけ」をどこと捉えるかで変容も変わることに気付けるようにする。
三	1・2	○「プラタナスの木」の魅力について紹介するポスターを書く。	全員が書けるように、何をどのように表現するのか白いぼうしのモデルを提示する。 全員が書きやすくするために、マスがある用紙やどこに何を書くかを示した用紙を用意し、選択できるようにする。
		○ポスターを読み合い、感想を伝え合う。	お互いのポスターを見て感想を伝え合うために、付箋を活用する。

✓ 教材分析

エ　行動描写

「おじいさんの話はいつも」から、一度ではなく、何度も繰り返し話を聞いていたことがわかる。プラタナス公園へ来る目的が変わってきている。

オ　対人物

「木というのは」「たいていの木は」は物語全体のキーワードで、マーちゃんの変容に大きな影響を与える。

カ　中心人物の変容

「ふうん」「あらま」「それにしても」から、おじいさんの考えに驚き、「木が公園を守っている」「根が困ってしまう」とは思っていなかったことがわかる。


なった。

　試合が白熱してくると、ときどきパスやドリブルのコースが外れて、プラタナスの木の下にボールが転がっていくことがある。エそういうとき、おじいさんは、こしをかがめてボールを大切そうにつかみ、そのままじっとしている。

「こうしていないと、どっちかが有利になってしまうかもしれないからね。」

　おじいさんは、そう言って笑う。

　そのうちに、マーちゃんたちとおじいさんはだんだん親しくなり、サッカーにつかれると、みんなプラタナスの木の下に集まって、おじいさんと話をするようになった。おじいさんが「みんな水をもっとたくさん飲んで、少し日かげに入って休まないと熱中症になるよ。」と言ったのがきっかけだった。太陽の光が夏に向かってずんずん強くなり、大きな葉のプラタナスの木の下が、とてもよい日かげになるのだ。

エ・オおじいさんの話はいつもおもしろかった。

　ある日、おじいさんは不思議なことを言った。

「このプラタナスの木が、さか立ちしているところを考えたことがあるかい。」

「あらま。木がさか立ち。」

　アラマちゃんが、いつものようにおどろいた。

カ「そう。この木がさか立ちするだろう。すると、木のみきや枝葉と同じぐらいの大きさの根が出てくるんだよ。オ木というのは、上に生えている枝や葉をささえるために、土の中でそれと同じぐらい大きな根が広がって、水分や養分を送っているんだ。」

「どの木もみんなそうなんですか。」

キオ今度は、花島君がマーちゃんの頭ごしにきいた。

「たいていの木は、大きな根が地面の下にぎっしり広がっているのさ。だから、このプラタナスの木が公園全体を守っている、といってもいいくらいだ。もし、地上のみきや枝葉がなくなったら、根は水分や養分を送れなくてこまってしまうんだ。」

　マーちゃんと花島君とクニスケは、カ「ふうん。」と同じような声を出したが、アラマちゃんはやっぱりカ「あらま。」と言った。

カそれにしても、木の根がこまってしまうなんて、初めて聞く話だ。おじいさんの話を聞いていると、おじいさんは、公園のできるずっと前からプラタナスのことを知っているみたいだ。

■第二次・第2時

「おじいさんは存在する？　しない？」（Which型課題）

　物語のファンタジー要素であるおじいさんの存在に関心をもたせる。おじいさんが木の精やプラタナスの木そのものという解釈ができる伏線に気付かせたい。

　根拠となる叙述

①おじいさんは公園のできるずっと前からプラタナスのことを知っているみたいだ。

②「お父さんのふるさとには木がいっぱいあるだろう。みんなによろしく。」

③木が切られてからおじいさんは公園に姿を見せなくなった。

ウ、キ、ク、セ、タ

◆教材分析のポイント　その①　ファンタジー

おじいさんが何者なのかという点については子どもたちも疑問をもつであろう。明記されていないが、「みんなによろしく」などのおじいさんの描写や木が切られてしまってから姿を現さなくなってしまったことなどから、「木の妖精」「プラタナスの木そのもの」などと考えることもできる。

◆教材分析のポイント　その②　中心人物の変容

本教材の特性として、中心人物であるマーちんの変容がはっきりと描かれていないことが挙げられる。ぼんやりとしてわかりにくいと思う子どもも多いだろう。一方で書かれていないことで読者の解釈の自由度が高いとも言える。子どもたちを一読者として、自由に解釈を話し合わせることができる。

指導内容

ア　人物　アラマちゃんの人物像

「あらま」という口癖から、親しみやすい愛嬌のある性格と捉えられる。

イ　人物　クニスケの人物像

「リーダーは」から、四人の中心的な人物であるとわかる。

「サッカーをするときには」から、生真面目であると捉えることができる。

ウ　対人物

いつもにこにこしていることや、ボールが転がってきたときの行動や会話文から不思議な人物である印象を受ける。

プラタナスの木

椎名誠

マーちんといつも遊んでいる仲間は、せいの高い花島君とハイソックスが好きなクニスケ。それに、アラマちゃんだ。[ア]本当は荒井さんというのだけれど、口ぐせが「あらま。」だから、いつのまにか、そうよばれるようになった。四年生になって、クラスは別々になったけれど、それまではずっと同じクラスで、家も近かったからいまだに仲よしだ。

マーちんたちが集まるところは川ぞいの公園で、バスケットコートぐらいの広さしかない。公園は、何も植えられていない花だんでかこまれていて、古い大きなプラタナスの木が一本だけ生えているので、プラタナス公園とよばれている。中学生や幼児連れの母親などはめったに来ないから、マーちんたちは、自分たちの遊びができた。水飲み場があるのも助かるけれど、何よりうれしいのは、この公園では、時間によってボール遊びができることだった。他の公園では、ボール遊びは禁止なのだ。

最近熱中しているのは、サッカー。[イ]リーダーはクニスケだ。クニスケは、サッカーをするときには、ハイソックスの中にすね当てを入れる。本格的なのだ。二人がゴールキーパーと守りになり、二人がドリブルやパスをしてせめる。花だんと花だんの間に二メートルぐらいの空間があって、そこがゴールだ。

[ウ]つゆ明けのころからだろうか、プラタナスの木の下にある、古い小さなベンチにおじいさんがやって来て、にこにこしながら、マーちんたちのサッカーをながめているように

指導のポイント

■第二次・第1時　「登場人物はどんな人物？」

それぞれの登場人物の人物像にせまっていきたい。友達である、花島君、クニスケ、アラマちゃんは叙述が少ないがその中で、人物像を想像させる。

また、マーちんが中心人物であることを捉える。そのためにマーちんをぼくに置き換えるぼく読みを使うとよい。

例：マーちんといつも遊んでいる仲間は、…

↓

ぼくといつも遊んでいる仲間は、…

また、3の場面ではマーちんしか登場しないことを確認することでも中心人物がマーちんであることがわかる。

ア、イ、ウ、オ、セ

✓ 教材分析

スの木に対する考え方が変化するきっかけになっている。

セ ファンタジー

「消えてしまった」は切られたと表現していない。おじいさんと重なる。

ソ 登場人物の相互関係

「サッカーも」から、公園に来る目的がサッカーからおじいさんに変わっていたことがわかる。おじいさんとの親密な関係が読み取れる。

タ 中心人物の変容

「切りかぶの上に」から、木に対する考えの変化がわかる。

チ 中心人物の変容

「根にささえられている」から、木に対する考えの変化がわかる。

ツ 中心人物の変容

「切りかぶだけに」から、木に対する考えの変化がわかる。

テ ファンタジー

「春になれば」から、おじいさんと木の深いかかわりを連想させる。

ト 情景描写

「青い空を」から、すっきりとした明るい気持ちが捉えられる。

ラタナスの木がなくなっている、というのだ。放課後、四人はプラタナス公園に走った。

ス本当だった。マーちゃんが、お父さんのふるさとで台風にあっていたころ、当然だけれど、この公園も台風におそわれていたのだ。近所の人に聞くと、プラタナスがたおれかかってきけんだったのだという。セマーちんたちがいない間に、大きなプラタナスは切りかぶだけを残して消えてしまっていた。その横には、強い日を浴びて、ベンチがぽつんと置かれている。

公園は、立ち入り禁止になっていた。

「根は、ほられてはいないみたいだ。でも残った根っこはきっとここまっているんだろうね。」

花島君が、かたを落として言った。アラマちゃんは、いつものロぐせを言わずにだまっている。

立ち入り禁止がとけて、また、マーちんたちは、公園に遊びに行くようになった。ツ木が切られてから、おじいさんは公園にすがたを見せなくなっていた。サッカーも前ほど白熱しなくなり、マーちんたちは、おじいさんがいつもすわっていた、日かげのなくなったベンチにだまってすわりこんだ。だまっているけれど、みんなが何を考えているかは分かる。

そんなある日、ベンチにすわっていたマーちんは、タ思いついたように、プラタナスの切りかぶの上に立ってみた。今でも地下に広がっている根のことを想像していたら、そうしたい気持ちになったのだ。

花島君が不思議そうに見ていたので、

「おいでよ。なんだか、チ根にささえられているみたいだよ。」

と言うと、花島君だけではなく、クニスケもアラマちゃんも切りかぶに乗ってきた。

せいの高い花島君を真ん中にして、両手を広げてプラタナスの切りかぶに乗っていると、みんなが木のみきや枝になったみたいだ。

ツプラタナスは切りかぶだけになったけれど、ぼくたちのプラタナス公園は変わらない。テ春になれば、プラタナスも芽を出すだろう。そうすれば、きっとまた、おじいさんにも会える。それまでは、ぼくたちがみきや枝や葉っぱの代わりだ。そう思いながら、マーちんは大きく息をすって、ト青い空を見上げた。

■第二次・第4時

「きっかけにふさわしいのはどれ？」（Which型課題）

「きっかけは2の場面でもいい？」（ゆさぶり発問）

前時の変容について、きっかけも考えていく。サをきっかけと捉えると、森や自然に対する考えの変化と考えられ、スをきっかけと考えるとプラタナスの木への思いの変化と考えられる。きっかけをどこと捉えるかによって解釈が変わると考えるのも面白い。

指導内容

キ 伏線

「おじいさんは」から、おじいさんの存在を不思議に感じ始めていると捉えることができる。

ク 会話文

「木」を「みんな」と表現しているところがおじいさんが何者であるか考える際の根拠となりうる

ケ 中心人物の変容

「森はおこったように」から、もうすでに森を人のように捉えていることがわかる。

コ ファンタジー

「しだいにぼんやりとしていく」は、プラタナスの木が消えていくことを表していると解釈することもできる。

サ 対比的表現・きっかけ①

台風のときの森と対比的に表現することで、森の生き生きとした様子を強調している。

シ 中心人物の変容

「森の一本一本の」から、森や木に対する考え方が変化していることがわかる。

ス きっかけ②

「本当だった」からがプラタナ

夏休みに入るとすぐ、花島君とクニスケはお母さんのふるさとに帰省し、アラマちゃんは、家族と海外旅行に出かけてしまった。一人残ったマーちんがプラタナス公園に行くと、いつものようにおじいさんがやって来て、ベンチにすわった。マーちんは、自分ももうすぐお父さんのふるさとに行くので、夏休みが終わったら、またみんなで来るから、と言った。

「お父さんのふるさとには、ク木がいっぱいあるだろう。みんなによろしく。」

キおじいさんは、にっこり笑った。

夏休みも半ばというころ、マーちんは、祖父母の家にいた。家の周りには森が広がっている。森にはいろいろな木や草が生え、鳥やせみの声が満ちていた。森と森の間には小川が流れ、小さな魚が、ときどき白いはらを見せてきらりと光った。

マーちんは、この森の中で毎日走り回って遊んだ。

マーちんが祖父母の家に来て一週間ほどたったある日、大きな台風が森をおそった。ケ森はおこったようにゆれ、小川は濁流となってあばれた。鳥やせみも、どこかにすがたを消した。テレビは、今年いちばんの強い台風だと伝えている。早々とふとんに入ったマーちんは、ゴーゴー鳴りひびく台風の音を聞きながら、プラタナス公園のおじいさんの顔を思いうかべた。コ最初ははっきりしていたおじいさんのえがおが、しだいにぼんやりとしていく。マーちんは、いつしか深いねむりに落ちていった。

一夜明けると、台風は通りすぎていた。青く晴れ上がった空の下で、サあんなにゆれていた森は、今は静かに太陽の光を受けてぴかぴかかがやいている。小川はまだ濁流のままだったけれど、鳥やせみはうれしそうに鳴き始めている。マーちんは、おじいさんの言葉を思い出した。シ森の一本一本の木の下には、それと同じぐらい大きな根が広がっている。マーちんには、なぜか今、それがはっきりと見えるような気がする。だから、強い風がふいても木はかんたんにはたおれたりしないし、森もくずれたりしないのだ。一本一本の木とその根が、ずっと昔から森全体を守り、祖父母の家だって守ってきたのだ。

長い夏休みが終わり、新学期が始まった。

プラタナス公園の異変を最初に知らせてくれたのは、ハイソックスをずり落としながら走ってきたクニスケだった。プ

指導のポイント

■第二次・第3時

「中心人物の変容にふさわしいのはどれ?」（Which型課題）

「直接書いた方がいい?」（ゆさぶり発問）

中心人物の変容について叙述をもとに解釈を話し合いたい。変容を一つに絞るのではなく、注目する部分によって変容の捉えが変わってくることもおさえたい。

例：マーちんの「根に支えられているみたいだよ」というセリフに着目した場合

→自然に対する考えの変化

最後のマーちんたちの行動に着目した場合

→プラタナスの木に対する思いの変化

カ、ケ、シ、ソ、タ、チ、ツ

本時の展開　第一次　第1時

目標　物語の予想をしながら、教師の範読を聞くことを通して、物語について感想をもち、交流することができる。

［ 本時展開のポイント ］

作品に出合う前に内容を予想するために、初めの場面と終わりの場面の挿絵を用意し、絵の変化から内容を予想できるようにする。

［ 個への配慮 ］

㋐注目するところに印をつける

挿絵から予想することが困難な場合、予想の手がかりをつかめるように、手元にも挿絵を用意し、同じ人物や、同じ木に教師が印をつける。

㋑音読しやすくするための工夫

文章を目で追いながら音読することが困難な場合、自分がどこを読むのかがわかるように、教科書の文を指等で押さえながら読むよう促すこと、行間を空けるために拡大コピーしたものを用意すること、語のまとまりや区切りがわかるように分かち書きされたものを用意すること、読む部分だけが見える自助具（スリット等）を活用する。

白いぼうしを中心に
松井さんの周りで起こる
不思議な不思議な
ファンタジー
誰にでも
やさしく
ちょっと
いたずら
好き
白いぼうし
あまんきみこ
女の子とちょうの関係は？
菜の花畑っ
菜の花横丁？
ちょうがいると、
女の子がいない・・・
中心人物の松井さんが感じる、色やにおい、不思議な出来事を、自分が体験しているようで、とても楽しいお話です。つい、笑ってしまいました。

の木の言葉をゆっくりと読み、児童が「四人とプラタナス」に注目しやすいように工夫する。

3

感想を書く

物語の魅力を初発の感想にまとめてみましょう

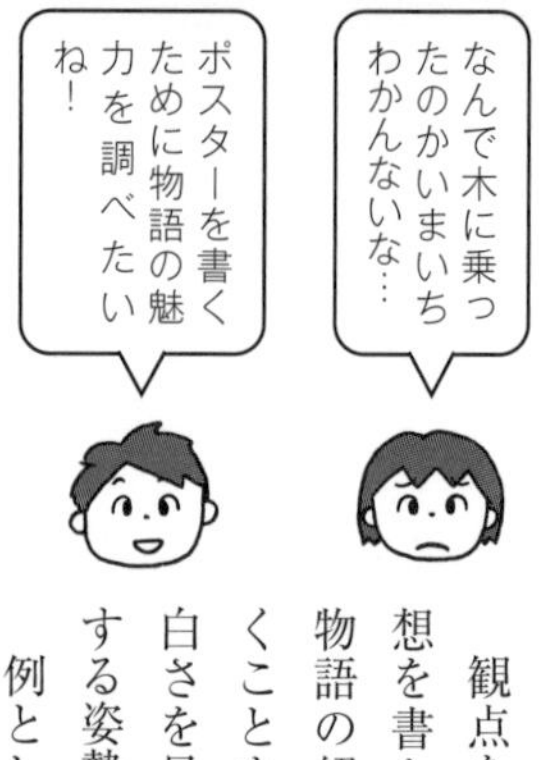
なんで木に乗ったのかいまいちわかんないな…
ポスターを書くために物語の魅力を調べたいね！

観点を絞って初発の感想を書かせる。第三次で物語の紹介ポスターを書くことを伝え、様々な面白さを見つけていこうとする姿勢をもたせる。

例として、白いぼうしで作ったポスターを提示する。その際、内容として、授業で学んだことを取り上げていることを確認する。

準備物 ・挿絵　・ポスター見本 3-01、02

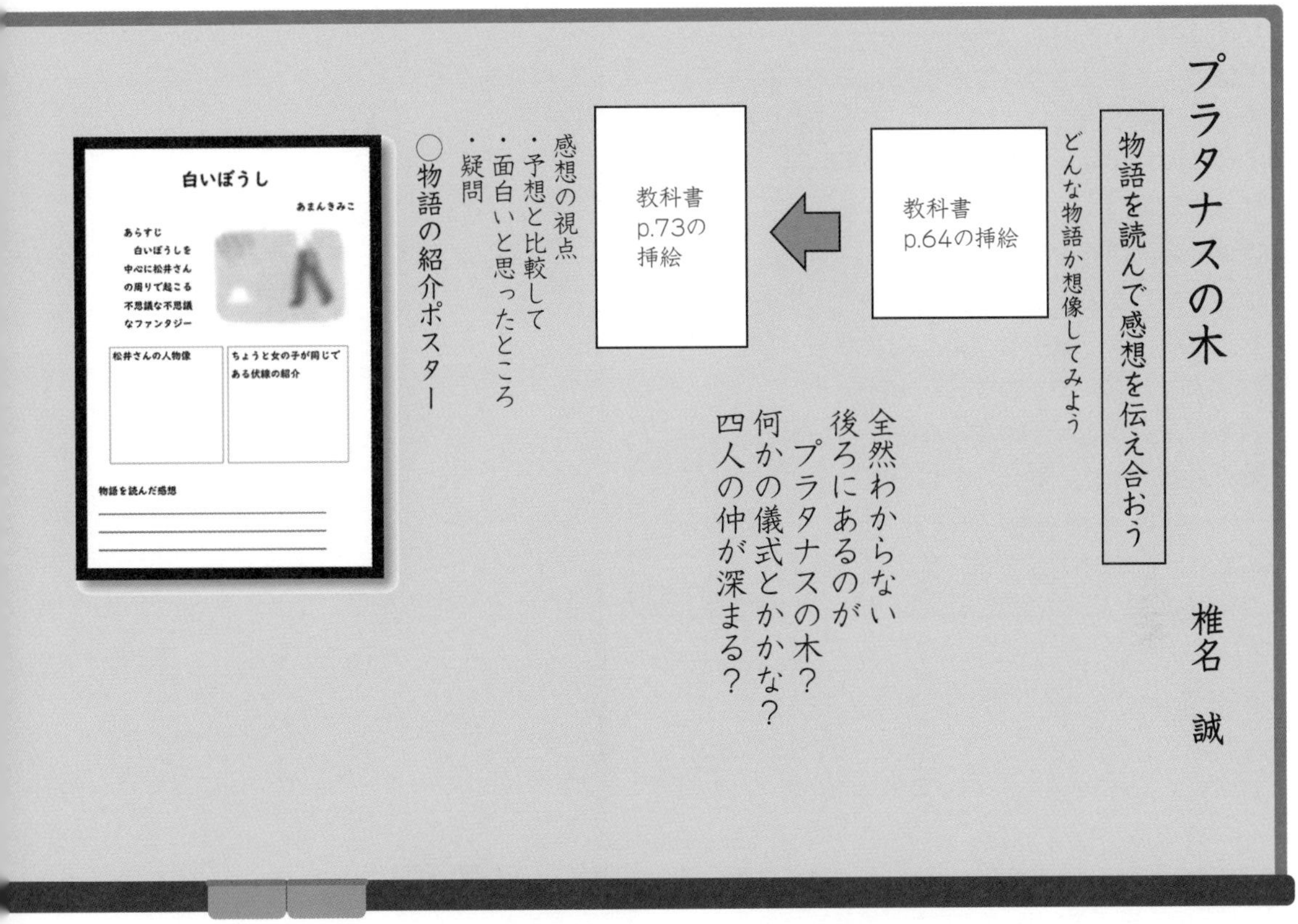

プラタナスの木
椎名　誠
物語を読んで感想を伝え合おう
どんな物語か想像してみよう
教科書 p.64の挿絵
教科書 p.73の挿絵
全然わからない
後ろにあるのがプラタナスの木?
何かの儀式とかかな?
四人の仲が深まる?
感想の視点
・予想と比較して
・面白いと思ったところ
・疑問
○物語の紹介ポスター
白いぼうし
あまんきみこ
あらすじ
白いぼうしを中心に松井さんの周りで起こる不思議な不思議なファンタジー
松井さんの人物像
ちょうと女の子が同じである伏線の紹介
物語を読んだ感想

1 挿絵から物語を想像する

初めと終わりの絵からどんな物語か想像してみましょう

四人の間で何か起こるのかな?

最後の絵は何してるのか全く想像できないね

全然イメージができないな…

しかけ（限定する）

挿絵のみに限定して、物語を想像する。自由な発言を促すことはもちろん、挿絵の細かいところまで注目させて想像させたい。 配慮ア

2 全文を通読する

四人とプラタナスの木の関係に注目して物語を読んでみましょう

切り株はやっぱりプラタナスの木だね

どこを読んでいるのかわからないや…

全文を範読した後で、新出漢字や言葉の解説をする。

文章を読むときは、指でなぞりながら読む方法を伝え、なぞり読みをお勧めする。 配慮イ

範読の際に教師は、登場人物四人とプラタナス

本時の展開　第一次　第2時

目標　物語の出来事がいつかを読み取り、物語のあらすじを捉えることを通して、物語に疑問をもち、学習の見通しをもつことができる。

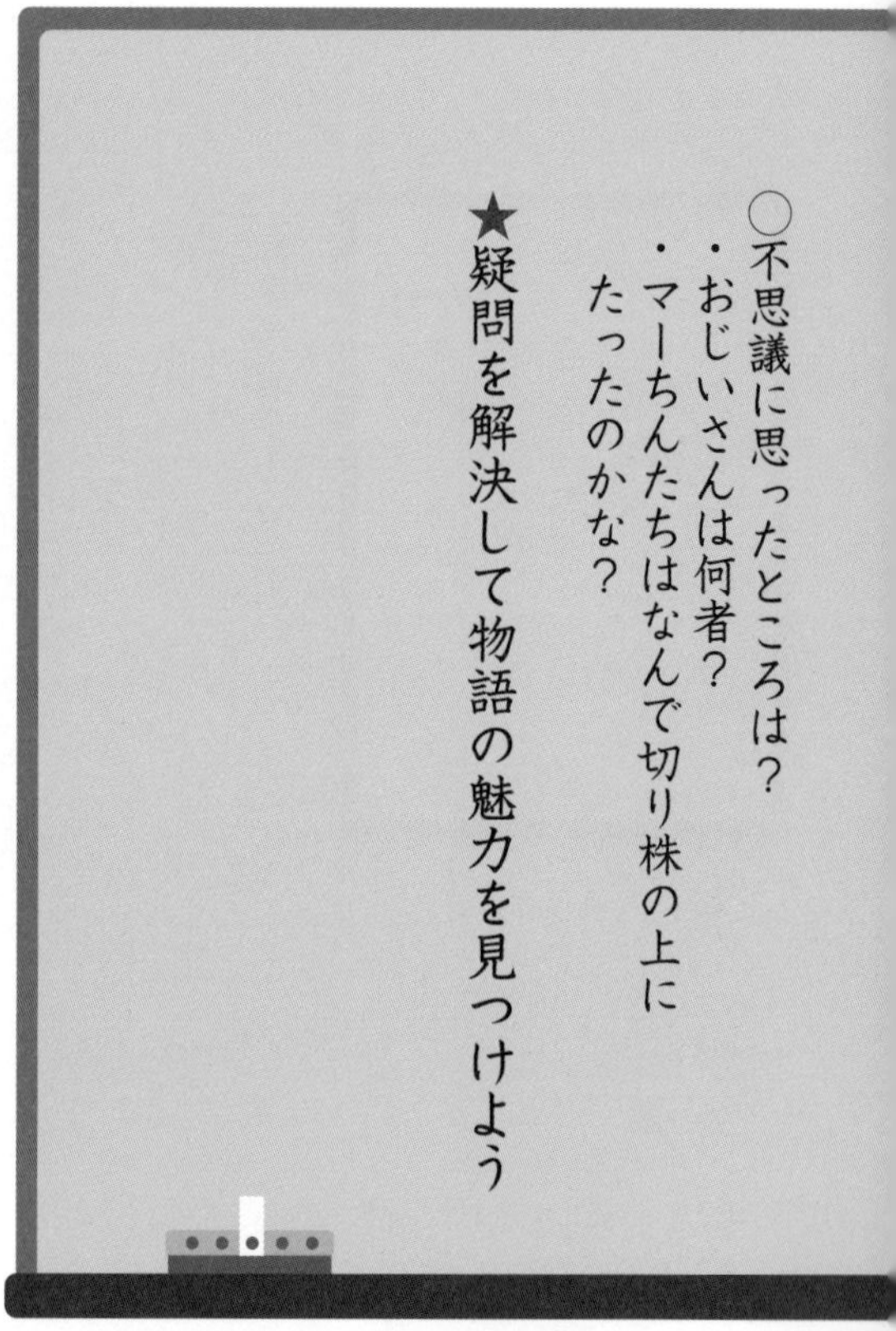

〇不思議に思ったところは？
・おじいさんは何者？
・マーちんたちはなんで切り株の上にたったのかな？
★疑問を解決して物語の魅力を見つけよう

[本時展開のポイント]

物語の大まかなあらすじを確認するために、挿絵を用意し、場面ごとにいつの出来事なのかをまとめていく。

[個への配慮]

㋐児童用の挿絵を用意する

挿絵を並び替えることが困難な場合、手元でも操作できるように、児童用の挿絵を用意する。

㋑段落の分け目に印をつける

出来事がいつなのかを読み取ることが困難な場合、段落の最初に注目し見つけることができるよう、教師が近くへ行き、段落の分かれているところに印をつけ、それをヒントに考えるようにアドバイスをする。

3　疑問点を見つけていく

物語は5の場面で終わりでしょうか？

おじいさんにも会えるって不思議だね

マーちんたちはなんでこんなことを考えられるようになったのかな？

which型課題

5の場面の「春になれば～」に注目させる。物語はここで終わりだが、マーちんたちはこれからもプラタナスの木と関わっていくことを捉え、疑問点を出させる。

4　次時の見通しをもつ

次の時間からは物語の魅力を見つけるために疑問を解決していきましょう

おじいさんは何者なんだろう？

物語の中で、疑問をもったところを解決していくことを伝える。多くの児童が、切り株の上に立つ場面やおじいさんの存在を不思議に思うだろう。次時から、疑問をもとに展開していきたい。

準備物 ・挿絵　・ワークシート 3-03

プラタナスの木

椎名　誠

物語の出来事がおきたのはいつ？

	いつ	出来事
	いつ	出来事
教科書 p.64の挿絵	四年生になって	プラタナス公園で遊んでいた
教科書 p.67の挿絵	つゆ明けの頃から	おじいさんが来るようになった おじいさんとプラタナスの木の話
教科書 p.70の挿絵	夏休みに入るとすぐ	お父さんのふるさとへ行った 台風がきた
	新学期が始まった	プラタナスの木が切られることを知った
教科書 p.75の挿絵	立ち入り禁止が解けた	切り株の上に乗ってみた

← 春になれば

1 問題意識の醸成

物語の挿絵の順番はこれでいいですよね？

挿絵の順番が違う

順番がわからない…

しかけ（仮定する）

挿絵の順番をランダムに掲示することで出来事の順に着目させる。物語の出来事の順序を整理していくことを伝え学習課題を設定する。　配慮ア

2 物語の設定をおさえる

物語の出来事はそれぞれいつの出来事でしょうか？

いつかは場面の最初の方に書いてあるね

どこを読めばいいかわからないや…

しかけ（分類する）

挿絵の出来事と本文を照らし合わせながら、物語の設定をまとめていく。「いつ」「何があった」の視点をもたせ、線を引きながら読むようにする。物語の設定は段落の初めの方に書かれていることを確認する。　配慮イ

本時の展開 第二次 第1時

目標 人物像について話し合う活動を通して、それぞれの人物像を捉え、自分に似ている人物をノートにまとめることができる。

本時展開のポイント

物語の人物像を捉えるために、挿絵の見た目の特徴から確認し、それぞれの人物像をつかめるようにする。

個への配慮

ア名前に色をつける

人物像を捉えることが困難な場合、人物の行動描写やセリフに注目して考えることができるように、教師と一緒に、教科書の人物名ごとに色を変えて線を引き、色ごと（登場人物ごと）に考えられるようにする。

イ話ながら一緒に選ぶ

自分と似ている人物を選ぶことが困難な場合、選ぶことができるよう、教師が板書の挿絵を指で指し示し、その人物の特徴を言葉で確認しながら一緒に選択するようにする。

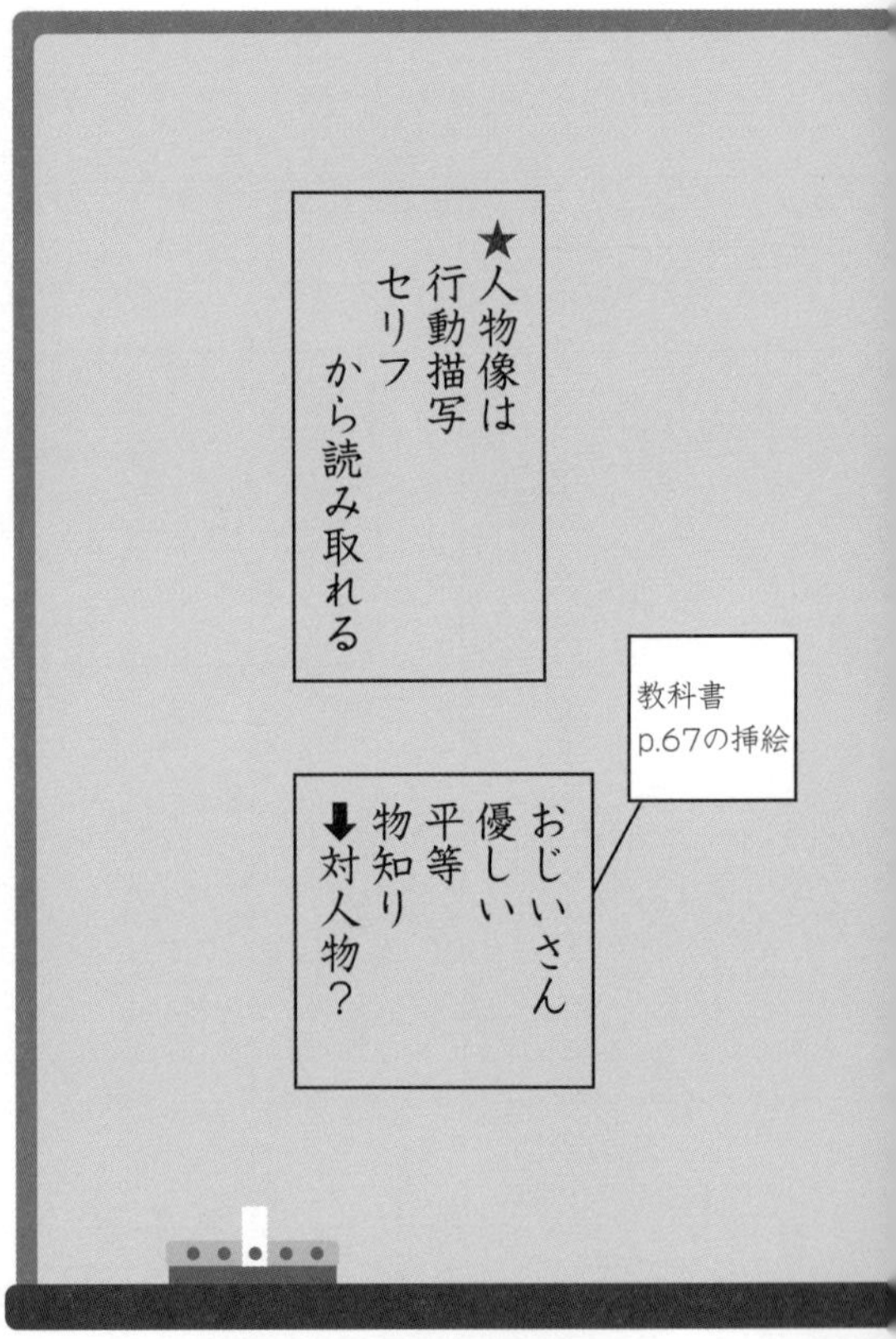

★人物像は
行動描写
セリフ
から読み取れる
教科書
p.67の挿絵
おじいさん
優しい
平等
物知り
➡対人物？

3 中心人物を捉える

中心人物はアラマちゃんでいいでしょうか？

おれ読みをすればマーちんかな
台風の場面はマーちんしかいないもんね

しかけ（仮定する）

物語の中心人物は誰か話し合う。多くの児童がすぐにマーちんだとわかるだろう。「ごんぎつね」で学習した「おれ読み」や台風の場面などを根拠にさせる。同時に対人物についてもおさえる。おじいさんについては、次時で考えていく。

4 学習をまとめる

自分と似ている人物は誰でしょうか？

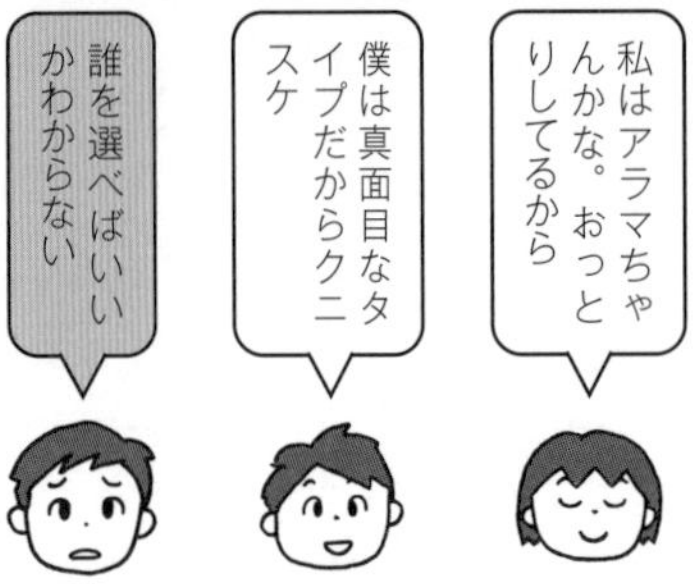

私はアラマちゃんかな。おっとりしてるから
僕は真面目なタイプだからクニスケ
誰を選べばいいかわからない

Which型課題

四人の登場人物と児童自身を比較して考えるようにする。それぞれの児童が学んだことと比較して、理由を述べることができるようにしたい。

配慮イ

準備物 ・挿絵

プラタナスの木

登場人物はどんな人？

椎名　誠

花島くん
背が高い
礼儀正しい
好奇心がある

アラマちゃん
おっとり
あらまが口ぐせ

教科書
p.64の挿絵

マーちん
発想力がある
⬇中心人物
オレ読みを
するとマーちん
嵐の場面は
マーちんしか
いない

クニスケ
サッカーの
リーダー
本格的
まじめ

1 登場人物を整理する

挿絵の人物はそれぞれ誰でしょうか？

靴下はいているのがクニスケだね

じゃあ残った背の高い人が花島君だね

挿絵と見た目の特徴が書かれた叙述から考えさせる。このあとそれぞれの人物像を考えることを確認し、人物像は「セリフ」「行動描写」から考えられることも確認する。

2 それぞれの人物像を考える

登場人物はそれぞれどんな人物でしょうか？

アラマちゃんはおっとりしてる感じだね

クニスケはしっかり者って感じだな

しかけ（図解する）

それぞれの人物が登場する場面を探して人物像について話し合う。中心人物であるマーちんの人物像は丁寧におさえたい。また、既習事項である人物像を捉えるときに何を見るかをしっかりとおさえる。

配慮ア

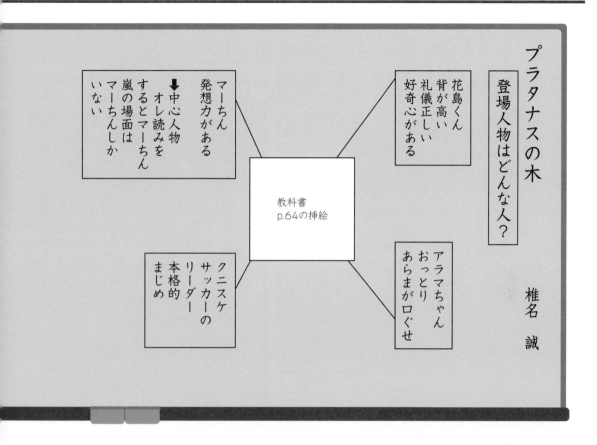

本時の展開　第二次　第2時

目標　おじいさんの存在について話し合う活動を通して、おじいさんの不思議な部分から本作品にはファンタジー要素があることを捉えることができる。

[本時展開のポイント]

物語のファンタジー要素に気付かせるために、選択肢を用意し、それぞれの立場で話し合うことができる。

[個への配慮]

ア考える材料を明確にする

おじいさんが実在するかしないかの根拠を考えることが困難な場合、自分なりの根拠をもてるようにするために、教師が「同じ意見の○○さんは、理由は、この文にあるって考えていたよ」と教科書の叙述を指さしながら考える材料を提示する。

イ不思議さを一緒に確認する

ファンタジーの要素を捉えることが困難な場合、ファンタジーのイメージを再度確認できるようにするため、教科書の前のページに戻り、白いぼうしの「たけのたけお」や「女の子の存在」に焦点をあて、不思議さを一緒に確認するようにする。

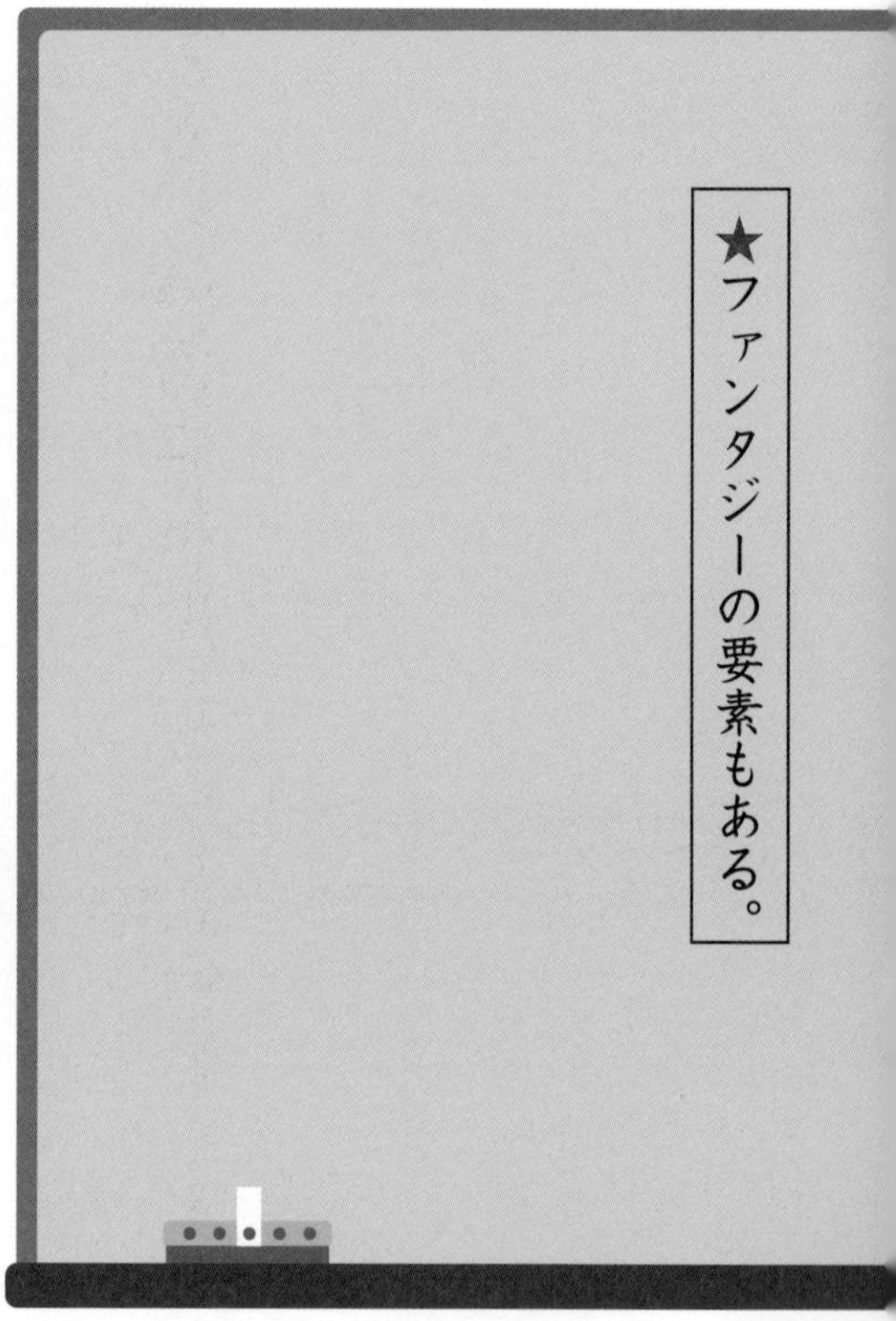
★ファンタジーの要素もある。

3 それぞれの解釈を物語に返す

「そうすれば、きっとまた、おじいさんにも会える」ってどういうことでしょうか?

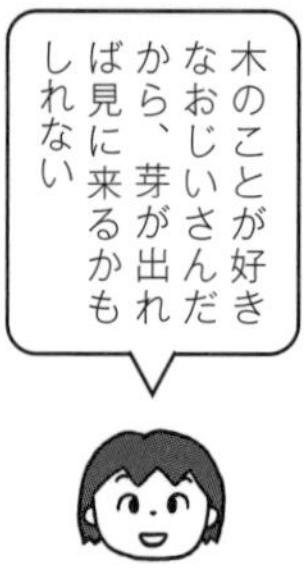
木のことが好きなおじいさんだから、芽が出れば見に来るかもしれない

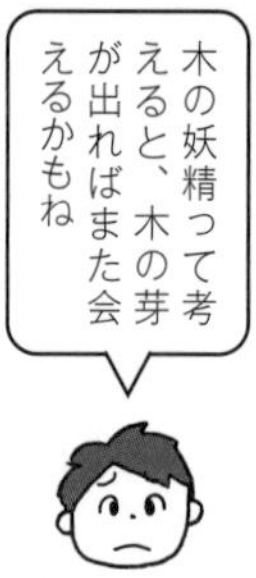
木の妖精って考えると、木の芽が出ればまた会えるかもね

この叙述について考えることで、実在するか、しないかについて、さらに児童は悩むことになる。その悩む原因が本作品の魅力の一つであるファンタジー要素であることをおさえるようにする。

4 ファンタジーの要素もあることを捉える

この物語の魅力の一つはなんでしょう?

実際にはあり得ないからファンタジーって言えるかもね

ファンタジーってなんだっけ?

既習である「白いぼうし」と比較しながら、物語にファンタジー要素があることを捉える。

配慮イ

準備物　・挿絵　・ネームプレート

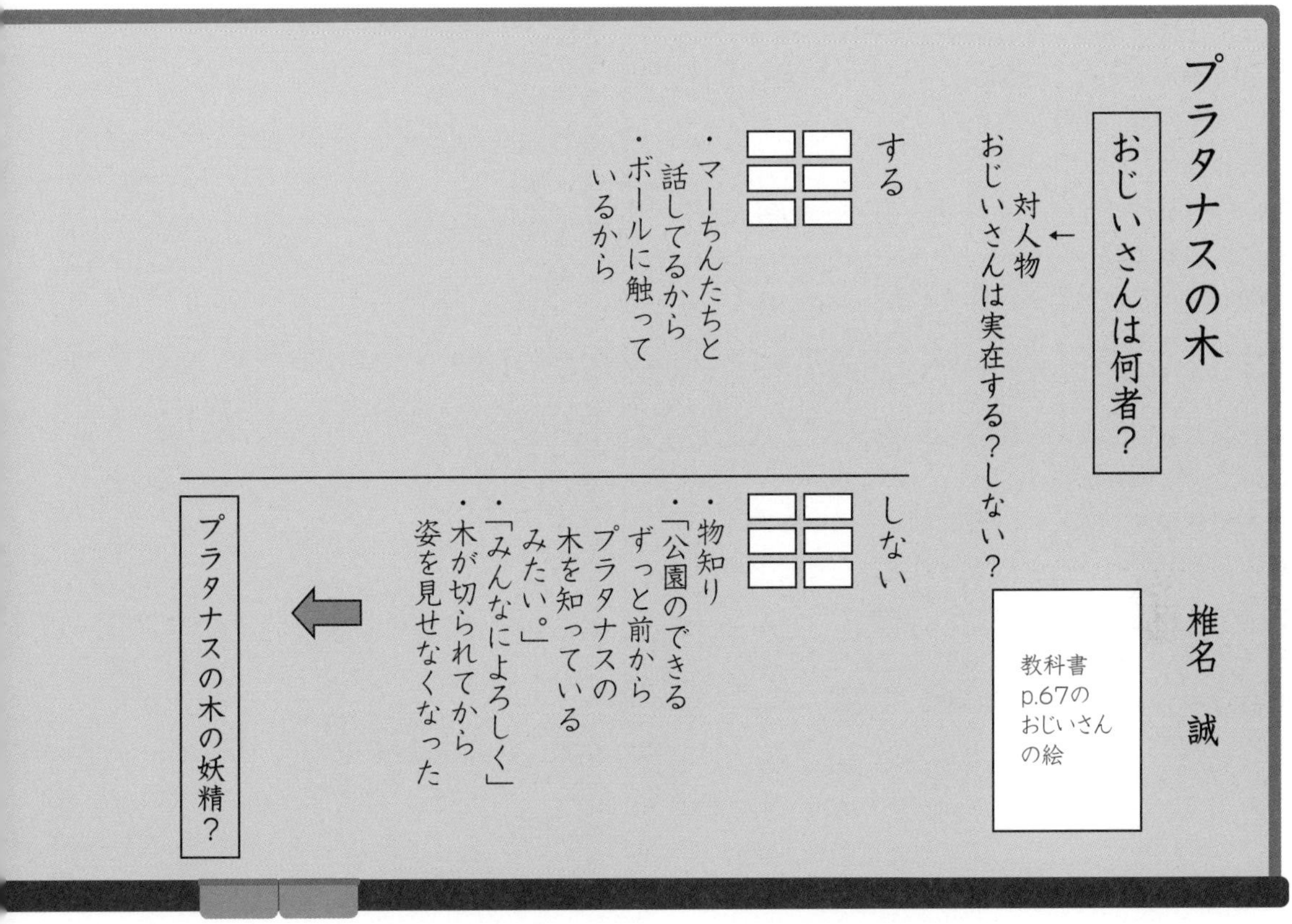

プラタナスの木
椎名　誠
おじいさんは何者?
対人物←
おじいさんは実在する?しない?
教科書
p.67の
おじいさんの絵
する
・マーちんたちと話してるから
・ボールに触っているから
しない
・物知り
・「公園のできるずっと前からプラタナスの木を知っているみたい。」
・「みんなによろしく」
・木が切られてから姿を見せなくなった
プラタナスの木の妖精?

1 対人物は誰か話し合う

マーちんに一番影響を与えたのは誰でしょうか?

おじいさんだよね

そういえばおじいさんて何者なんだろうね

しかけ（選択肢をつくる）

影響を一番与えた人物はおじいさんとすぐにわかるだろう。その際、理由として出てきたおじいさんは謎が多いことに焦点化し次の活動へと展開する。

2 対人物について話し合う

おじいさんは実在する? しない?

マーちんたちと普通に話しているから実在するよ

不思議なセリフが多いから木の妖精かもしれないね

なんとなく選べたけど、根拠は見つからないな…

Which型課題

「○○はA? それともnotA?」

二つの立場に分けるが、実在しないとも考えられる理由について詳しく話し合っていきたい。

配慮ア

✓ 本時の展開 第二次 第3時

目標 中心人物の変容について話し合う活動を通して、変容が書かれていないことに気付きそのよさを話し合うことができる。

[本時展開のポイント]

直接的に書かれていない、マーちんの変容を全員で話し合うために、選択肢を用意し、選んで参加できるようにする。

[個への配慮]

㋐選択肢を消去法で一緒に考える

マーちんの変容を選ぶことが困難な場合、選択肢の中から選ぶことができるよう、近くへ行き、「〜を」の部分に注目して、一緒に消去法で選ぶようにする。

㋑板書の写真から選ぶ

変容を書かなくていい理由を友達に伝えることが困難な場合、そのよさを話し合いで出た意見の中から選んで伝えることができるよう、黒板の写真を撮り、写真を見せ、教師と話し合いながら選択できるようにする。

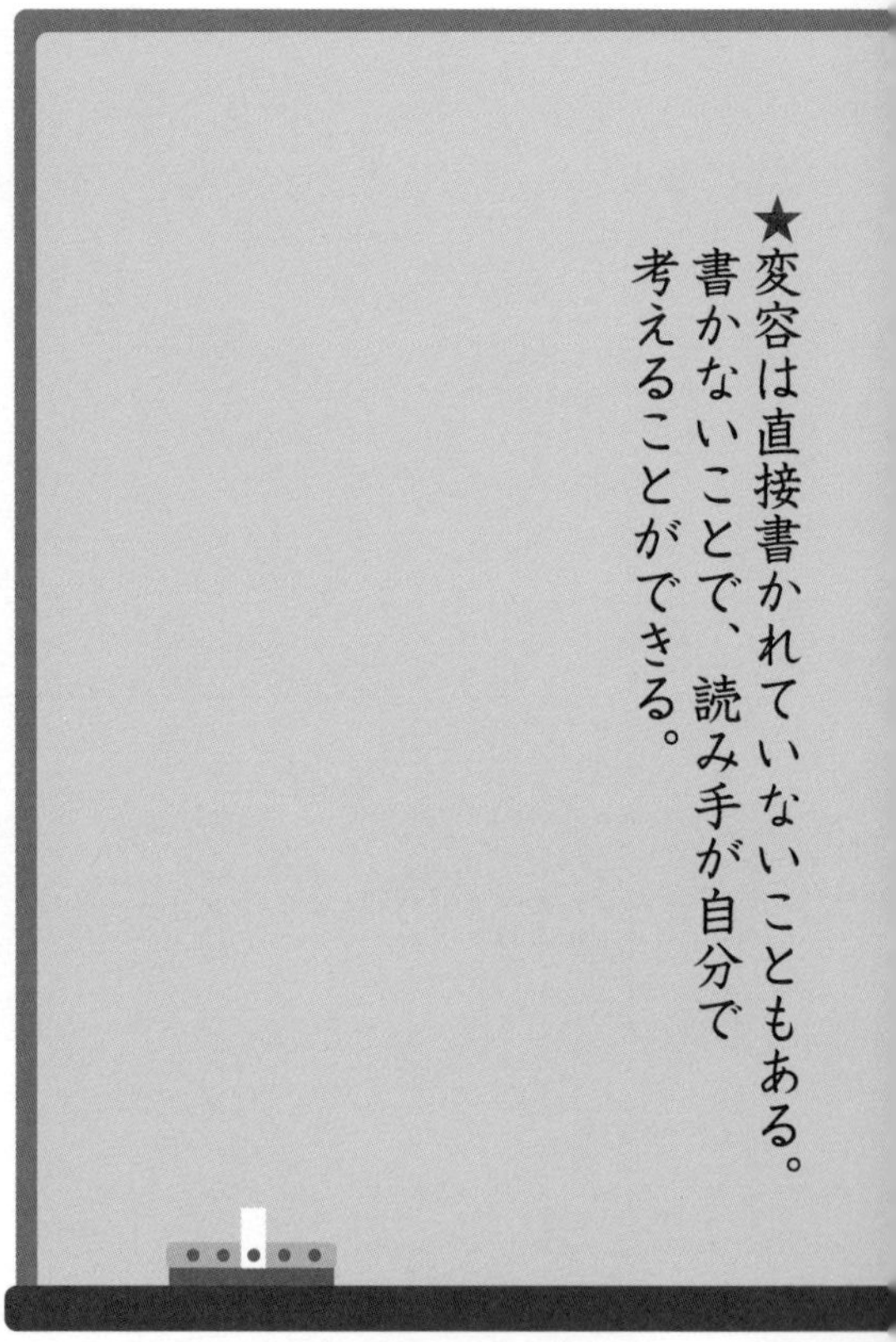
★変容は直接書かれていないこともある。
書かないことで、読み手が自分で
考えることができる。

3

ゆさぶり発問

直接、マーちんの変容を書いた方がわかりやすいんじゃないかな？

書いちゃうと、Aは間違いになっちゃうね

書かないから、読者が決めていいんじゃないかな

しかけ（仮定する）

最後の一文を「マーチンたちはずっとプラタナス公園を大切にし続けました」と書き足してもいいか話し合うことで直接変容が書かれていないよさを考える。 配慮㋑

4

まとめ

変容を書かなくていい理由を友達と話しましょう

自分たちで考えられるのがいいよね

それぞれ違うから面白いね

何を言えばいいかわからない

変容を直接的に書かないよさを友達と伝え合う。本時で学習したことを表現させたい。

準備物 ・センテンスカード ・挿絵

プラタナスの木

椎名 誠

マーちんの変化にふさわしいのは？

教科書p.64の挿絵 ⇐ 教科書p.73の挿絵

自然にもプラタナスの木にも興味のなかったマーちんがプラタナスの木になってみた話

A自然に支えられていることを大切に思う話

B友達のことを大切に思う話

Cプラタナスの木を大切に思う話

Dおじいさんのことを大切に思う話

1 問題意識の醸成

マーちんの変容を一文で表すとこれでいいかな？

マーチンが、木になってるよ！

プラタナスの木になってみたは変だね

しかけ（仮定する）

間違ったログラインを仮定することで、全員が疑問をもち、ログラインを考えたくなるようにする。

2 変容について話し合う

マーちんの変容としてふさわしいのはどれでしょうか？

おじいさんに会いたいは大きな変化ではないかな

どれを選べばいいかわからない…

Which型課題

「一番〇〇なのは？」どの変容がふさわしいのかそれぞれの解釈を話し合う活動を通して、変容が直接書かれていないことに気付く。 配慮ア

本時の展開 第二次 第4時

目標 きっかけについて話し合う活動を通して、きっかけをどこと捉えるかで、中心人物の変容も変わることに気付き、自分なりに物語を一文で書くことができる。

[本時展開のポイント]

きっかけの場面としてどこの場面がふさわしいかについての話し合いに全員が参加するために、選択肢を用意し、選んで参加できるようにする。

[個への配慮]

㋐前時の板書を使う

マーちんの変容を思い出すことが困難な場合、マーちんの変容を思い出すことができるよう、前時の板書の写真を見せ、前時の流れを教師が簡単に説明し、変容を確認できるようにする。

㋑モデルログラインを付箋で提示する

物語を一文にまとめて書くことが困難な場合、書くことの負担を減らして表現することができるよう、教師が何人かのログラインを付箋に書き、その中で一番納得のいくものを選び、一文を書く際の参考にできるようにする。

★きっかけをどこととらえるかで
中心人物の変容も変わってくる。

3

ゆさぶり発問

2の場面がきっかけでもいいでしょうか？

2の場面は変だね。大きな変化のきっかけではない

2の場面でもいいような気もするな…

しかけ（仮定する）

きっかけを一つに決めることができないことを確認した上で、どこでもよいわけではないことを捉える。2の場面も影響はしているが、大きな変化と考えると3か4の場面が妥当である。配慮㋑

4

物語を一文にまとめる

学習を通して一番納得した意見で物語を一文で表しましょう

昨日の学習と関連づけて考えられるね

みんなのログラインがそれぞれ違って面白いね

前時と本時をまとめる。様々な解釈を話し合った上で、自身が一番納得できる体験をもとに、物語を一文でまとめる。

準備物 ・センテンスカード

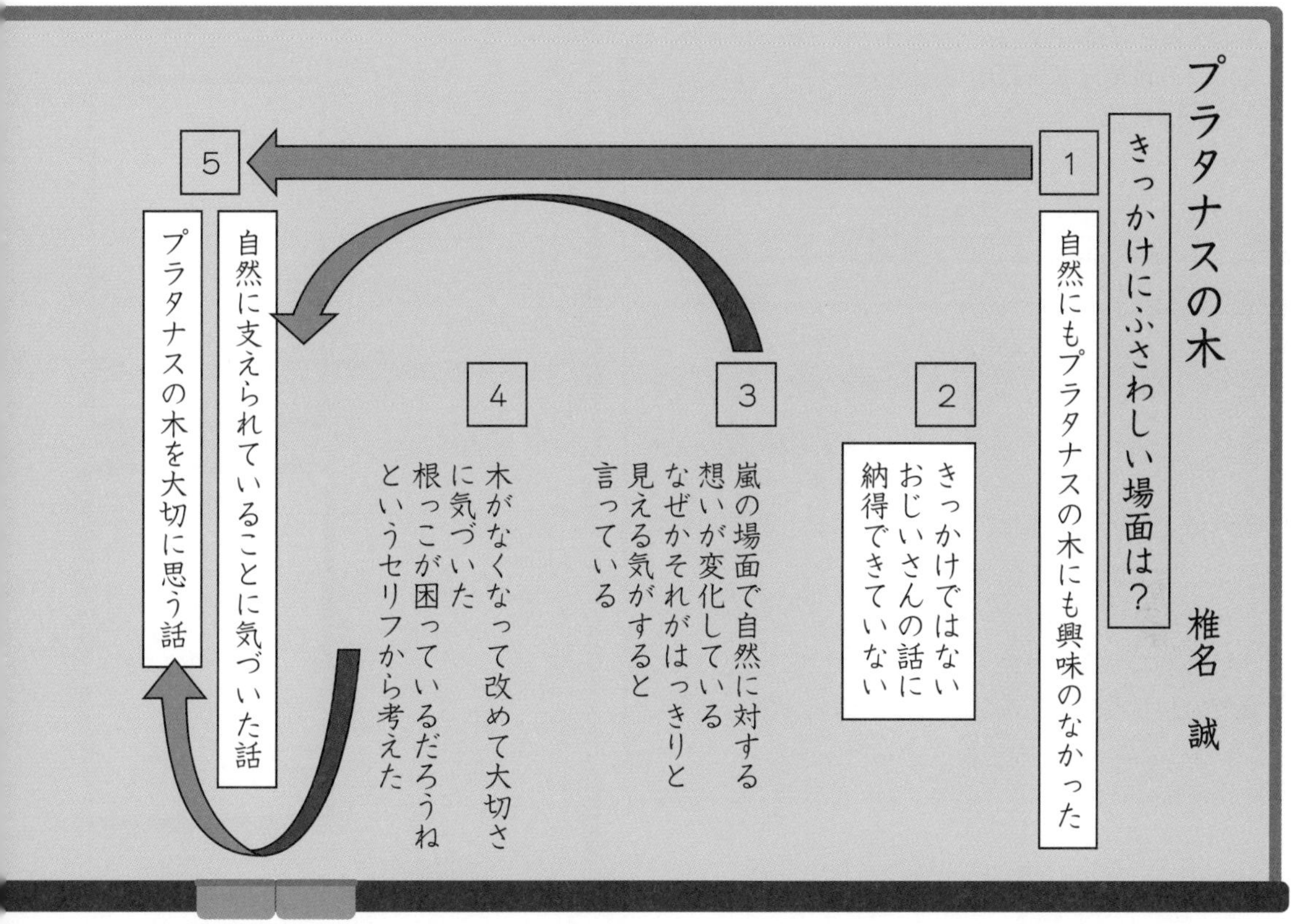

プラタナスの木
椎名 誠
きっかけにふさわしい場面は？
1
自然にもプラタナスの木にも興味のなかった
2
きっかけではない
おじいさんの話に
納得できていない
3
嵐の場面で自然に対する
想いが変化している
なぜかそれがはっきりと
見える気がすると
言っている
4
木がなくなって改めて大切さ
に気づいた
根っこが困っているだろうね
というセリフから考えた
5
自然に支えられていることに気づいた話
プラタナスの木を大切に思う話

1 中心人物の変容を確認する

初めと終わりのマーちゃんはどのように変わったでしょうか

昨日の学習だね
間には何が来るのかな？
どう変わったのだっけ？
しかけ（配置する）

前時の確認も兼ねて、マーちゃんの変容を確認する。その際、黒板の両端に配置することで、間に何が来るか考え、本時の学習課題につなげる。 **配慮ア**

2 きっかけについて話し合う

マーちゃんの変容のきっかけにふさわしいのはどの場面でしょうか？
3の台風でマーちゃんの自然に対する想いや考えは変わっていると思うな
4の木が切られた場面があったから、プラタナスの木を大切にしたいと思ったんだね
Which型課題

きっかけについて話し合うことで、きっかけをどこと捉えるかによって、変容も変わってくることに気付く。前時と結びつけて考えさせたい。

本時の展開　第三次　第1・2時

目標 物語の魅力をポスターにまとめる活動を通して、物語の魅力を交流することができる。

［本時展開のポイント］

授業の前段で既習事項を確認することで、どんなことを書けばいいのか見通しをもてるようにする。

また、用紙は選択させることで、全員が自分に合った形で活動ができるように配慮する。

［個への配慮］

ア考える範囲を限定する

物語の魅力を語り合うことが困難な場合、自分なりの考えをもつことができるように、「登場人物」に限定して「誰が一番面白い人物だなあと思った？」などとインタビューを通し、考えをまとめられるようにする。

イ何をどこに書くのか四角で囲む

ポスターをどう書いていいか考えることが困難な場合、何をどこに書けばいいかわかるように、何について書くのかを明確にして書く範囲を四角で囲ったり、「書き出し」の一文をモデル提示したりする。

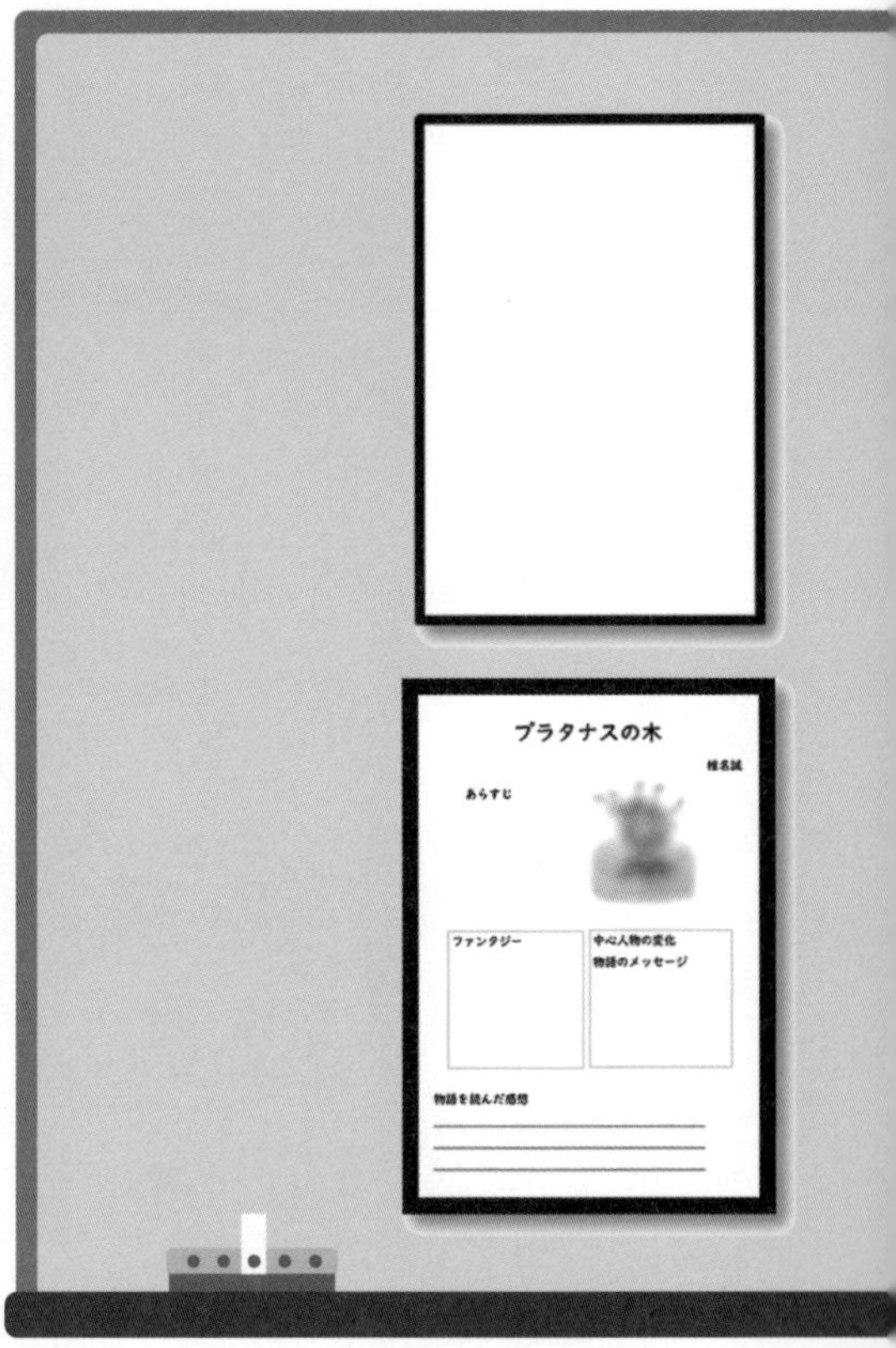

3 ポスターを書く

物語の魅力をポスターにまとめましょう

何からどこに書いていいかわからないや…

プラタナスの木だから、木を入れようかな

しかけ（選択肢をつくる）

物語の魅力をポスターにまとめる。見た人が読みたくなるように工夫することを伝える。用紙を選択できるようにする（マスあり・なし）などで、全員が参加できるようにする。

配慮イ

4 ポスターを読み合い交流する

友達のポスターを読んでいいところを伝え合いましょう

同じ物語なのに伝えたい魅力が全然違うね

お互いのポスターを見せ合う。付箋を用意し、お互いのポスターのいいところを伝え合う。自分のポスターと比べてみることで、それぞれの読み取りの違いにも触れさせたい。

準備物　・ポスター見本 3-01、02

プラタナスの木

物語の紹介ポスターを書こう

椎名 誠

魅力
・登場人物の人物像
・ファンタジー
・中心人物の変容

このポスターのいいところは？

人物像

感想

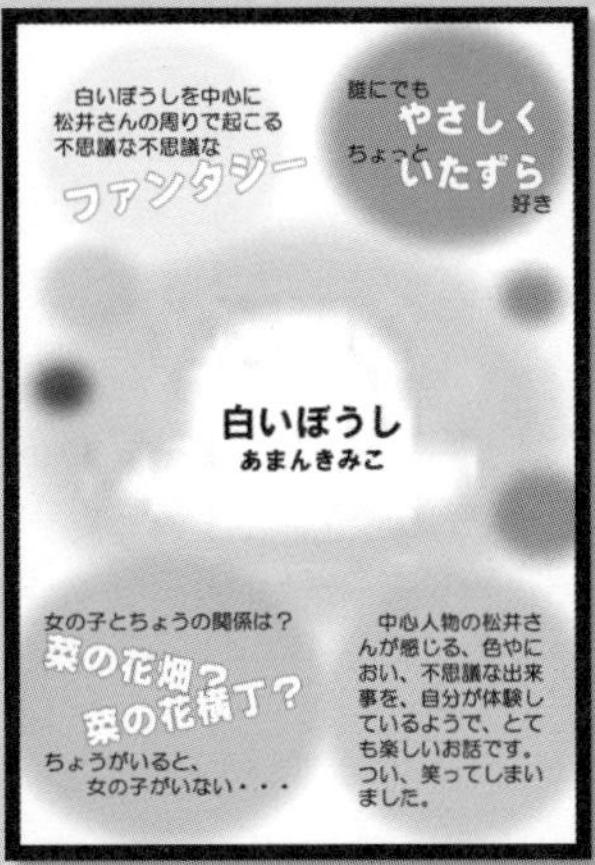

白いぼうしを中心に松井さんの周りで起こる不思議な不思議な
ファンタジー
誰にでも やさしく ちょっと いたずら 好き
白いぼうし
あまんきみこ
女の子とちょうの関係は？
菜の花畑っ 菜の花横丁？
ちょうがいると、女の子がいない・・・
中心人物の松井さんが感じる、色やにおい、不思議な出来事を、自分が体験しているようで、とても楽しいお話です。つい、笑ってしまいました。

あらすじ

女の子の正体

・キーワードが目立つ
・絵と文字のかき方
・「白いぼうし」→色
「プラタナスの木」→？

★「プラタナスの木」の魅力をまとめよう

1 物語の魅力を友達と話し合う

プラタナスの木の授業で一番面白かったところはどこでしょうか？

僕はマーちんに似てるから比べて読むと面白かったな

おじいさんが木の妖精か話し合ったのが面白かったな

授業を思い出せないや…

Which型課題

これまでに学習した「登場人物」「ファンタジー」「中心人物の変容」の三つから選び、相手を変えながら自由に話し合う。　配慮ア

2 見本のいいところを探す

ポスターにはどんなことが書かれているでしょうか？

キーワードは注目させるように書かれているね

絵と文字の書き方にもいろいろな工夫があるね

ポスターの見本（白いぼうし）を見せ、短い言葉で注目させるように書くことや、デザインを工夫することをおさえる。

「思いやりのデザイン」「アップとルーズで伝える」の授業デザイン

（光村図書４年上）

教材の特性

　サッカーという身近なスポーツを話題にしたり、普段よく目にするテレビの映像技法を中心に説明したりと、多くの児童にとって親しみやすい内容である。映像技法の一種であるアップとルーズについても、具体的場面から始まり、対比的に説明が展開されていくので、文章構成も捉えやすい。対比的な説明や双括型の文型、他のメディアを類比的に挙げるなど、筆者の主張に説得力が増していく。また、練習教材「思いやりのデザイン」が設定され、文章構成や対比的な説明の仕方も似ている点から、効果的に学習を展開できる。

終わり	中		初め		思いやりのデザイン
⑤	④	③	②	①	
【筆者の主張】	【事例】Bの案内図の長所と短所	【事例】Aの案内図の長所と短所	【筆者の主張】	【話題提示】【定義づけ】	

終わり	中				初め			アップとルーズで伝える
⑧	⑦	⑥	⑤	④	③	②	①	
【まとめ】【筆者の主張】	【事例】写真も目的に合うものを選んで使っている。組み合わせて使用することもある。	【④⑤のまとめ】テレビでは目的に応じてアップとルーズを切りかえながら放送している。	【事例】ルーズの長所と短所	【事例】アップの長所と短所	【①②のまとめ】【定義づけ】【筆者の主張】【問い】	【事例】アップで撮った後半開始直前の選手の様子	【事例】ルーズで撮ったサッカー場全体の様子	

身に付けさせたい力

・主張とそれを支える理由や事例との関係及び段落相互の関係について捉える力

・主張とそれを支える理由や事例との関係や対比的に説明することのよさに気付き、それを表現に活かす力

授業づくりの工夫

焦点化	視覚化	共有化
○「主張とそれを支える理由や事例との関係」「対比的な段落構成」「対比的な説明のよさ」について、指導内容を明確にする。	○「主張」とそれを支える「理由」や「事例」との関係性が見えるようにする。 ○対比的構造を視覚化する。	○「Which 型課題」や「しかけ」により学習課題を共有し、スタートラインをそろえるようにする。

単元目標・評価規準

目標 筆者の主張とそれを支える理由や事例を対比的に表現する工夫について、叙述をもとに捉えるとともに、自らの表現活動に活かすことができる。

知識・技能	思考・判断・表現	主体的に学習に取り組む態度
○段落の役割や筆者の主張とそれを支える理由や事例との関係について理解している。 ((1) カ・(2) ア)	○「読むこと」において、段落相互の関係に着目しながら、主張とそれを支える理由や事例との関係などについて、叙述をもとに捉えたり、読んで理解したことに基づいて、感想や考えを持ったりしている。(C (1) ア・オ)	○主張とそれを支える理由や事例との関係などを捉えることに積極的に取り組み、自分の表現活動に活かそうとしている。

単元計画（全8時間）

次	時	学習活動	指導上の留意点
一	1	**木村博之さんは、何を、どう伝えているのか見つけよう** ○「思いやりのデザイン」を読み、話題や内容、文章構成の型を捉える。	・主張を伝えるときには、双括型の書き方や、相手が納得する理由や例を挙げるよさを理解させるために、文章構成を視覚化する。
	2	○筆者の主張を支える例を挙げる際には、対比を使って伝えると効果的であることを理解する。	・対比の関係とその効果について気付かせるために、キーワードやキーセンテンスに着目しやすいように色分けしたり、図解して視覚化したりする。
二	1	**中谷日出さんは、何を、どう伝えているのか見つけよう** ○全文を読み、話題や内容、文章構成の型を捉える。	・文章構成の型を捉えやすくするために、双括型の特徴を既習事項から想起させたり、センテンスカードを使って図解したりする。
	2	○「初め」の伝え方のいいと思うところを話し合い、例をまとめる段落の役割を理解する。	・段落相互の具体と抽象の関係を捉えやすくするために、学習用語の意味をおさえながら、図解したり、まとめの機能をもつキーセンテンスを色分けしたりする。
	3	○「中」の伝え方や筆者の主張と例の関係を捉え、各段落には、役割があることを理解する。	・「中」の伝え方の工夫を見つけるために、練習教材「思いやりのデザイン」での既習内容を想起させたり、各段落の関係や役割が見てわかるように、図解したりする。
	4	○第⑦段落の必要性を話し合い、類比的説明の効果について理解する。	・テレビ放送の事例だけでなく、新聞の写真も事例に取り上げるよさに気付かせるために、第⑦段落の必要性について話し合う場を設定する。
三	1	○筆者の主張と例の伝え方の工夫について自分なりに評価し、自分の考えを発表する。	・筆者の伝え方のよさについて、自分なりの考えをまとめやすくするために、縦軸に主張に対する納得度、横軸に伝え方のわかりやすさを表す十字座標を用意する。
	2	○主張とそれを支える例を意識しながら、自分の好きな遊びを発表する。	・主張と例の効果的なつながりを意識して発表できるように、よい例文と改善が必要な例文とを比較しながら考えられるようにする。

教材分析

エ　文章構成の型（尾括型・頭括型・双括型）

　初めと終わりに主張が繰り返されている双括型の文章であることを理解させると同時に、尾括型・頭括型についても捉えさせる。

オ　対比

・事例の対比関係

　第③段落と④段落が対比関係になっていることを捉えさせる。

・長所と短所

　長所と短所という対比関係から、対比的に説明することの効果を捉えさせる。

■■ 中 ■■

Bの案内図の長所と短所 ←対比 オ

4 いっぽう、Bの案内図は、目的地までの道順と目印になる建物だけを表しています。ウ まよわず安心して目的地に向かえるように、歩くときに見えるけしきをさまざまに想像しながら、見る人にとっていちばん分かりやすい道順にしぼってしめしています。（オ 長 ↔ 対比 ↔ 短）しかし、街全体の様子を知りたい人にとっては、十分なものではありません。

■■ 終わり ■■

5 このように、エ インフォグラフィックスを作るときには、ウ 相手の目的に合わせて、どう見えると分かりやすいのかを考えながらデザインすることが大切です。つまり、インフォグラフィックスは、見る人の立場に立って作る、思いやりのデザインなのです。

←←←←←←主張のくり返し【双括型】

■第一次・第2時

「筆者の主張を支える一番大切な文は？」（Which型課題）

　主張と理由や例との関係に触れる学習で、単元全体に関わってくる。主張と例をつなぐキーワードやキーセンテンスを意識させた学習を進めていきたい。

（しかけ「図解する」）

「対比」の意味や効果を学習させるために、学習経験や生活経験をつなげながら、図解する。図解することで、文字情報からだけでなく、視覚的な手がかりからも対比構造を捉えることができる。

◆教材分析のポイント　その①　筆者の主張とそれを支える理由や事例との関係

双括型で書かれた説明文で、筆者の主張を捉えやすい。明示されている主張に対し、どのような理由や例を、どのように関係づけているのか俯瞰的視点で捉えさせたい。

◆教材分析のポイント　その②　対比関係

本教材での指導事項と重なる部分について、予習的な扱い方をしたり、既習事項について復習し、本教材学習時のスタートラインをそろえたりする。対比関係については、段落相互の対比、逆接の接続語を用いた段落内における対比など、いずれも視覚的に捉えられるようにしたい。

指導内容

ア　定義づけ

物事の意味・内容を明確に限定する表現技法。インフォグラフィックスについて、定義を示し、読み手にわかりやすくなるようにしている。

イ　文章構成（初め・中・終わり）

文章構成の型を捉える際に重要となるため、既習事項を想起させる。

ウ　筆者の主張

事例のまとめとしての機能と筆者の主張としての機能があること、双括型の文章であることを関連させて捉えさせる。「相手」「目的」の二つの要素の重要性について主張している。

初め イ

思いやりのデザイン　木村博之

1 学校の中に、トイレやひじょう口の場所を知らせる絵文字、校内の案内図、手のあらい方の説明図などがあるでしょう。それらのように、ア伝えたいことを、絵や図、文字を組み合わせて見える形にしたものを、インフォグラフィックスといいます。これは、インフォメーション（伝えたいこと）と、グラフィックス（形にすること）を合わせた言葉で、デザインの一つです。

2 わたしには、インフォグラフィックスを作るときに大切にしていることがあります。それは、エ相手の立場から考えるということです。絵や図を使っていても、必ず分かりやすくなるとはかぎりません。街の案内図を例に考えてみましょう。

3 Aの案内図は、どこにどんな建物があるかを、だれが見ても分かるように表しています。そのため、ウこの街に来た多くの人の役に立ちます。オ（長）←対比→（短）しかし、目的地が決まっている人にとってはどうでしょうか。たくさんの道や目印があるため、どの道順で行けばよいのかまよってしまうかもしれません。

→ Aの案内図の長所と短所

→→→→→→→→→→→→→→→→→→→→→

指導のポイント

■第一次・第1時

「筆者が一番伝えたい段落は？」（Which型課題）

伝えたい段落を探す活動を通して、内容を吟味し、主張が繰り返されていることに気付かせる。ネームプレートを使って全員の立場を視覚化することによって、読み方の違いに気付いたり、自分の解釈を振り返ったりできるようにする。また、双括型の特徴を視覚的に確認できる。

教材分析

ウ 対比

・事例の対比関係

第①と②、④と⑤段落が対比関係になっていることを捉えさせる。

・長所と短所

第④⑤段落には、長所と短所という対比関係がある。対比的な説明の効果を捉えさせる。

エ 類比

映像の事例が中心であるが、写真の事例も挙げることで、説得力が増していることを捉えさせる。

オ 段落相互の関係

第③、⑥段落は、それぞれ前の二つの段落をまとめる役割をしている。段落相互の関係や具体と抽象の関係を捉えさせたい。

中

かい部分の様子がよく分かります。しかし、このとき、ゴールを決められたチームの選手は、どんな様子でいるのでしょう。それぞれのおうえん席の様子はどうなのでしょう。走っている選手いがいの、うつされていない多くの部分のことは、アップでは分かりません。

⑤試合終了直後のシーンを見てみましょう。勝ったチームのおうえん席です。あちこちでふられる旗、たれまく、立ち上がっている観客と、それに向かって手をあげる選手たち。選手とおうえんした人たちとが一体となって、しょうりをよろこび合っています。ルーズでとると、広いはんいの様子がよく分かります。

でも、各選手の顔つきや視線、それらから感じられる気持ちまでは、なかなか分かりません。

⑥このように、アップとルーズには、それぞれ伝えられることと伝えられないことがあります。それで、テレビでは、ふつう、何台ものカメラを用意していろいろなうつし方をし、目的におうじてアップとルーズを切りかえながら放送をしています。

⑦写真にも、アップでとったものとルーズでとったものがあります。新聞を見ると、伝えたい内容に合わせて、どちらかの写真が使われていることが分かります。紙面の広さによっては、それらを組み合わせることもあります。取材のときには、いろいろな角度やきょりから、多くの写真をとっています。そして、その中から目的にいちばん合うものを選んで使うようにしています。

終わり

⑧同じ場面でも、アップとルーズのどちらで伝えるかによって伝わる内容がかわってしまう場合があります。だからこそ、送り手は伝えたいことに合わせて、アップとルーズを選んだり、組み合わせたりする必要があるのです。みなさんも、クラスの友達や学校のみんなに何かを伝えたいと思うことがあるでしょう。そのときには、ある部分を細かく伝える「アップ」と、広いはんいの様子を伝える「ルーズ」があることを思い出しましょう。そうすることで、あなたの伝えたいことをより分かりやすく、受け手にとどけることができるはずです。

アップの長所と短所 ◀対比▶ ルーズの長所と短所

④⑤のまとめ　類比

■第二次・第3時

「『中』で、筆者の主張を支えている一番大切な段落は？」（Which型課題）

第二次第1・2時の指導のポイントと重なる。子どもたちは、第⑥段落の大切さを主張してくるだろう。しかし、第④⑤段落の具体性があるからこそ、第⑥段落のまとめが機能的になる。各段落は、ちょうど役割分担のような機能を果たして、筆者の主張を支えていることに気付かせたい。

■第二次・第4時

「第⑦段落の例は必要なのか？」（Which型課題）

第⑦段落は、新聞の写真を扱った段落である。筆者は映像に限らず、目的に合わせた効果的な伝え方を主張している。そのため、写真の事例は筆者の主張に説得力をもたせる上で重要である。また、主張の中で「選ぶこと（映像）」と「組み合わせること（写真）」にも言及しているため、欠かすことはできない。こうした筆者の例の挙げ方の意図にも気付かせたい。

◆教材分析のポイント　その①　筆者の主張とそれを支える理由や事例との関係

練習教材「思いやりのデザイン」とよく似ている文章構成となっている。練習教材で習得した読みの力を本教材文で活用しつつ、学習を積み重ねていきたい。

◆教材分析のポイント　その②　対比関係・類比関係

練習教材で用いられた対比関係に加え、対比関係をまとめる段落、類比的に二つ目の例を挙げているのが特徴的である。既習事項をそろえることで、新たな学習事項が意識できるようにしていきたい。

指導内容

ア　筆者の主張

筆者は、何かを伝えるときには、アップとルーズを「選んだり」「組み合わせたり」という二点を意識する必要があることを主張しており、事例もそれに合わせて挙げている。

イ　問い

本文における問いでは、アップとルーズの違いを中心にしている。その答えは、事例の説明を担っているため、明確な答えがある問いというよりは、説明を方向づける機能を果たしている。

アップとルーズで伝える　　中谷日出

初め

1 テレビでサッカーの試合を放送しています。今はハーフタイム。もうすぐ後半が始まろうとするところで、画面には会場全体がうつし出されています。両チームの選手たちは、コート全体に広がって、体を動かしています。観客席はほぼまんいんといっていいでしょう。おうえんするチームの、チームカラーの洋服などを身に着けた人たちでうまっています。会場全体が、静かに、こうふんをおさえて、開始を待ち受けている感じが伝わります。[ウ]

2 いよいよ後半が始まります。画面は、コートの中央に立つ選手をうつし出しました。ホイッスルと同時にボールをける選手です。顔を上げて、ボールをける方向を見ているようです。

3[オ] 初めの画面のように、広いはんいをうつすとり方を「ルーズ」といいます。次の画面のように、ある部分を大きくうつすとり方を「アップ」といいます。[ア]何かを伝えるときには、このアップとルーズを選んだり、組み合わせたりすることが大切です。[イ]アップとルーズでは、どんなちがいがあるのでしょう。

4 アップでとったゴール直後のシーンを見てみましょう。ゴールを決めた選手が両手を広げて走っています。ひたいにあせを光らせ、口を大きく開けて、全身でよろこびを表しながら走る選手の様子がよく伝わります。アップでとると、細

ルーズの例 ←対比→ アップの例　①②のまとめ

指導のポイント

■第二次・第1時

「筆者が一番伝えたい段落は？」（Which型課題）

第一次と同様の授業展開にすることによって、学習の見通しをもち、学びを活用しながら学習できるようにしていく。

■第二次・第2時

「『初め』の伝え方のいいところは？」（Which型課題）

「初め」部分にある段落相互の対比関係（第①②段落）と、それらをまとめる機能をもつ段落との相互関係（第①②と③段落）を捉えさせる。また、題名や「中」では、「アップ→ルーズ」の順で説明されているのに対し、第①②段落は、「ルーズ→アップ」という順で説明されている理由を考えさせることで、筆者の伝え方の工夫を捉えさせたい。

本時の展開　第一次　第1時

目標 学習の見通しをもち、筆者の主張を捉え、双括型の文章の特徴を理解することができる。

［ 本時展開のポイント ］

子どもたちが単元全体の見通しをもって学習に取り組めるように、単元のめあてである「何を、どう伝えているのか」について、課題意識をもてるようにする。本時は、「どう伝えているのか」の一つ目として、「双括型で伝えている」に特化して学習できるようにする。

［ 個への配慮 ］

ア「考え中」コーナーを設定する

どの段落を選んだらよいかわからない場合には、問題意識をもって学習に参加できるように、「考え中」コーナーを設定し、友達の考えを聞いて、いつでもネームプレートを動かしてよいことにする。

イキーワードを書いた付箋を使って話して表現させる

何をどう書いてよいかわからない場合には、学習内容が理解できているか確認するために、付箋にキーワードをメモして渡し、キーワードを使って学習したことを話させる。

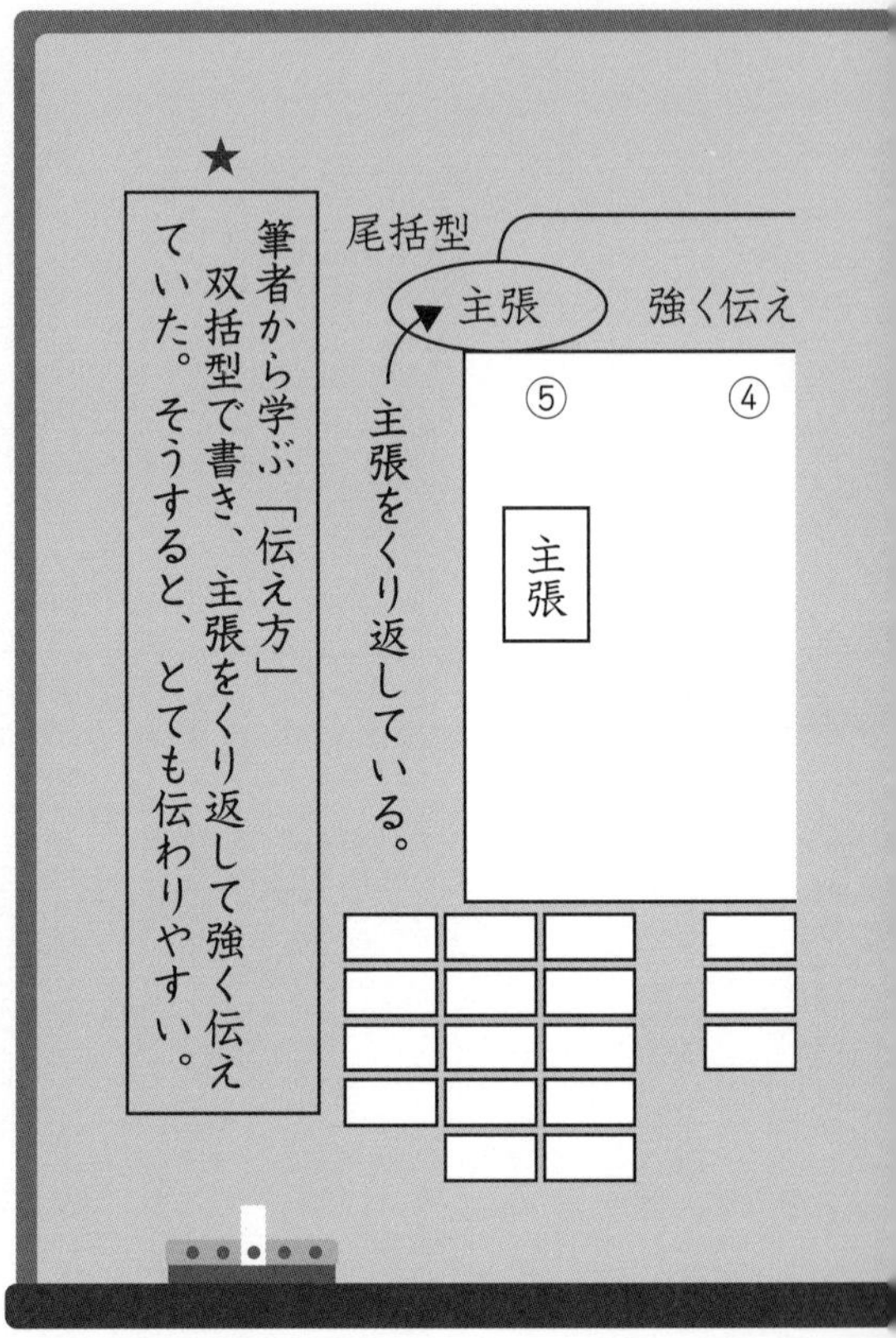

強く伝え
主張
尾括型
④
⑤
主張
主張をくり返している。
★
筆者から学ぶ「伝え方」
双括型で書き、主張をくり返して強く伝えていた。そうすると、とても伝わりやすい。

に捉えさせたりする。　配慮ア

どの段落を選んだらいいかわからないよ

3 双括型で書いた筆者の意図を考える

まとめの第⑤段落に伝えたいことが書いてあるから第②段落はなくてもいいですよね？

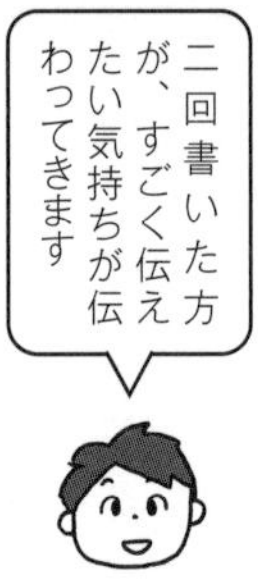

二回書いた方が、すごく伝えたい気持ちが伝わってきます

はじめに言いたいことを書いた方が、わかりやすいと思いました

しかけ（仮定する）

既習事項を想起させながら、双括型で伝えることの効果を理解させる。なぜ筆者は第②段落にも繰り返すように書いたのか、その意図を想像させるようにする。

4 筆者の伝え方の工夫を整理し、学習を振り返る

筆者は、主張をどうやって伝えていましたか？

主張が伝わりやすいように双括型で書いていました

なんて書いたらいいんだろう…

学習内容が理解できているか確認するため、自分の言葉でまとめさせる。その際、「双括型」「くり返して」「強く伝える」などの言葉をキーワードとして見ていく。　配慮イ

準備物
・筆者の写真（イラスト） 4-01　・筆者の仕事についてまとめた用紙 4-02
・ネームプレート　・拡大した本文

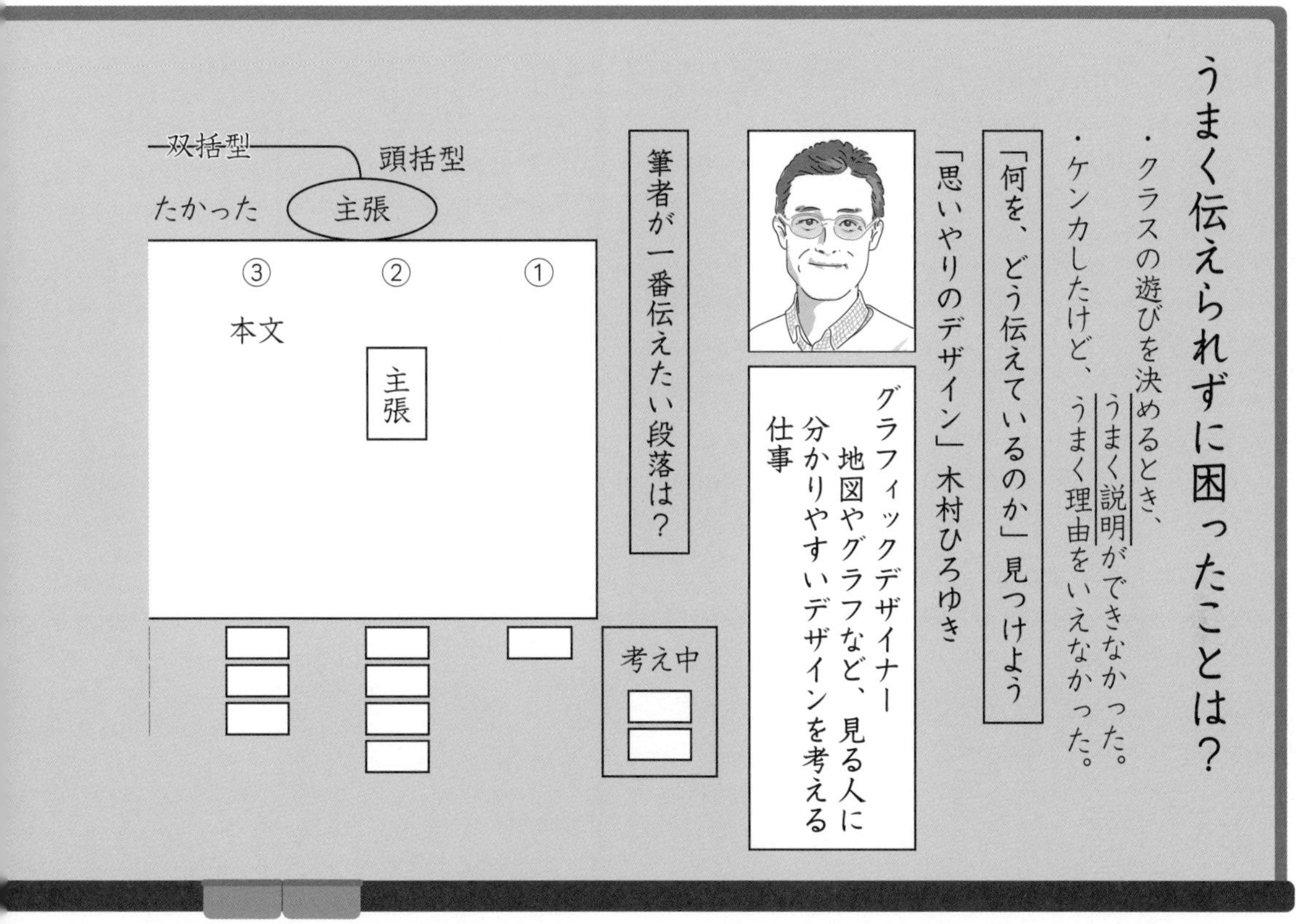

うまく伝えられずに困ったことは？
・クラスの遊びを決めるとき、うまく説明ができなかった。
・ケンカしたけど、うまく理由をいえなかった。
「何を、どう伝えているのか」見つけよう
「思いやりのデザイン」木村ひろゆき
グラフィックデザイナー
地図やグラフなど、見る人に分かりやすいデザインを考える仕事
筆者が一番伝えたい段落は？
考え中
①
②
③
本文
主張
主張
頭括型
双括型
たかった

1 課題意識をもち、単元全体の見通しを確認する

言いたいことをうまく伝えられなくて困ったことはありますか？

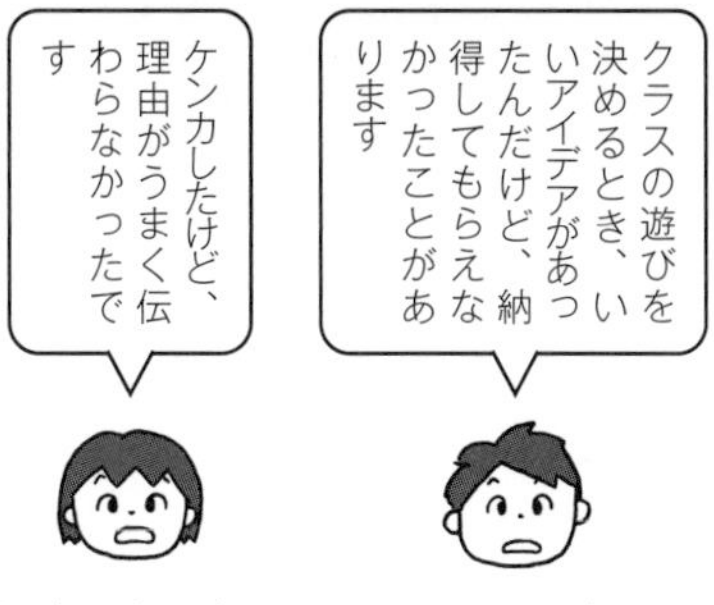

クラスの遊びを決めるとき、いいアイデアがあったんだけど、納得してもらえなかったことがあります
ケンカしたけど、理由がうまく伝わらなかったです

「『伝えるプロの筆者は、何を、どう伝えているのか』を見つけましょう」

単元導入のため、学びの文脈をつくるようにする。言いたいことをうまく伝えられなかった経験を想起させ、「何を、どう伝えるのか」という課題意識をもたせる。

2 筆者について知り「思いやりのデザイン」を読んで、筆者の主張を捉える

筆者が一番伝えたい段落は、何段落でしょう？

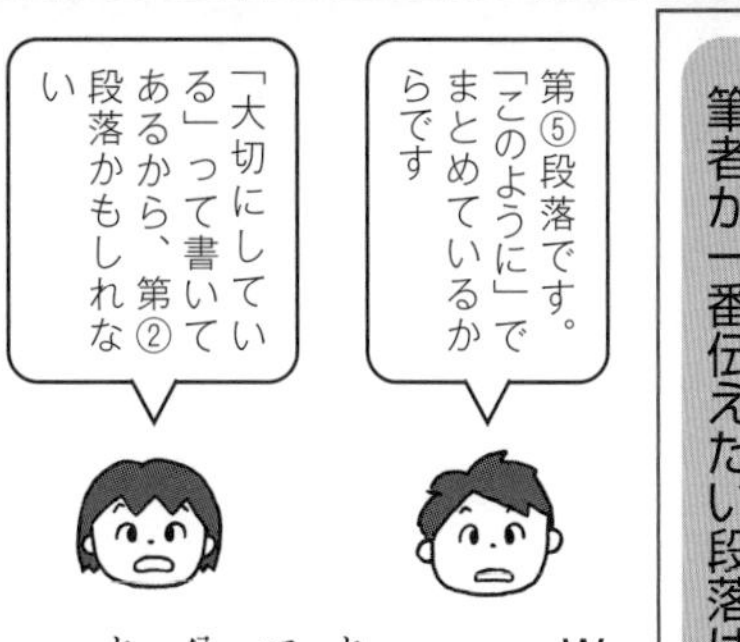

第⑤段落です。「このように」でまとめているからです
「大切にしている」って書いてあるから、第②段落かもしれない

Which型課題

「一番〇〇なのは？」

ネームプレートを貼り、筆者の主張が書かれている段落について、自分の立場を明確にさせたり、友達の立場を視覚的

本時の展開　第一次　第2時

目標 筆者の主張を支える一番大切な文を探す活動を通して、段落の対比や長所と短所の対比関係を捉えることができる。

[本時展開のポイント]

筆者は、自分の主張を支える例として、段落間の対比構造や長所と短所の対比関係を使って説明している。そのことに気付かせるために、地図とセンテンスカードを配置し、図解しながら視覚的に捉えさせ、その効果を捉えられるようにする。

[個への配慮]

ア スリットの使用を促したり、文節を区切る線を書いたりする

センテンスカードから読み取ることが困難な場合は、一つ一つの言葉に着目しやすくして正確に読み取るために、教科書の該当段落を教えたり、スリットを使うよう促したり、文節に区切る線を入れたりする。

イ キーワードを書いた付箋を使って話して表現させる

何をどう書いてよいかわからない場合には、学習内容が理解できているか確認するために、付箋にキーワードをメモして渡し、キーワードを使って学習したことを話させる。

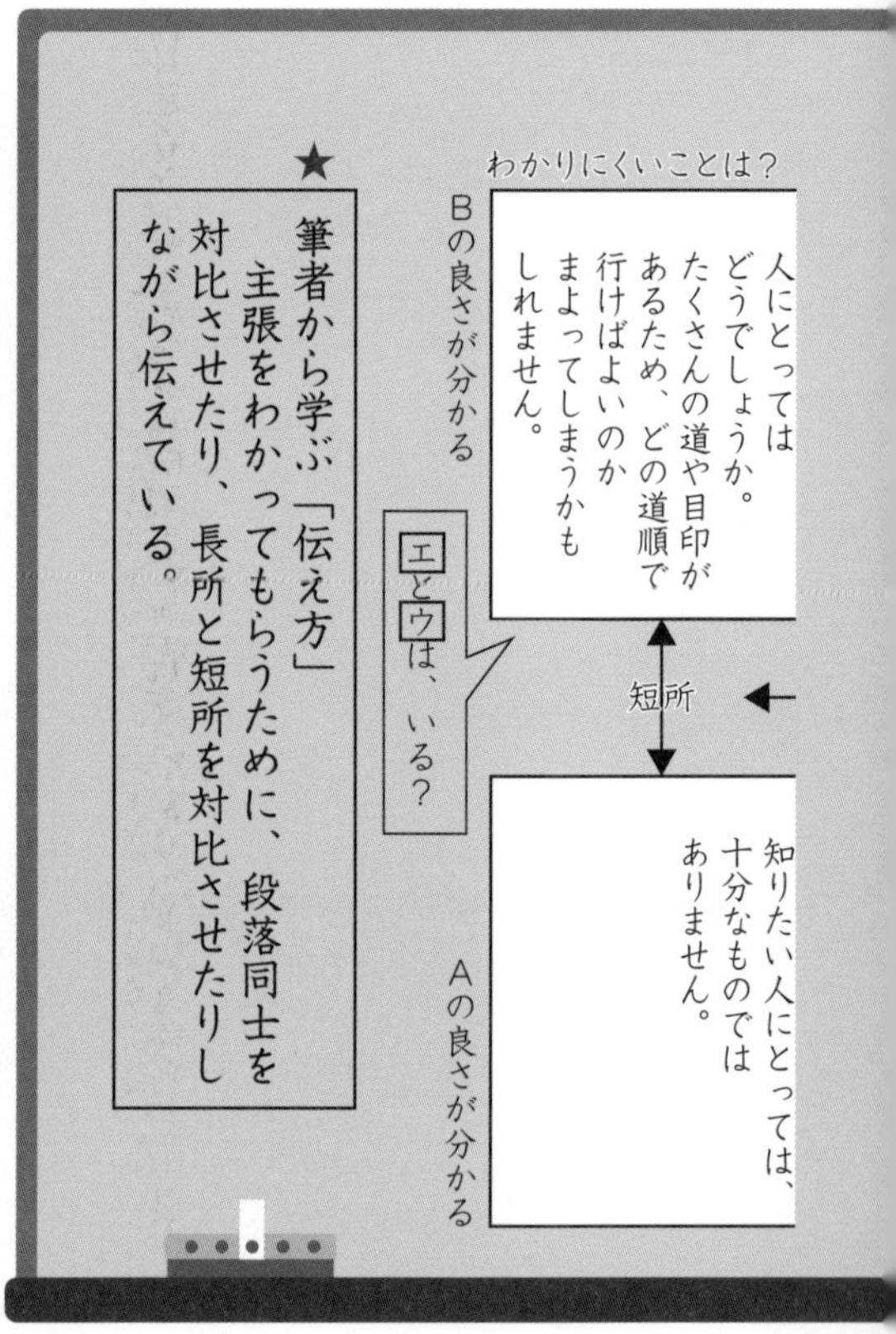

わかりにくいことは?
人にとってはどうでしょうか。たくさんの道や目印があるため、どの道順で行けばよいのかまよってしまうかもしれません。
Bの良さが分かる
短所
知りたい人にとっては、十分なものではありません。
Aの良さが分かる
エとウは、いる?
★
筆者から学ぶ「伝え方」
主張をわかってもらうために、段落同士を対比させたり、長所と短所を対比させたりしながら伝えている。

3 対比の関係とその効果について話し合う

では、ウとエの文は、わかりやすい説明ではないのだから、要らないと思いませんか?

エがあると、Bのよさを伝えることができるから必要です

ウがあると、Aのよさを伝えることができるから必要です

よくないことを伝えることで、反対のもののよさがよくわかると思います

しかけ（仮定する）

該当する文について、要るか、要らないかを話し合うことを通して、対比の効果について目を向けさせる。

長所と短所が見分けやすいように、チョークで色分けする。

4 筆者の伝え方の工夫を整理し、学習を振り返る

筆者は、主張をどうやって伝えていましたか?

主張を対比を使って伝えていました

なんて書いたらいいのだろう

学習内容が理解できているか確認するため、自分の言葉でまとめさせる。その際、「対比」「長所・短所」などの言葉をキーワードとして見ていく。

配慮イ

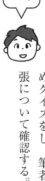

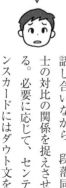

準備物
・挿入されている地図２枚　・センテンスカード（第③、④段落６枚）4-03 ～ 08
・筆者の写真　・筆者の主張を書いた紙（穴埋めクイズ型）4-09

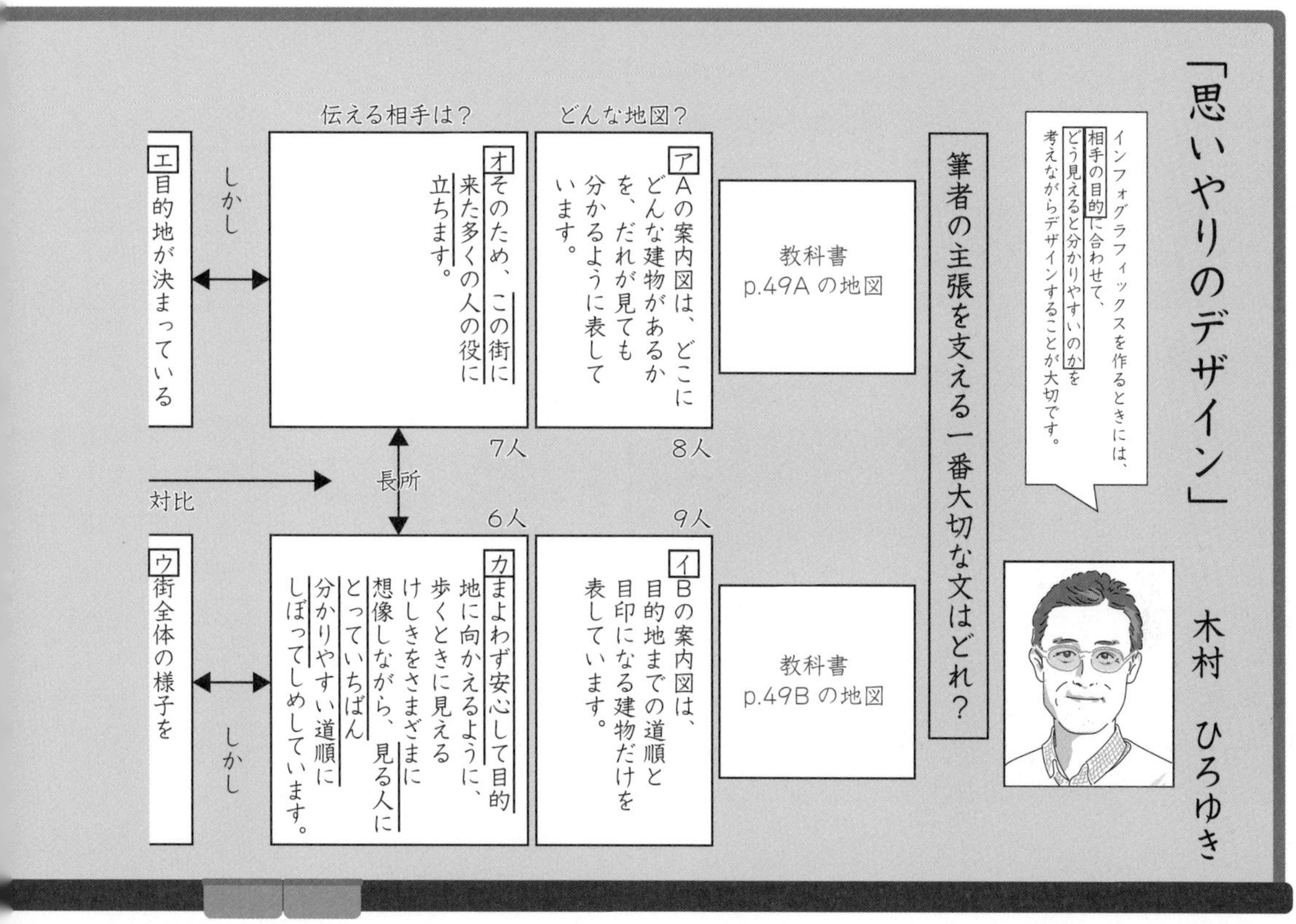

「思いやりのデザイン」
木村　ひろゆき
インフォグラフィックスを作るときには、相手の目的に合わせて、どう見えると分かりやすいのかを考えながらデザインすることが大切です。
筆者の主張を支える一番大切な文はどれ？
教科書 p.49A の地図
教科書 p.49B の地図
どんな地図？
ア Aの案内図は、どこにどんな建物があるかを、だれが見ても分かるように表しています。
8人
9人
イ Bの案内図は、目的地までの道順と目印になる建物だけを表しています。
伝える相手は？
オ そのため、この街に来た多くの人の役に立ちます。
7人
6人
カ まよわず安心して目的地に向かえるように、歩くときに見えるけしきをさまざまに想像しながら、見る人にとっていちばん分かりやすい道順にしぼってしめしています。
長所
しかし
エ 目的地が決まっている
対比
ウ 街全体の様子を
しかし

1 前時の学習を確認する

筆者は、「何を、どう伝えて」いましたか？

主張を繰り返して伝えていました
双括型で伝えていました

しかけ（隠す）

前時の学習を振り返りながら、主張部分の穴埋めクイズをし、筆者の主張について確認する。

2 学習課題について話し合う

筆者の主張を支える一番大切な文はどれでしょうか？

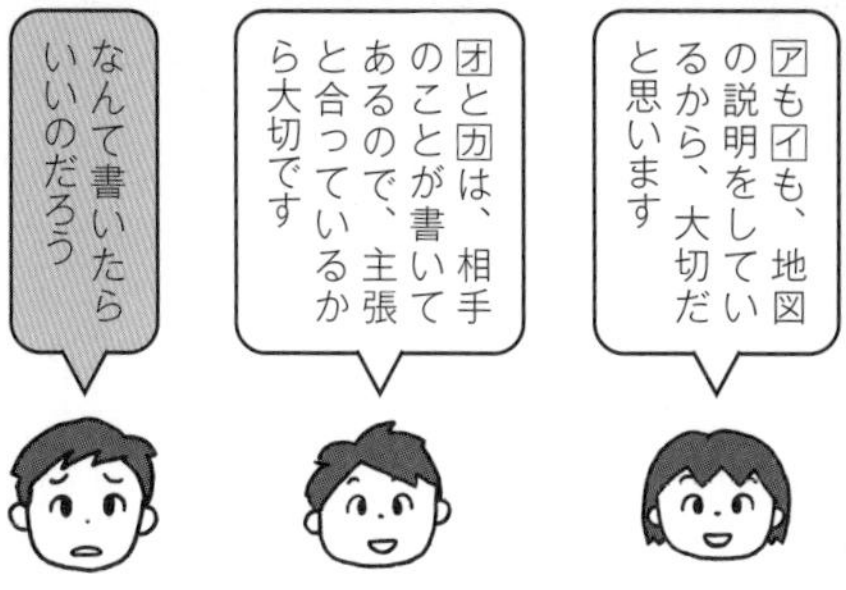

アもイも、地図の説明をしているから、大切だと思います
オとカは、相手のことが書いてあるので、主張と合っているから大切です
なんて書いたらいいのだろう

Which型課題

「一番〇〇なのはどれ？」

主張とそれを支える例の関係について本文を根拠に話し合う。

はじめにセンテンスカードを並び替えながら各文の役割を整理する。次に話し合いながら、段落同士の対比の関係を捉えさせる。必要に応じて、センテンスカードにはダウト文をしかけてもよい。　配慮ア

本時の展開　第二次　第1時

目標 全文通読し、筆者が一番伝えたいことが書かれている段落を話し合う活動を通して、筆者の主張を捉えることができる。

[本時展開のポイント]

本文の全体像を捉えた後、筆者が一番伝えたい段落を探させることによって、主張を軸に文章が作られていることを捉えさせる。ネームプレートを活用することによって、児童の参加を視覚化し、主張の位置を視覚化する。

[個への配慮]

ア分かち書きテキストやスリットを使う

音読することが苦手な子がいる場合には、音読のしづらさを軽減するために、分かち書きされた本文を使用したり、読んでいる部分がわかりやすいようにスリットを使ったりする。

イ選択範囲を限定する

どこを選んだらよいかわからない子がいる場合には、具体と抽象の違いに目を向けさせるために、第①～③段落に限定して一つ選ばせるように助言する。

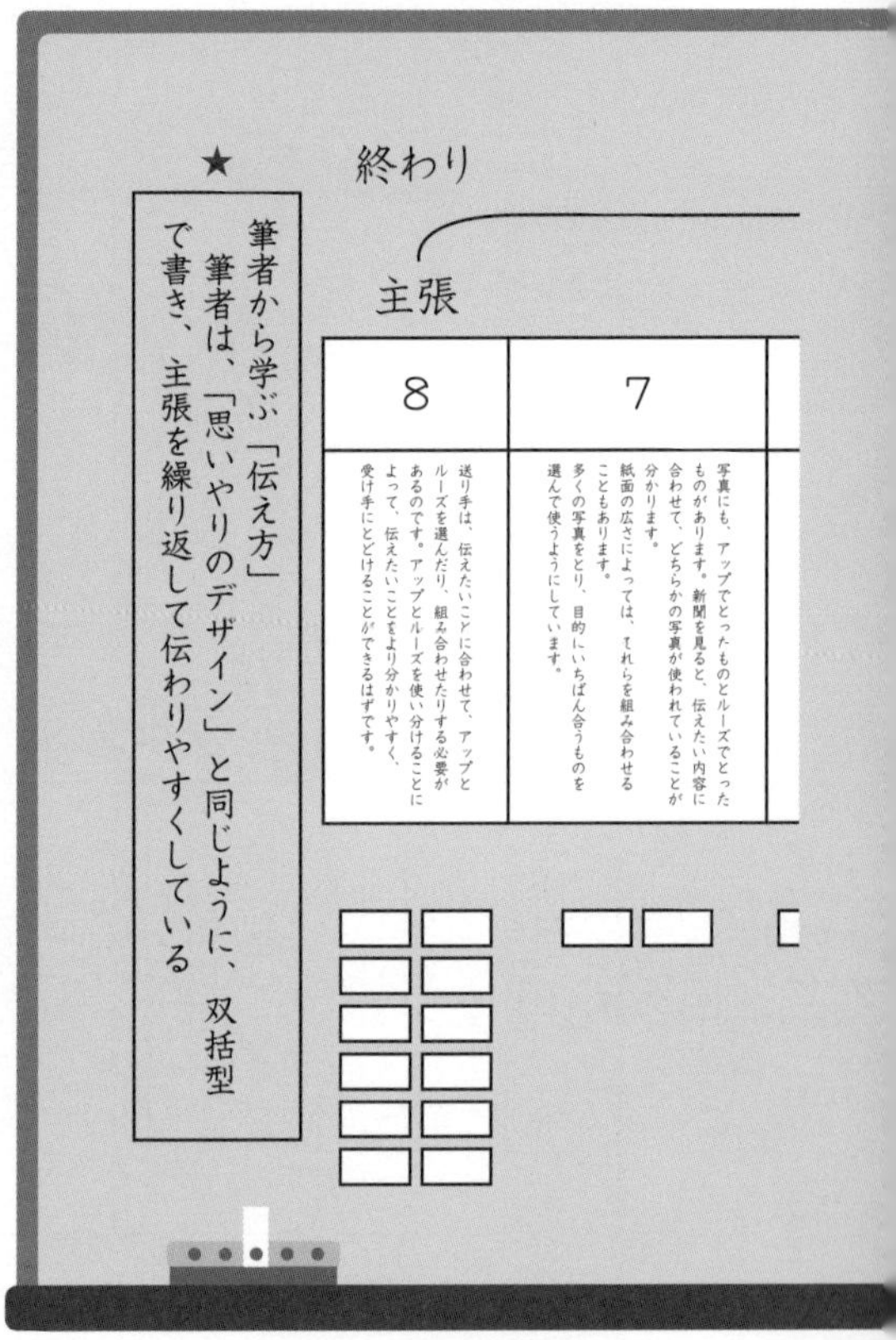

終わり
主張
8
7
写真にも、アップでとったものとルーズでとったものがあります。新聞を見ると、伝えたい内容に合わせて、どちらかの写真が使われていることが分かります。
紙面の広さによっては、それらを組み合わせることもあります。
多くの写真をとり、目的にいちばん合うものを選んで使うようにしています。
送り手は、伝えたいことに合わせて、アップとルーズを選んだり、組み合わせたりする必要があるのです。アップとルーズを使い分けることによって、伝えたいことをより分かりやすく、受け手にとどけることができるはずです。
★
筆者から学ぶ「伝え方」
筆者は、「思いやりのデザイン」と同じように、双括型で書き、主張を繰り返して伝わりやすくしている

2 話し合いの視点を確認し、ネームプレートで自分の立場を明確にする

筆者が一番伝えたいことが書いてある段落は?

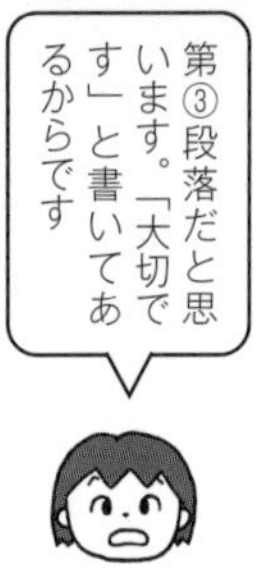

第③段落だと思います。「大切です」と書いてあるからです

第⑧段落だと思います。「～のです」と言っているからです

どれを選んだらよいのかわからないなあ

Which型課題

「一番〇〇なのは?」

ネームプレートを置き、立場を明確にさせる。叙述を根拠に筆者の主張と結びつけながら、文章全体を捉えさせる。主張を見つけることから、文章構成を捉えさせる。

配慮イ

3 筆者の説明の工夫を整理し、学習を振り返る

筆者は、主張をどうやって伝えていましたか?

主張が伝わりやすいように双括型で書いていました

文章の全体構成を板書で視覚化し、その中で双括型の文章であることを捉えさせる。

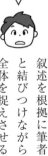

準備物
・センテンスカード（各段落の要点をまとめたもの８段落分）4-12
・ネームプレート　・筆者の写真（イラスト）4-10　・筆者の仕事についてまとめた用紙 4-11

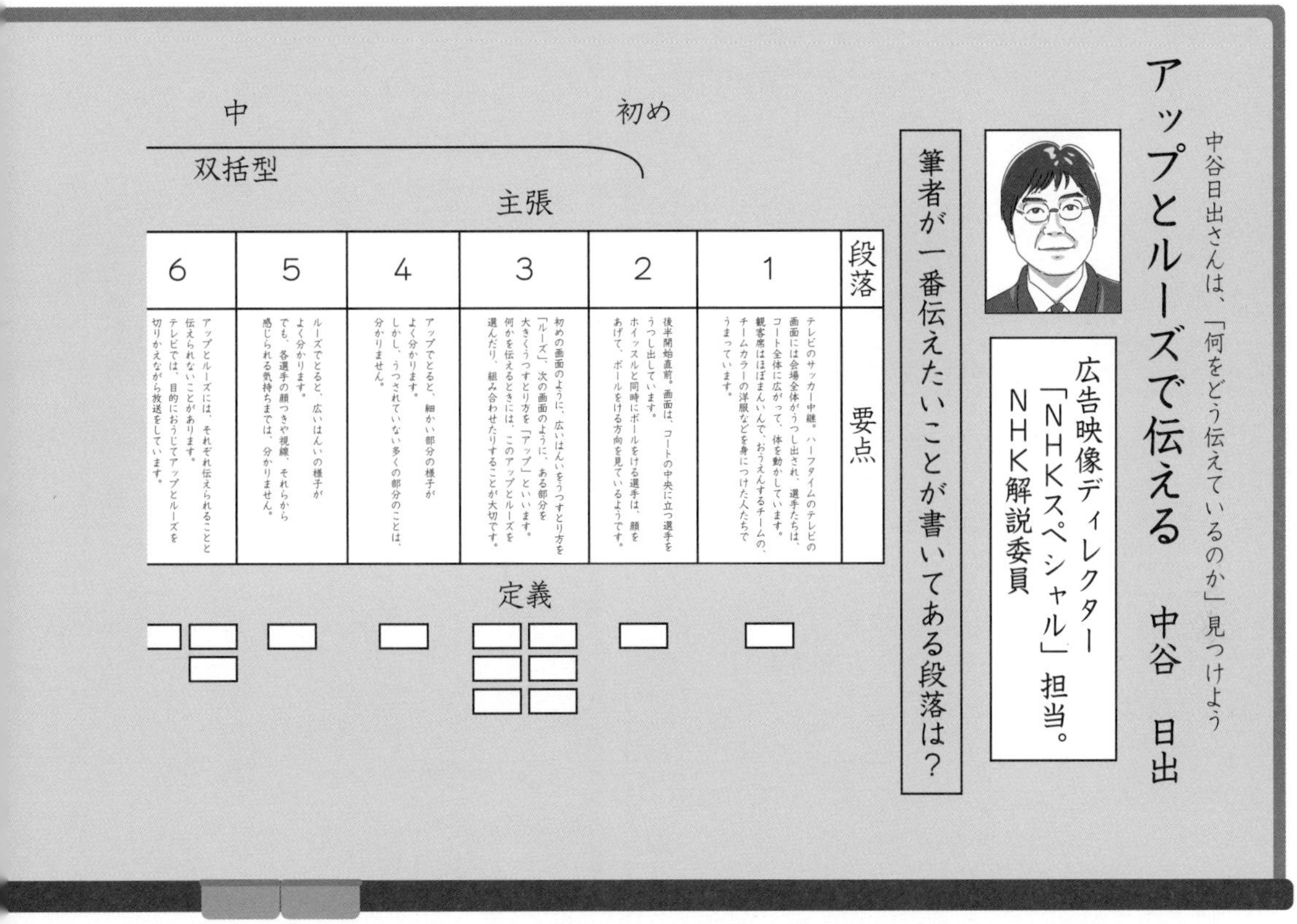

中谷日出さんは、「何をどう伝えているのか」見つけよう
アップとルーズで伝える
中谷　日出
広告映像ディレクター
「ＮＨＫスペシャル」担当。
ＮＨＫ解説委員
筆者が一番伝えたいことが書いてある段落は？
初め
中
双括型
主張
段落
要点
1
テレビのサッカー中継。ハーフタイムのテレビの画面には会場全体がうつし出され、選手たちは、コート全体に広がって、体を動かしています。観客席はほぼまんいんで、おうえんするチームの、チームカラーの洋服などを身につけた人たちでうまっています。
2
後半開始直前。画面は、コートの中央に立つ選手をうつし出しています。ホイッスルと同時にボールをける選手は、顔をあげて、ボールをける方向を見ているようです。
3
初めの画面のように、広いはんいをうつすとり方を「ルーズ」、次の画面のように、ある部分を大きくうつすとり方を「アップ」といいます。何かを伝えるときには、このアップとルーズを選んだり、組み合わせたりすることが大切です。
4
アップでとると、細かい部分の様子がよく分かります。しかし、うつされていない多くの部分のことは、分かりません。
5
ルーズでとると、広いはんいの様子がよく分かります。でも、各選手の顔つきや視線、それらから感じられる気持ちまでは、分かりません。
6
アップとルーズには、それぞれ伝えられることと伝えられないことがあります。テレビでは、目的におうじてアップとルーズを切りかえながら放送をしています。
定義

1

学習課題を確認し、全文通読する

この学習では、中谷日出さんが『何をどう伝えているのか』見つけましょう

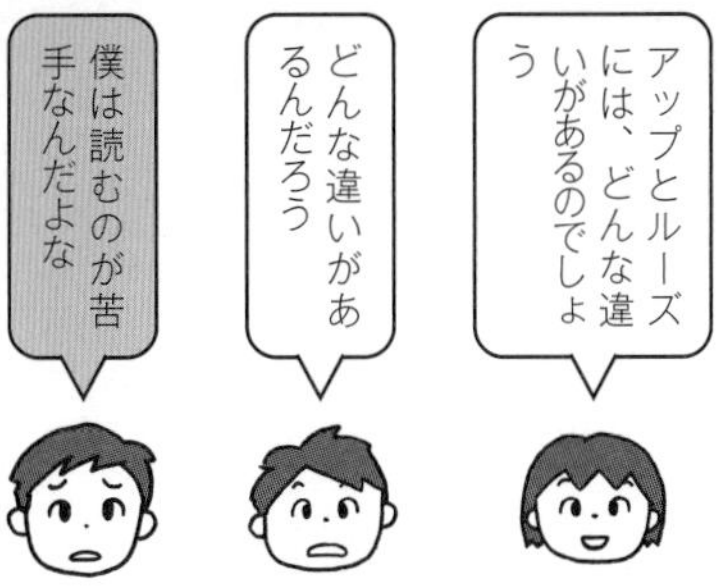

アップとルーズには、どんな違いがあるのでしょう
どんな違いがあるんだろう
僕は読むのが苦手なんだよな

考える音読・つぶやき読み

まずは教師が読み、全体像を捉えさせたり、難解語句等を確認したりする。

ペアを組み、片方は筆者になりきって読む。もう片方は書いてあることに対して一文ごとに、つぶやきながら聞く。そうすることで、ただ文字を音読するだけでなく、内容を正確に捉えられる。これを交代して音読する。

配慮ア

本時の展開　第二次　第2時

目標　「初め」を読み、伝え方のいいところを探す活動を通して、筆者の説明の仕方を読み取ることができる。

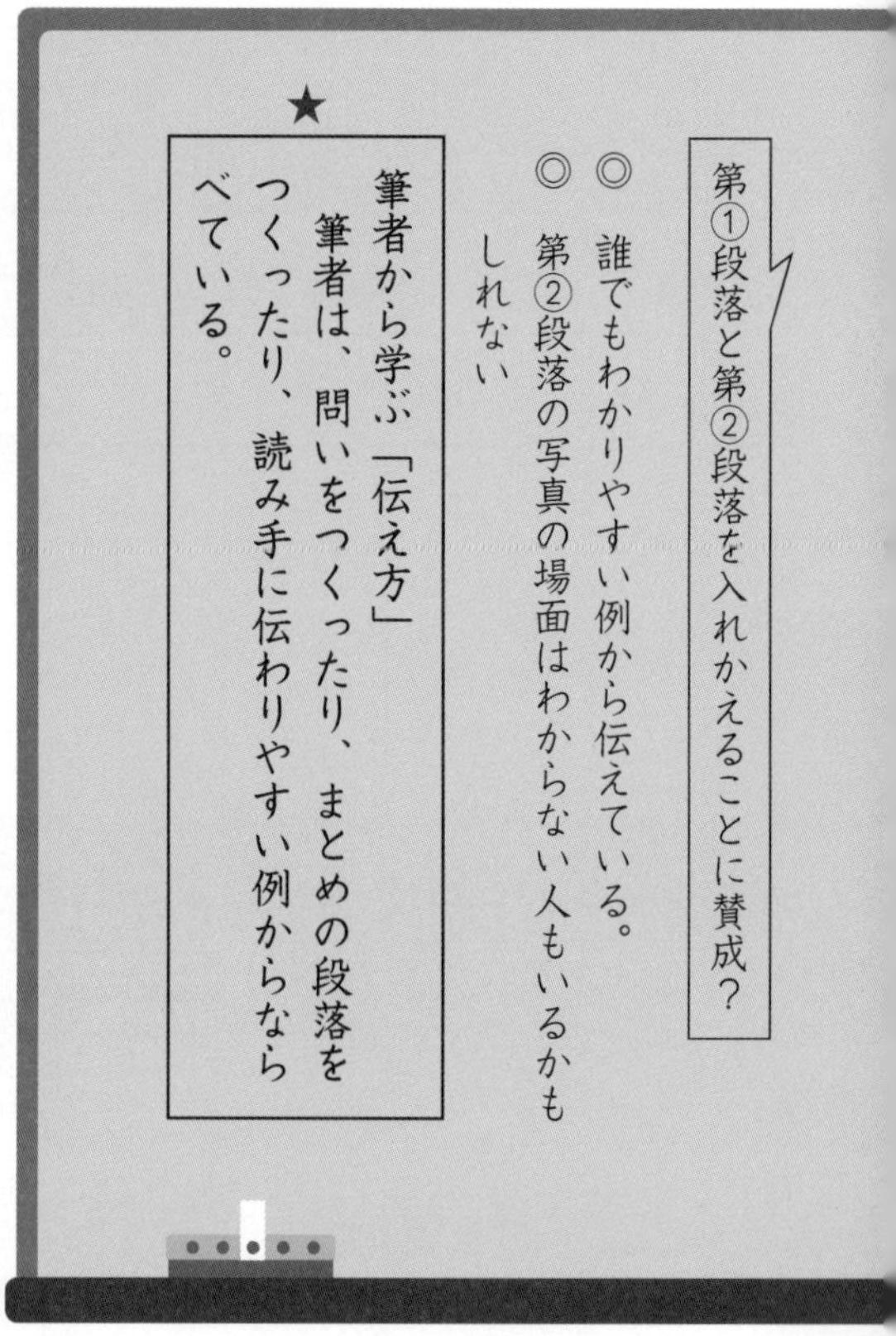

第①段落と第②段落を入れかえることに賛成？
◎誰でもわかりやすい例から伝えている。
◎第②段落の写真の場面はわからない人もいるかもしれない
★
筆者から学ぶ「伝え方」
筆者は、問いをつくったり、まとめの段落をつくったり、読み手に伝わりやすい例からならべている。

[本時展開のポイント]

筆者の主張を支える例について読み取るために、第①～③段落に限定して、「具体と抽象」「定義」「主張」など、伝え方の工夫を捉えられるようにする。授業の後半では、題名もまとめも「アップとルーズ」という言い方をしているにもかかわらず、ルーズの例から説明している筆者の説明の意図にも気付かせるようにゆさぶり発問をする。

[個への配慮]

㋐色分けする

「いいところ」という抽象的な表現の理解ができない場合は、具体と抽象の関係を話し合いの前に捉えさせ、第③段落には両方の説明がまとめられていることを理解させるために、アップについては黄色、ルーズについては緑色で色分けする。

㋑活躍の場をつくる

自信をもって学習に取り組めるようにするために、前の学習活動で色分けしたものをみんなに紹介し、説明することで、授業での活躍の場をつくる。

3　説明の工夫の違いについて話し合う

題名も、まとめも、『アップとルーズ』だから、第①段落と第②段落を入れかえることに賛成？

②段落の場面は、よくわからない人がいるかも。だから反対です

誰でもわかりやすい例から伝えているから反対です

さっき色を付けたところかな？

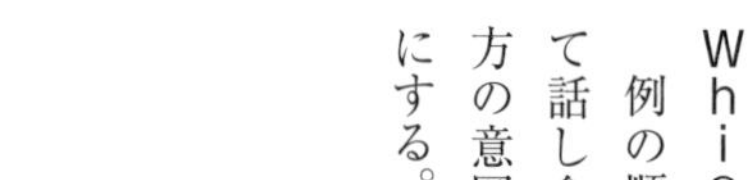

Which型ゆさぶり

例の順序の違いについて話し合い、筆者の伝え方の意図に気付けるようにする。　配慮㋑

4　筆者の説明の工夫を整理し、学習を振り返る

筆者は、主張を伝えるために、どんな工夫をしていましたか？

読む人にとってわかりやすい例から並べていました

具体と抽象を組み合わせてまとめていました

段落のまとまりをつくっていること、具体と抽象の関係を捉えさせる。

準備物
・教科書挿入写真（第①、②段落）
・筆者の写真（イラスト）4-10　・筆者の主張を書いたもの 4-13
・本文（第①～③段落）4-14～16

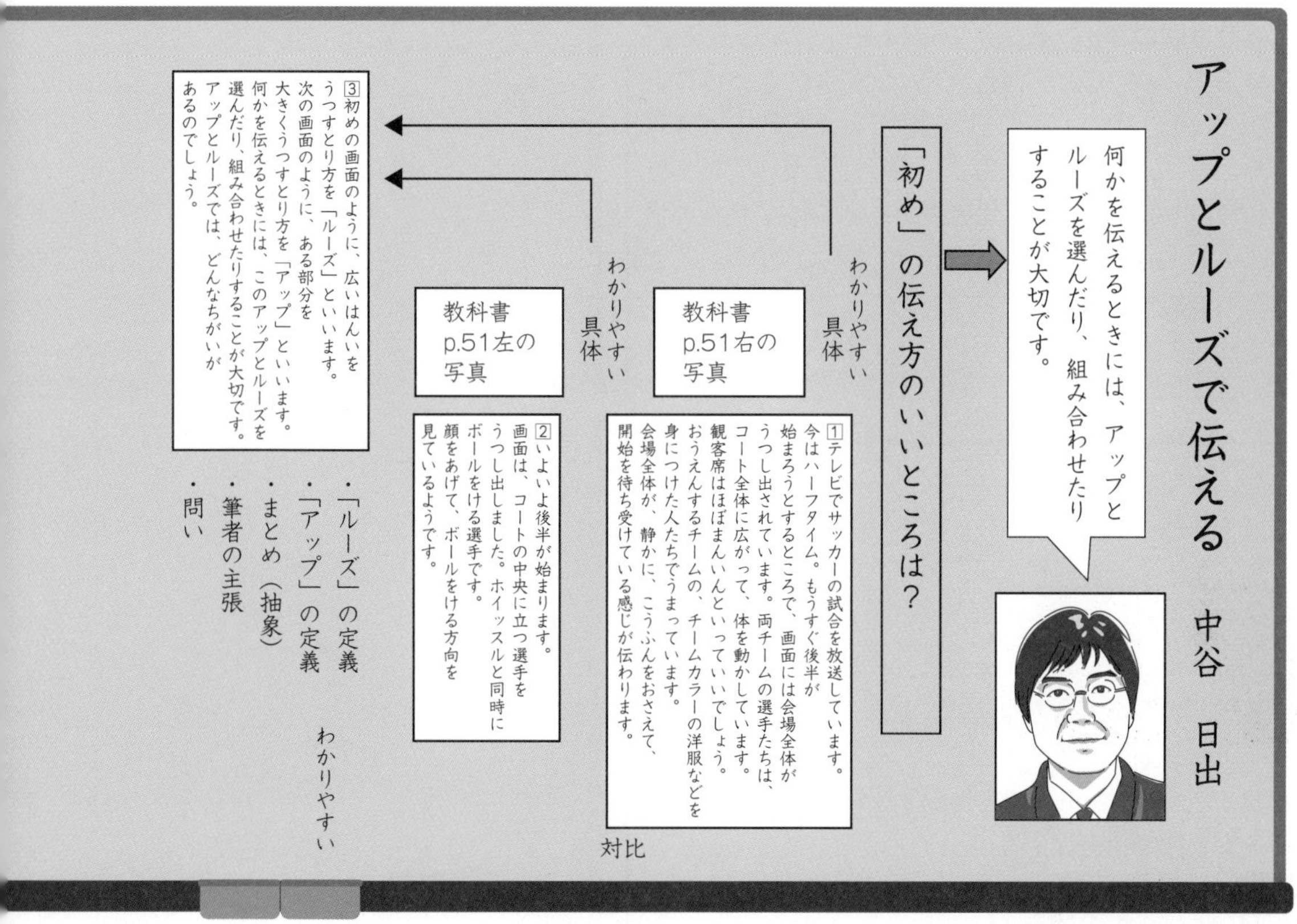

アップとルーズで伝える
中谷　日出
何かを伝えるときには、アップとルーズを選んだり、組み合わせたりすることが大切です。
「初め」の伝え方のいいところは？
わかりやすい
具体
教科書
p.51右の
写真
1テレビでサッカーの試合を放送しています。今はハーフタイム。もうすぐ後半が始まろうとするところで、画面には会場全体がうつし出されています。両チームの選手たちは、コート全体に広がって、体を動かしています。観客席はほぼまんいんといっていいでしょう。おうえんするチームの、チームカラーの洋服などを身につけた人たちでうまっています。会場全体が、静かに、こうふんをおさえて、開始を待ち受けている感じが伝わります。
わかりやすい
具体
教科書
p.51左の
写真
2いよいよ後半が始まります。画面は、コートの中央に立つ選手をうつし出しました。ホイッスルと同時にボールをける選手です。顔をあげて、ボールをける方向を見ているようです。
対比
3初めの画面のように、広いはんいをうつすとり方を「ルーズ」といいます。次の画面のように、ある部分を大きくうつすとり方を「アップ」といいます。何かを伝えるときには、このアップとルーズを選んだり、組み合わせたりすることが大切です。アップとルーズでは、どんなちがいがあるのでしょう。
・「ルーズ」の定義
・「アップ」の定義
・まとめ（抽象）
・筆者の主張
・問い
わかりやすい

1　前時を振り返り、学習の見通しをもつ

前の時間には、どんなことを学習しましたか？

筆者の主張がわかりました
双括型で伝えていました

隣の友達に、簡単に前時に学習したことを説明させる。学習したことをアウトプットすることで、学習の定着を図る。また、学習内容を忘れてしまった場合は、この場で確認させ、スタートラインをそろえる。

2　学習課題について話し合う

『初め』の伝え方のいいところは？

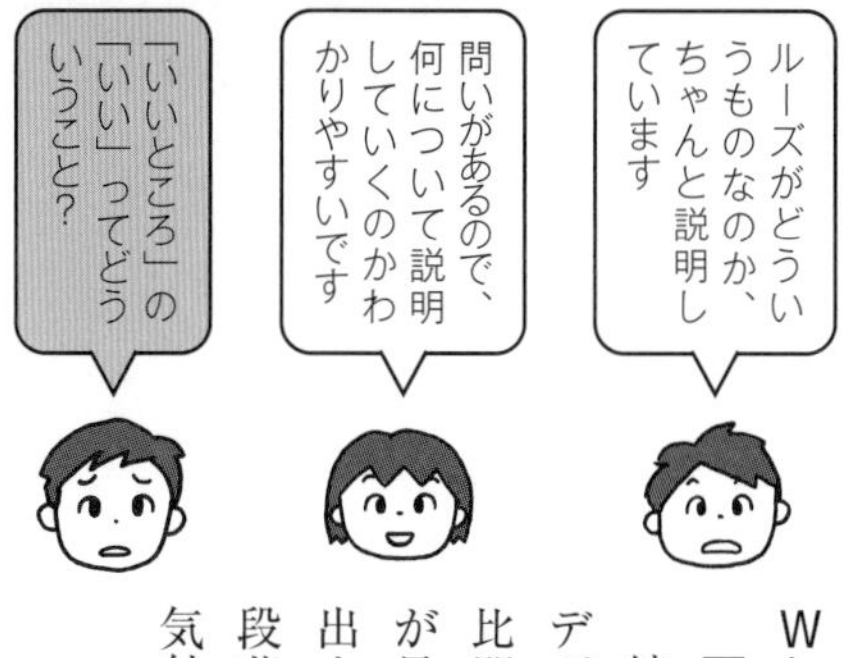

ルーズがどういうものなのか、ちゃんと説明しています
問いがあるので、何について説明していくのかわかりやすいです
「いいところ」の「いい」ってどういうこと？

Which型課題

「いいところはどこ？」

練習教材「思いやりのデザイン」で学習した対比関係を子どもたち自身が見つけられるように演出する。また、第④～⑥段落の段落相互の関係に気付くための伏線とする。　配慮ア

✓ 本時の展開 第二次 第3時

目標 「中」を読み、筆者の主張を一番支えている段落を探す活動を通して、筆者の説明の仕方を読み取ることができる。

[本時展開のポイント]

筆者の主張を支える例について読み取るために、「中」に限定して、伝え方の工夫を捉えられるようにする。特に、第④～⑤段落で、アップとルーズの長所と短所を具体的に述べ、それをまとめる第⑥段落の機能について捉えさせたい。具体的説明（具体）も、まとめ（抽象）も、どちらも説得力をもたせたり、わかりやすく伝えたりするために必要であることを気付かせたい。

[個への配慮]

ア伝えられること（長所）と伝えられないこと（短所）を青と赤で色分けする

本文のどこを読めばよいのかわからない場合には、伝えられること（長所）と伝えられないこと（短所）が視覚的に理解できるように、長所は青、短所は赤のラインマーカーで色分けする。

イ伝えられること（長所）と伝えられないこと（短所）を青と赤で色分けする

第⑥段落でも同様にする。一つの段落に二色あることで、まとめていることを実感させる。

6人
⑦

⑧

主張 ←

★
筆者から学ぶ「伝え方」
筆者は、段落の役割分担をしながら、読み手に伝わりやすいように書いている。

3 説明の工夫について考えを深める

第⑥段落が一番という意見が多いけど、④⑤は要らないのでは？

Which型ゆさぶり

「一番支えているのは？」という学習課題に対して、第⑥段落の必要性に注目が集まるだろう。そこで、具体例を挙げて説得力をもたせる役割をもつ第④⑤段落の機能についてもおさえる。 配慮イ

第①～③段落と同じように、まとめになっているから必要だと思います

筆者の主張に一番近いから必要だと思います

どこを読めばいいかわからないな

4 筆者の説明の工夫を整理し、学習を振り返る。次回の予告をする。

筆者は、主張を支える例を、どのように書いていましたか？
次の時間は、第⑦段落の役割を考えていきましょう

本時の学習をまとめるとともに、第⑦段落の役割について触れ、次時への動機づけになるようにする。

役割分担しているみたいでした

第⑦段落は、どういう役割をもっているのだろう

準備物
・筆者の写真（イラスト）4-10　・主張を書いた紙 4-13
・アップとルーズの定義を書いた紙 4-17、18
・拡大した挿入写真　・いろいろなアップとルーズで撮った写真カード

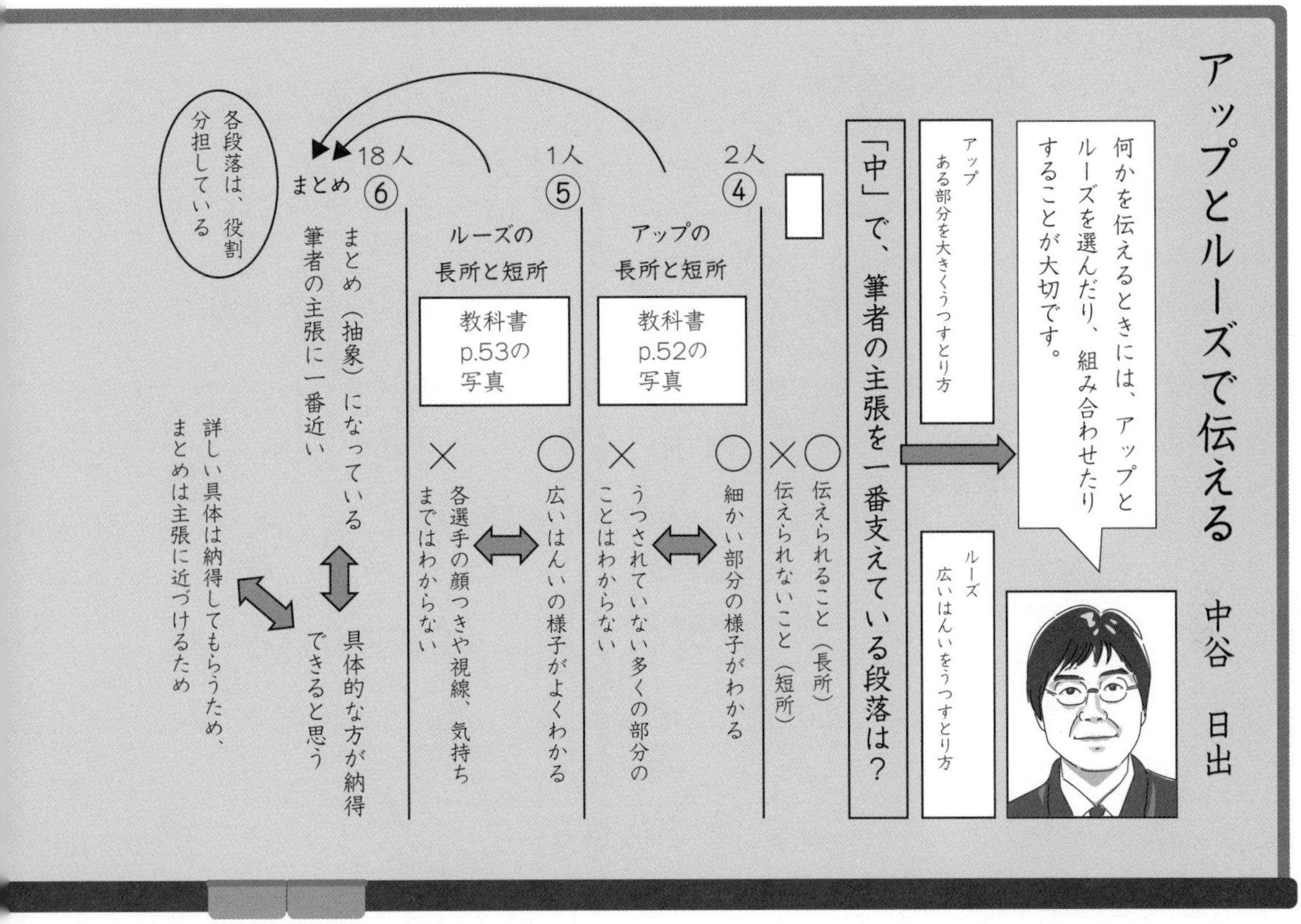

1 前時を振り返り、学習の見通しをもつ

今から見せる写真は、アップの写真でしょうか？ ルーズの写真でしょうか？

アップとルーズが、どういうものなのかわかりました

第③段落は、第①②段落のまとめになっています

しかけ（分類する）

前時に学習したアップとルーズの定義を確認するために、教師が選んだ写真を複数枚提示し、アップはグー、ルーズはパーを出させるフラッシュカードゲームをする。

2 筆者の主張を振り返り、学習課題について話し合う

「中」で筆者の主張を一番支えている段落は？

長所と短所が詳しく書いてあるから第④段落です

「初め」と同じように④と⑤をまとめているから、第⑥段落が一番だと思います

どこを読めばいいの？

Which型課題

「一番○○なのはどれか？」

筆者の主張を支える理由の挙げ方について、解釈を広げる活動をする。既習事項である対比や具体と抽象の関係を引き出しつつ、それぞれの段落が役割分担をしながら構成されていることに気付かせる。

配慮ア

本時の展開 第二次 第4時

目標 第⑦段落の必要性について話し合う活動を通して、類比的説明の効果に気付き、そのよさを説明することができる。

[本時展開のポイント]

事例の挙げ方には、筆者の意図があることに気付かせる。そのために、必要か否かについて話し合い、その意図が見えるようにする。

[個への配慮]

㋐既有知識をそろえる

新聞が生活の中にない児童がいる場合、新聞の写真にもアップとルーズが用いられていることを実際の新聞に用いられている写真で提示し、既有知識をそろえる。

㋑キーワードを付箋紙に書きまとめさせる

まとめ方がわからない場合、本授業のキーワードを落とさずまとめさせるために、キーワードを書いた付箋を渡し、それらをつなげてまとめさせるようにする。

類比

・多くの事例を出した方が、説得力が増すから
・テレビを観ない人にもわかってもらえるから
・事例が一つよりも二つの方が伝わりやすいから
・似ている例があった方がわかりやすいから
・「選ぶ」のは映像で、「組み合わせる」のは写真だったから

★
筆者から学ぶ「伝え方」
より効果的に伝えるためには、読む人が納得するように、いくつかの事例を使って説明するのが良い。
共通点のあるものを比べることを「類比」という。

3 筆者の意図について話し合う

なぜ筆者は、新聞の写真の事例も入れたのでしょうか?

多くの事例を出した方が、説得力が増すからです

テレビを見ない人にもわかってもらえるからです

また、学習活動①で新聞の写真とテレビの映像との違いがわからなかった児童の発言を活かし、アップとルーズの効果を伝える筆者の意図に気付かせる。

4 筆者の説明の工夫を整理し、学習を振り返る

筆者は、効果的に伝えるために、どんな工夫をしていましたか?

大切なのは、テレビとか新聞とかじゃないんだとわかりました

テレビだけじゃなくて、新聞もあるから、説得力があると思いました

どうやってまとめたらいいの?

筆者の立場になって、説明の工夫を整理する。「類比」という新しい学習用語を確認する。 配慮㋑

準備物
・テレビ　・新聞の写真（それぞれアップ1枚ルーズ1枚計4枚）
・筆者の写真（イラスト）4-10　・主張を書いた用紙 4-13

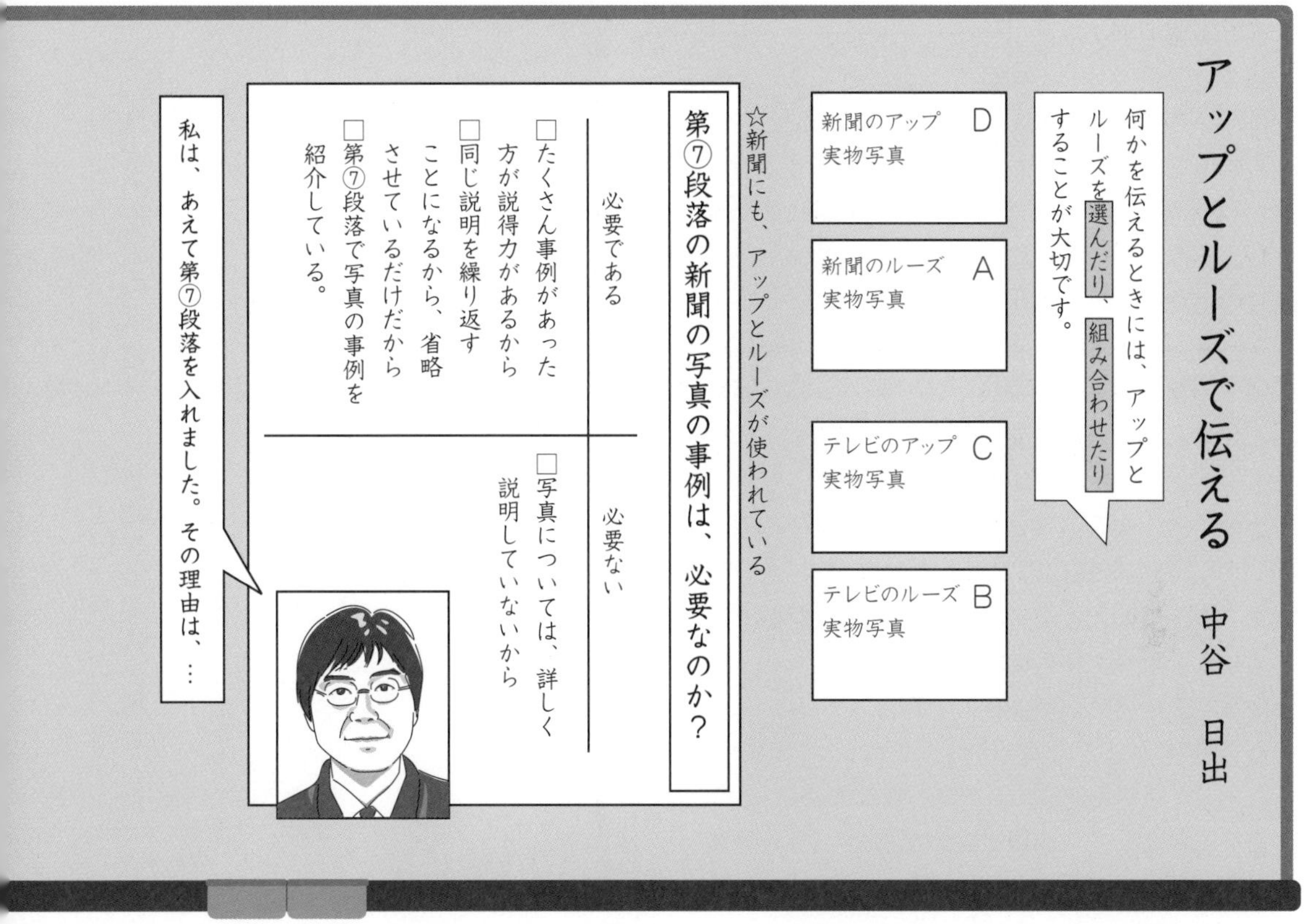

アップとルーズで伝える
中谷　日出
何かを伝えるときには、アップとルーズを選んだり、組み合わせたりすることが大切です。
D 新聞のアップ 実物写真
A 新聞のルーズ 実物写真
C テレビのアップ 実物写真
B テレビのルーズ 実物写真
☆新聞にも、アップとルーズが使われている
第⑦段落の新聞の写真の事例は、必要なのか？
必要である
□たくさん事例があった方が説得力があるから
□同じ説明を繰り返すことになるから、省略させているだけだから
□第⑦段落で写真の事例を紹介している。
必要ない
□写真については、詳しく説明していないから
私は、あえて第⑦段落を入れました。その理由は、…

1 事例を確認する

次の写真のうち、テレビのアップはどれでしょう？

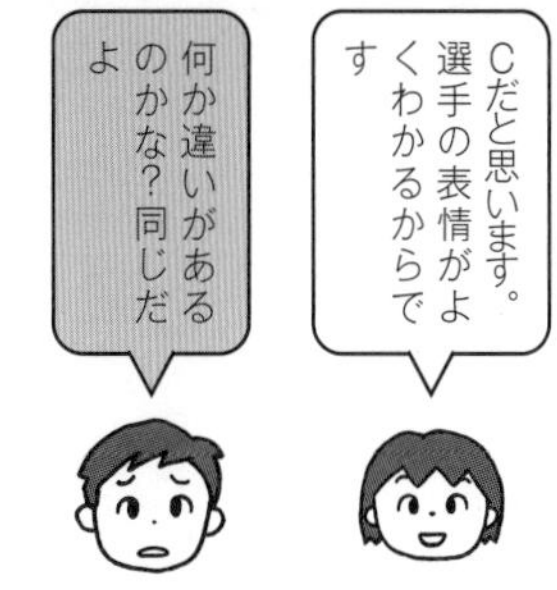

Cだと思います。選手の表情がよくわかるからです
何か違いがあるのかな？同じだよ

しかけ（分類する）

アップとルーズの技法は、テレビの事例だけでないことを確認するために、写真から読み取れることをもとに分類させる。また、知識をそろえスタートラインをそろえる。　配慮ア

2 学習課題について話し合う

テレビで詳しく説明しているのに、写真の事例は必要なのでしょうか？

たくさん事例があった方が説得力があるから必要だと思います
写真については、詳しく説明していないから、必要ないと思います

Which型課題「必要か、必要じゃないか」

必要性を話し合わせることにより、テレビの映像の説明ではなく、アップとルーズの効果を伝えるための事例であることに気付かせる。

本時の展開　第三次　第1時

目標　筆者の主張に対する納得度と説明の工夫のよさをスケーリングする活動を通して、自分の考えを支える理由を明確にして自分の考えを発表することができる。

本時展開のポイント

筆者の主張に対する納得度と説明の工夫のよさをスケーリングする。ネームプレートを貼ることで「考え」を、その理由を述べることで「考えを支える理由（根拠）」を整理していく。話し合いによってアウトプットし、その後書いて表現することで、児童の思考を整理しやすくする。

個への配慮

㋐モデルとなる友達を見つける

ネームプレートを置いた理由を述べることが難しい場合は、次の学習活動で自分の考えを書けるように、「似ている考えや理由の友達を探す」「話し合いの後に書く」ことを伝え、モデルとなる友達を探させたり、見通しをもたせたりしておく。

㋑言葉で表現させ、教師が聞き取る

書字自体が苦手な場合は、「自分の考えを発表する」という目標を達成するため、教師が聞き取りをし、言葉で表現させる（必要に応じて教師が書き取る）。

★

筆者の主張の伝え方の、どんなところが良かったですか

3

ことをもとに、自分の考えをノートにまとめる。

必要に応じて、

①伝え方のよいところ

（一文を引用）

②その活かし方

という枠を提示する。

配慮㋑

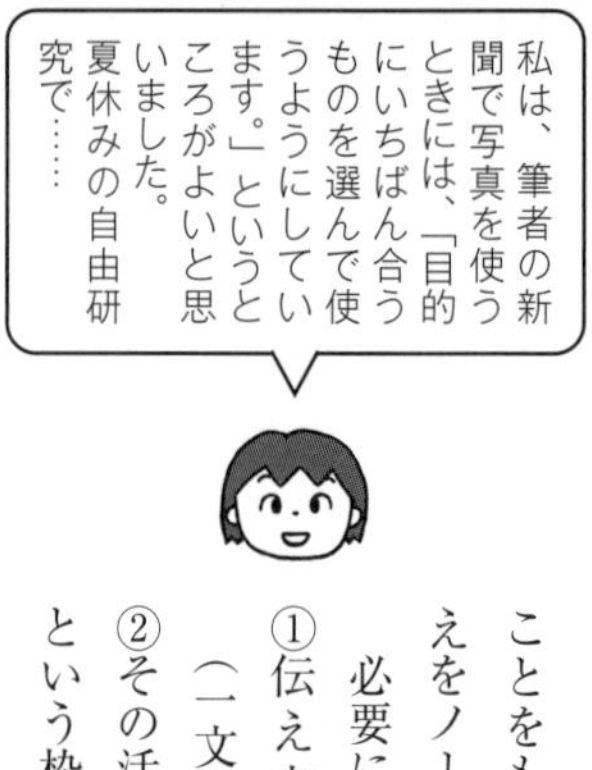
私は、筆者の新聞で写真を使うときには、「目的にいちばん合うものを選んで使うようにしています。」というところがよいと思いました。夏休みの自由研究で……

書くことが苦手だからなあ

グループに分かれて、自分の考えを発表する

まとめた自分の考えを発表しましょう

友達の発表に対して、感想を言わせる。その際、①伝え方のいいところ、②その活かし方のつながりが適切であったかを観点にするように声をかける。

●●さんの引用した文と、これからの活かし方がしっかりとつながっていて、いいと思いました

私は、●●さんと同じ本文を選んでいましたが、これからの活かし方が違っていたので、人によって違って面白いと思いました

準備物　・ネームプレート　・筆者の写真（イラスト）4-10　・主張を書いた紙　4-13

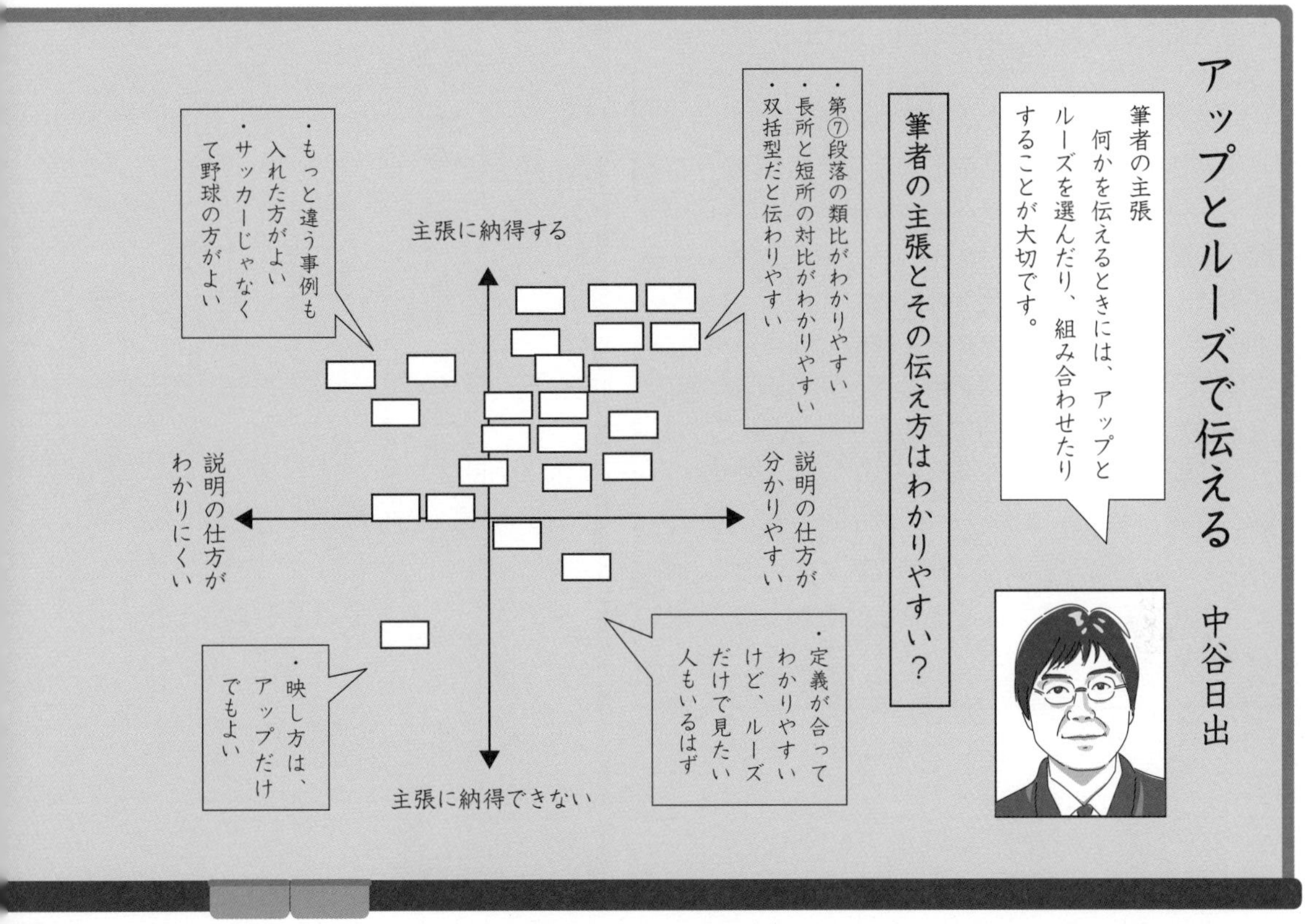

アップとルーズで伝える
中谷日出
筆者の主張
何かを伝えるときには、アップとルーズを選んだり、組み合わせたりすることが大切です。
筆者の主張とその伝え方はわかりやすい？
・第⑦段落の類比がわかりやすい
・長所と短所の対比がわかりやすい
・双括型だと伝わりやすい
・もっと違う事例も入れた方がよい
・サッカーじゃなくて野球の方がよい
主張に納得する
主張に納得できない
説明の仕方が分かりやすい
説明の仕方がわかりにくい
・定義が合ってわかりやすいけど、ルーズだけで見たい人もいるはず
・映し方は、アップだけでもよい

1　学習課題を確認し、学習の見通しをもつ

あなたは、筆者の主張に納得しましたか？そして、その伝え方はわかりやすかったですか？

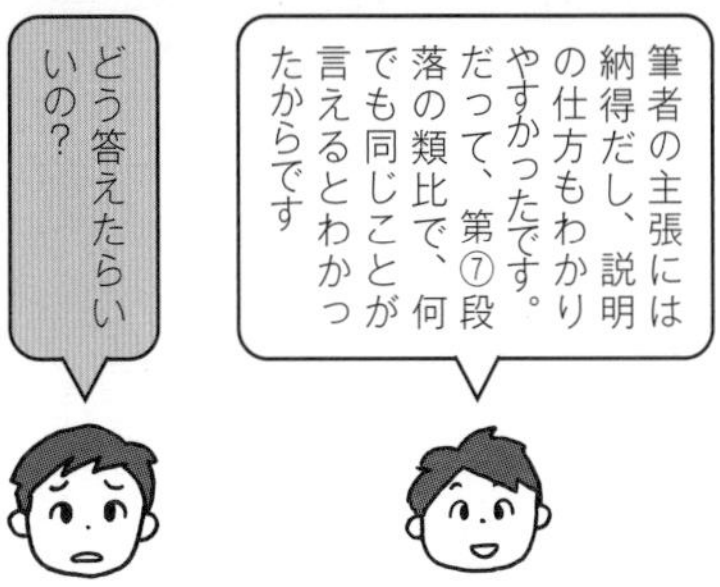

筆者の主張には納得だし、説明の仕方もわかりやすかったです。だって、第⑦段落の類比で、何でも同じことが言えるとわかったからです
どう答えたらいいの？

Which型課題

筆者の主張に対する納得度について、自分の立場（考え）を明確にするためにスケーリングする。また、「納得できない」という立場が少ないことが予測されるので、単元の核である「何を、どう伝えたか」についても、評価させるようにする。

理由の拠り所となる本文内の一文を明確にするために、「どの文からそう思ったの？」と問うようにする。

配慮ア

2　筆者の主張に対して、自分の考えをまとめる

筆者の主張の伝え方の、どんなところがよかったですか？自分の考えをノートにまとめましょう

学習活動①で整理した

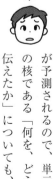

本時の展開 第三次 第2時

目標 「考えと例」を読み、二つの例文のうち、どちらがよいか話し合う活動を通して、「考え」と「例」の関係について考え、自分の考えを発表することができる。

［ 本時展開のポイント ］

「考え（主張）と例」のつながりに着目できるように、二つの例文を比べながら読ませることで、中心となる語を意識して、表現活動へ展開していく。

［ 個への配慮 ］

ア「勝ち」や「負け」に色を付ける

考え（主張）と例のつながりを理解できない場合には、キーワードとなる言葉が繰り返されていることに気付かせるために、「勝ち」「負け」に色を付ける。

イ言葉で表現させ、教師が聞き取る

書字自体が苦手な場合は、「考えと例のつながり」を理解し、表現するという目標を達成するため、教師が聞き取りをし、言葉で表現させる（必要に応じて教師が書き取る）。

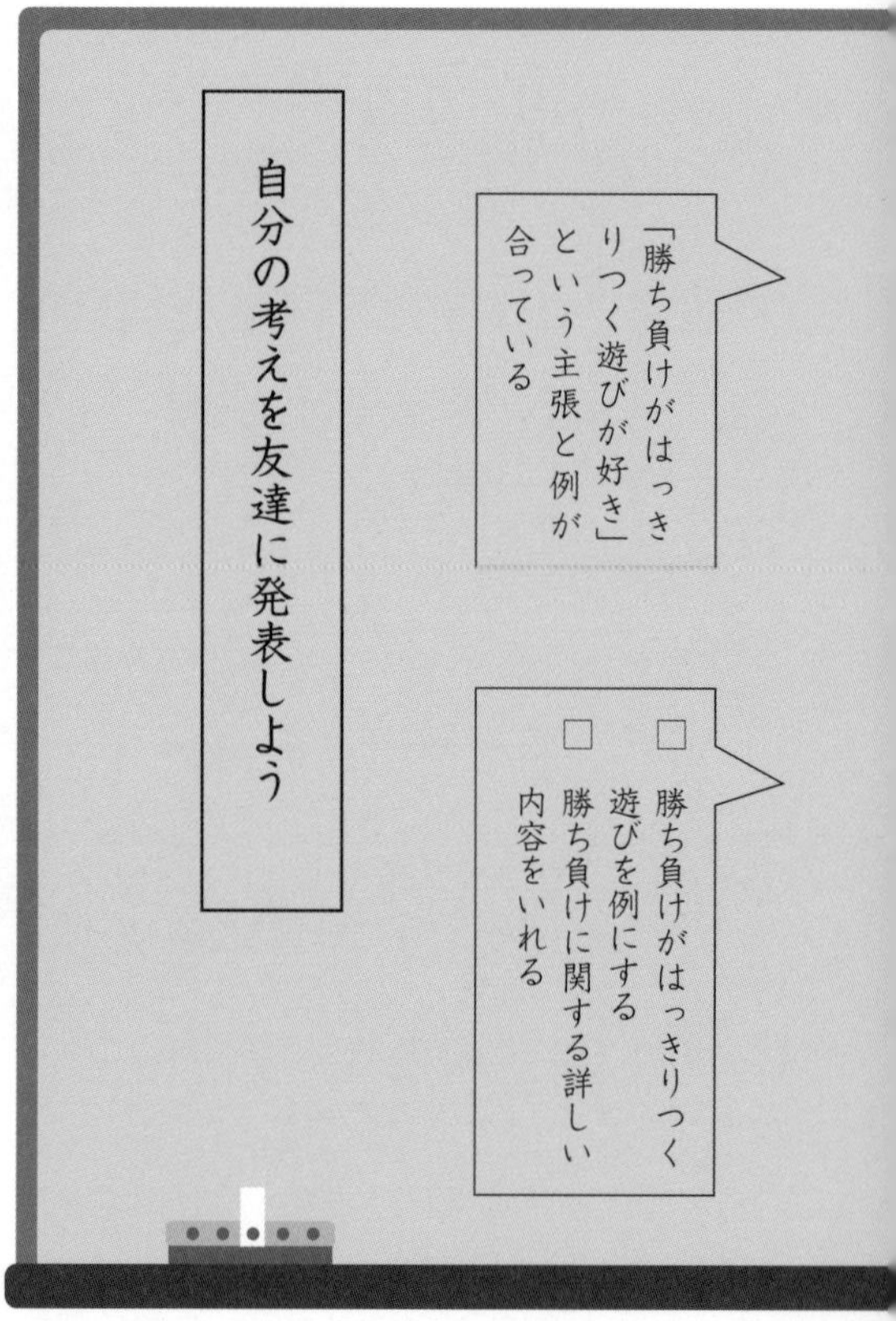

「勝ち負けがはっきりつく遊びが好き」という主張と例が合っている
□勝ち負けがはっきりつく遊びを例にする
□勝ち負けに関する詳しい内容をいれる
自分の考えを友達に発表しよう

れをもとに書くように指示する。 配慮イ

僕は、みんなで協力する遊びが好きです。例えば、長縄で連続とびの記録を出すために協力して挑戦するのが楽しいからです。他にも、部屋で遊ぶときには、人間椅子が好きです、輪になって、みんなが心を一つにしてやると、すわることができるからです。できたときは、みんなで協力してよかったと思えます

書くのが苦手だからできないよ

3 グループに分かれて、自分の考えを発表し、学習を振り返る

まとめた自分の考えを発表しましょう

友達の発表に対して、感想を言わせる。その際、考え（主張）と例のつながりが適切であったかを観点にするように声をかける。

「協力」というキーワードが考えにも、例の中にもあって、わかりやすかったです

準備物 ・例文（A適切な文 4-19・B不適切な文 4-20）

関係をとらえよう「考え（主張）と例」

どちらが伝え上手?

考え（主張）　例1　例2

A　20人

ぼくは、勝ち負けがはっきりつく遊びが好きです。

例えば、サッカーです。勝つとうれしいし、負けても、「今度こそ。」と思って、またしたくなります。

ほかにも、部屋の中で遊ぶときには、トランプでゲームをするのが好きです。どうやったら勝てるか、考えるのが楽しいからです。

B　8人

ぼくは、勝ち負けがはっきりつく遊びが好きです。

例えば、サッカーです。みんなで協力してやると、とても楽しいし、引き分けでも、汗をかいてすっきりします。

ほかにも、部屋の中で遊ぶときには、折り紙をするのが好きです。上手にできるとうれしいからです。

1 教科書を読み、学習の見通しをもつ

どんな遊びが好きか、二つの例文のうち、どちらの方が伝え上手だと思いますか?

Aの方が、「勝ち負けがはっきりつく遊びが好き」という主張と例が合っていると思います

Bは、「勝ち」「負け」の例が書いていません。だからAが伝え上手だと思います

どう考えたらいいのかわからないよ

Which型課題「どっちがいい?」

「考え（主張）と例」のつながりに着目できるように、二つの例文を比べながら読み、考え（主張）と例が効果的につながっているよさを実感させる。配慮ア

2 どんな遊びが好きか、自分の考えをノートにまとめる

どんな遊びが好きか、考え（主張）と例の関係に気を付けて、自分の考えをノートにまとめましょう

黒板には、①考え（主張）→②例1→③例2という枠組みを板書し、こ

「世界にほこる和紙」の授業デザイン

（光村図書４年下）

教材の特性

筆者の考える「和紙のよさ」を読者に呼びかける双括型の説明文である。和紙と洋紙を対比させる形で和紙の特長（長所）が述べられている。一方、和紙の短所や洋紙の長所については述べられておらず、教師が学習者の視野を意図的に広げながら、読みを深めさせたい。和紙に対する筆者の思いが強い文章のため、筆者の考えを理解させつつも、教材には書かれていない立場について考えさせることで、クリティカル（批判的）な読みの視点から「考えの形成」を図ることができる教材である。

終わり	中2			中1			初め		
⑩	⑨	⑧	⑦	⑥	⑤	④	③	②	①
筆者の主張	事例2		問い2	事例1補足	特長2	特長1	問い1	筆者の主張	話題提示
読者に対する筆者の呼びかけ	筆者が和紙を使う理由	過去から現在まで選ばれ続けてきた和紙	なぜ日本には和紙を作っているところが残っているのか？	和紙の活用の実態	紙が長もちする理由	紙のやぶれにくさの理由	和紙のよさ 和紙と洋紙のちがいとは？	和紙を薦める二つの理由	和紙の紹介

身に付けさせたい力

・考えとそれを支える理由や事例、全体と中心など情報と情報との関係について理解する力
・中心となる語や文を捉えながら要約する力

授業づくりの工夫

焦点化

○「対比関係」に注目させることで筆者の論理のわかりやすさに気付けるようにする。
○和紙の「長所」だけでなく「短所」に焦点化することで、文章には書かれていないことを想像させ、筆者の主張に対する理解を深められるようにする。

視覚化

○筆者の考えに対する共感度をスケーリングを用いて数値化することで、他者との違いを明確にする。
○対比型の板書を用いることで和紙と洋紙の違いがよりわかりやすいようにする。

共有化

○要約の基本となる型を提示し共有することで、文章を書きやすくする。
○要約した文章の共有では、付箋を用いて一言コメントを書けるようにする。

単元目標・評価規準

目標　筆者の主張とそれを支える事例の役割について理解し、中心となる語や文を捉えながら要約することができる。

知識・技能	思考・判断・表現	主体的に学習に取り組む態度
○考えとそれを支える理由や事例、全体と中心など情報と情報との関係について理解している。（(2) ア）	○「読むこと」において、目的を意識して、中心となる語や文を見つけて要約している。（C (1) ウ）	○自分の考えとそれを支える理由や事例との関係の書き表し方を工夫しようとしている。

単元計画（全7時間）

次	時	学習活動	指導上の留意点
一	1	**文章の大体を捉えよう！**	
		○全文を通読後、「和紙をどれくらい使ってみたいと思ったか」について、スケーリングを用いて考える。	・学習者の関心を高めるために、筆者の述べる和紙の魅力について読者としてどれくらい共感できるか、初発の感想について交流を行う。
	2	○教材の中にある「対比関係」について考える。	・教材の中で筆者が用いている対比関係（和紙と洋紙、日本と世界、過去と現在、人の手と機械）に気付かせ、文章の構造と内容を整理する。
二	1	**筆者（増田さん）の考えを詳しく知ろう！**	
		○「和紙と洋紙のちがい」について整理することで、和紙のよさを考える。	・筆者の述べる和紙のよさに気付けるように、和紙と洋紙の相違点（共通点）について板書を用いながら整理する。一方、洋紙のよさに触れていないことにも気付けるよう、考えをゆさぶる。
	2	○和紙のよさがあるのにもかかわらず、「和紙が使われない理由」について考える。	・「どうして和紙が使われないのか」筆者に短所を伝えることで、批判的思考力を育てる。筆者が本文では触れていない「和紙の短所」について考えられるように、学習課題を設定する。
	3	○本文のキーワードの重要度を考えることを通して、中心となる語や文を捉える。	・要約の活動の基礎となる部分をつくるために、文や語の重要度を考える活動で文章構造と内容を改めて丁寧に確認する。
三	1	**筆者の主張に対する自分の考えをまとめて、交流しよう！**	
		○これまでの学習を生かして「筆者の主張に納得できるか」について、考えを200字程度でまとめる。	・「考えの形成」について表現できるように、「立場→要約→まとめ」という要約の基本的構成を与える。
	2	○要約した文章を共有し、お互いの考えについて意見を交流する。	・お互いの文章のわかりやすさや表現のよい部分を交流できるように、交流のポイントを伝える。

※教科書では、この後に「伝統工芸のよさを伝えよう」という「書くこと」の単元を設定している。

教材分析

イ 双括型

第②段落と第⑩段落に筆者の主張（考え）が述べられている。ここに書かれている「和紙のよさ」と「気持ちを表す方法」が、「中」の部分に詳しく説明されている。この関係に気付くと、「中」も前半と後半に分けることができる。

ウ 事例の並列関係

筆者は大きく二つのことを述べながら、和紙の魅力を伝えている。このまとまりを意識しながら読む力は言葉の「具体と抽象」の関係を捉える上でも重要である。また、それぞれの説明の中に「過去と現在」「世界と日本」という対比も用いている。

エ 小さな問い

第③段落と第⑦段落には、前半・後半それぞれに関連づけられる小さな問いが示されている。問いの文を用いることで読者の関心を引き付ける効果がある。

中

3まず、ウ和紙のよさについて考えてみましょう。和紙には、洋紙とくらべて、やぶれにくく、長もちするという二つのとくちょうがあります。エこのようなちがいは、何によって生まれるのでしょうか。

4紙のやぶれにくさは、せんいの長さのちがいが関係しています。紙は、そこにふくまれるせんいが長いほど、よりやぶれにくくなります。そして、洋紙と和紙をくらべると、和紙はとても長いせんいでできています。そのため、和紙は、洋紙よりもやぶれにくいのです。

5紙が長もちするかどうかは、作り方のちがいによります。洋紙を作るときには、とても高い温度にしたり、多くの薬品を使ったりします。しかし、和紙を作るときには、洋紙ほど高い温度にすることはなく、薬品もあまり使いません。よりおだやかなかんきょうで作られている和紙は、時間がたっても紙の成分が変化しにくく、その結果、長もちするのです。

6このような和紙のとくちょうは、国内外のさまざまな所で実感することができます。正倉院には、およそ千三百年前の和紙に書かれた文書が一万点以上ものこっています。それらは、げんざいでも、当時とあまり変わらない手ざわりで、当時と同じように文字を読むことができます。また、日本だけではなく、世界の博物館や美術館などで、古くからある絵画や手紙の修復に和紙が使われています。やぶれた所や、いたんでしまった作品全体に和紙をはりつけることで、何百年もの間、作品を元のすがたのままで保管し、人々に見せることができるのです。

■第一次・第2時

「『和紙と洋紙』の対比以外で、どの対比が一番、大切だと思いますか？」（Which型課題）

対比関係に着目させることで、筆者の主張を事例がどのように支えているのかをつかませたい。一番大切だと思う対比を考えることは、対比関係の効果を捉えることにつながる。

■第二次・第1時

「教科書に書かれている和紙と洋紙の違いはいくつありますか？」

まずは、数を問うことで本文を読む必然性を生み出す。意見のずれを扱いながら、内容を整理したい。その際、板書ではベン図を用いて、和紙と洋紙の共通点と相違点を明らかにする。

◆教材研究のポイント　その①　対比関係

これまで学習した説明文教材の中にも対比関係を用いた文章は数多く存在している。本教材においてもいくつかの対比関係を捉えさせることで、より筆者の主張を深く読み取ることができる。「比べる」という視点は思考を「広げ」「深め」る上でも重要な部分であり、低学年から継続して指導される内容である。文章全体を視野に入れて、俯瞰した読み方に挑戦させたい。

◆教材研究のポイント　その②　筆者の主張と事例のつながり

双括型の文章のため、「初め」と「終わり」に筆者の主張が述べられている。これらの主張と「中」に書かれている事例がどのようにつながっているのかをおさえたい。この視点をもつことで言葉の「抽象と具体」の関係性にも気付かせることができる。

指導内容

ア　事例の対比関係

この文章には、様々な対比関係が用いられている。第①段落だけでも、「日本と世界」「人の手と機械」「和紙と洋紙」の三つが挙げられる。

第②段落以降では、「洋紙と和紙」「過去と現在」「世界と日本」といった対比関係を示すことで、筆者の思いをより印象的に読者に伝える工夫がなされている。

世界にほこる和紙　　　増田勝彦

初め

1 二〇一四年十一月二十六日、和紙を作る[ア]日本の伝統的なぎじゅつが、ユネスコの無形文化遺産に登録されました。紙は、せんいというとても細い糸のようなものでできています。植物から取り出したせんいを、人の手によって、ていねいにからませて作る日本のわざが、世界にみとめられたのです。日常生活では、機械で作られた洋紙とよばれる紙を使うことが多くなりましたが、日本には、このすばらしいぎじゅつによって作られた和紙もあるのです。

2[イ] わたしは、和紙のことをほこりに思っています。そして、より多くの人に和紙のよさを知ってもらい、使ってほしいと考えています。なぜなら、和紙には洋紙にはないよさがあり、和紙を選んで使うことは、自分の気持ちを表す方法の一つだからです。

指導のポイント

■第一次・第1時

「みんなは、この文章を読んでどれくらい和紙を使ってみたいと思いましたか？」（Which型課題）

筆者が述べる最後の一文にどの程度共感できるのかをスケーリングを用いることで表現させる。自分と他者の感じ方の共通点や相違点に気付かせ、教材に対する関心を高めたい。

教材分析

カ 読者への問いかけ

筆者の主張とともに読者に思考を促す文である。この問いかけに読者としてどの程度「共感」できるかを表現させることで「文章の評価」を行うことができる。

9 わたしは、自分のことをしょうかいするめいしを和紙で作っています。かんたんにはやぶれない、長もちする和紙を使うことで、わたしした相手との出会いを大切にしている気持ちを表しているのです。孫にお年玉をあげるときにも、和紙のふくろを使います。よりよろこんでもらいたいという思いから、ぬくもりのある美しい和紙を選ぶのです。

終わり

10 このように、ィ和紙のもつよさと、使う紙を選ぶわたしたちの気持ちによって、長い間、和紙は作られ、さまざまなところで使われ続けてきたのだと、わたしは考えています。そして、和紙を作るぎじゅつは、世界にほこれる無形文化遺産になりました。みなさんは、今、洋紙だけでなく、和紙を選ぶこともできます。いつも同じものを使うのではなく、美しくかざりたいと思ったり、相手によろこんでもらいたいと考えたりして、紙を選ぶことは、とてもすてきなことです。カみなさんも、世界にほこる和紙を、生活の中で使ってみませんか。

■第三次・第1〜2時

第一次と第二次の学習を踏まえて「筆者の主張に納得できるか」について、二〇〇字程度で要約させる。書くことが苦手な学習者に対しては、これまで学んだ中心となる語や文をおさえた上で、基本となる型を提示するとよい。

また、共有の際には、お互いの要約文のよいところ（わかりやすさや表現のよい部分）について付箋を用いてコメントを書かせ、今後の学習に役立たせたい。

指導内容

オ 中心文と要約

ここまで確認してきたア〜エの指導内容をおさえることは、中心文を捉えることにつながる。筆者が読者に伝えようとしている「和紙の魅力」は、大きく二つあり、様々な対比関係を用いることで具体的に述べられていることを要約させるとよい。

中

7ウもう一つ、わたしが、より多くの人に和紙を使ってほしいと考えるのには、やぶれにくく、長もちするということ以外にも理由があります。かつては、ヨーロッパの国々でも、和紙とは原材料がことなるものの、さかんに人の手によって紙が作られていました。けれども、今では、そのような場所は、一か国に、一、二か所ぐらいしかのこっていません。いっぽう、日本には、人の手で和紙を作っている所が、今も、二百か所ほどあります。エなぜ、日本には、和紙を作っている所がこんなにものこっているのでしょうか。それは、ウわたしたちが、和紙の風合いを美しいと感じ、自分の気持ちを表す方法の一つとして、和紙を選んで使ってきたからなのではないかと考えています。

8今からおよそ千年前の平安時代、短歌を書くときには、美しくかざられたきれいな和紙が使われていました。洋紙があるげんざいでも、手紙を書くための便せんを買いに行けば、和紙でできたものもならんでいて、受け取る相手や伝えたい気持ちに合わせて、それらを選ぶ人がいます。

指導のポイント

■第二次・第2時

「筆者の増田さんに和紙の短所を伝えるとすれば、何を伝える？」

（しかけ「仮定する」）

本文には、和紙の長所は書かれているが短所は書かれていない。あえて、この書かれていない部分を想像させることで、和紙に対する視野を広げたい。

■第二次・第3時

「キーワードカードを比べながら、この文章において重要な言葉はどれか話し合おう」

（しかけ「分類する」）

教師の用意したキーワードカードの重要度を考える活動を通して、中心となる語や文を捉えさせたい。この学びが次時の要約活動につながる。

本時の展開 第一次 第1時

目標 筆者の問いかけに対する答えを考えることを通して、それぞれの共感度の違いに気付き、教材内容への関心を高めることができる。

本時展開のポイント

スケーリングを用いて筆者の考えに対する共感度を可視化し、自分と他者の感じ方の違いに気付かせる。教材内容と関連づけることで大まかな内容も捉えさせたい。

個への配慮

ア数値を二択化にする

自分の考えの数値化に困っている場合、シンプルな思考を働かせることができるように、「使ってみたい」「使ってみたくない」の二択にして提示する。

イ板書に色チョークで印をつける

「ゆさぶり発問」の意図が伝わらない場合、どの部分に着目すればよいのか明確にするために、色チョークを用いて和紙の魅力に該当する部分に印をつける。

・筆者の和紙のみ力の伝え方
・和紙についてもっと知りたい

★
→筆者の書きぶりに注目して学習を進めていこう。

3 筆者の書きぶりについて考える

これだけ、ばっちり和紙の魅力が伝わっているので筆者の文章は百点満点ですね!

えっ…でも、使ってみたいって思えない人もいたし…
僕はよくわかったけれど、みんなはどうなんだろう?

しかけ(仮定する)

全体での交流を受けて、和紙の魅力が十分に伝わったと仮定し、ゆさぶりをかける。筆者の文章の書きぶりについては、まだ認識が浅いことを自覚させ、次時以降の学習の動機付けをしたい。 配慮イ

4 単元の見通しをもたせ、学習を振り返る

今日の話し合いをもとにして、筆者がどのように和紙の魅力を伝えているのか読み取っていこう

筆者が和紙の魅力をどのように伝えているのかを知りたいな
みんなの考えを聞いたら、和紙についてもっと知りたくなった

読者として筆者の主張をどのように受け取ったのか、板書の言葉を頼りに学習のまとめを行う。次時以降、筆者の書きぶりを中心に、どんなことを明らかにしていくのかの見通しをもたせたい。

準備物
・和紙（製品）の写真（教科書の写真でもよい）
・ネームプレート

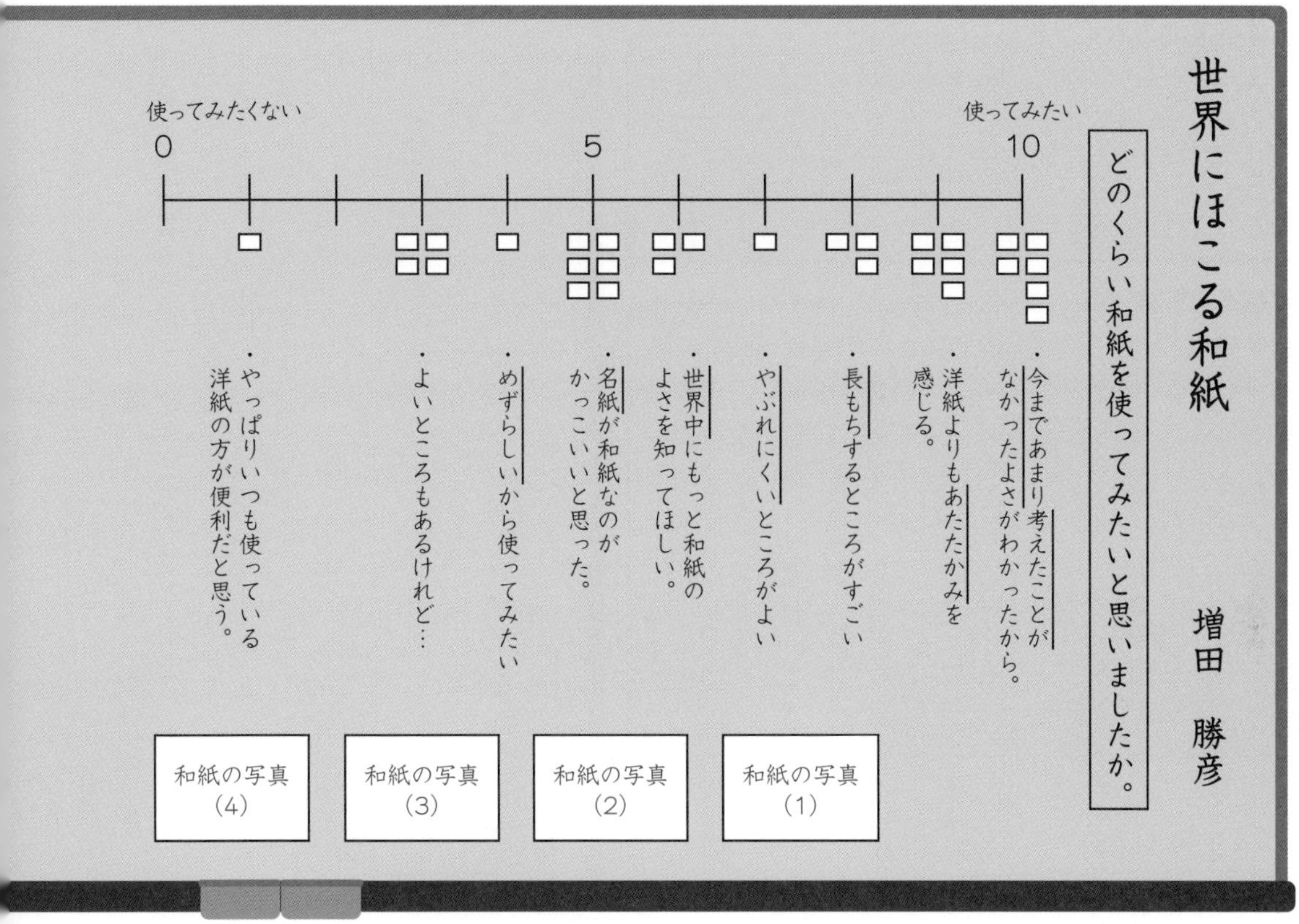
世界にほこる和紙
増田 勝彦
どのくらい和紙を使ってみたいと思いましたか。
使ってみたい
10
5
0
使ってみたくない
・今まであまり考えたことがなかったよさがわかったから。
・洋紙よりもあたたかみを感じる。
・長もちするところがすごい
・やぶれにくいところがよい
・世界中にもっと和紙のよさを知ってほしい。
・名紙が和紙なのがかっこいいと思った。
・めずらしいから使ってみたい
・よいところもあるけれど…
・やっぱりいつも使っている洋紙の方が便利だと思う。
和紙の写真（1）
和紙の写真（2）
和紙の写真（3）
和紙の写真（4）

1 和紙についてのイメージを共有し、教師が範読する

和紙って聞いてみんなは、どんなものやイメージが思い浮かびますか？

家の和室の障子かな
和紙は「日本」ってイメージがかなり強いね。海外でも使われているのかな？

この教材の題材でもある「和紙」についての既有の知識やイメージを子どもたちから引き出す。和紙を用いた具体物を想起させるだけでなく、和紙のもつイメージまで共有できるとよい。

2 学習課題について話し合う

みんなは、この文章を読んでどれくらい和紙を使ってみたいと思いましたか？

私は、9かな。今まで知らなかった魅力に気付けたから。
うーん。僕は、よくわからないよ。数字が細かいなぁ…

Which型課題

自分の考えを十段階のスケーリングで数値化し、その理由も述べさせる。筆者の主張のどの部分に共感できた（できなかった）のかを話し合うことで、教材に対する理解を深める。 配慮ア

本時の展開　第一次　第2時

目標　文章の中で使われている対比関係の比較を通して、文章中における対比関係の効果に気付き、文章の内容と構造を整理できる。

[本時展開のポイント]

文章の全体の大体を把握するため、対比関係になっている言葉に着目し、構造と内容を整理する。対比がある場合・ない場合を具体的にイメージさせることが大切である。

[個への配慮]

㋐明確にイメージできるように、より身近な例を出す

対比関係の意味がわからない学習者の場合、言葉のイメージを大まかに捉えさせるために、簡単な例や既習内容（明るい⇔暗い、アップ⇔ルーズ等）を提示する。

㋑段階的に思考できるように、選択肢を提示する

学習課題に対する答えを自分で一つ選択できない場合、優劣を考えさせやすくするために、二つずつ比較させ、選択肢を絞る。

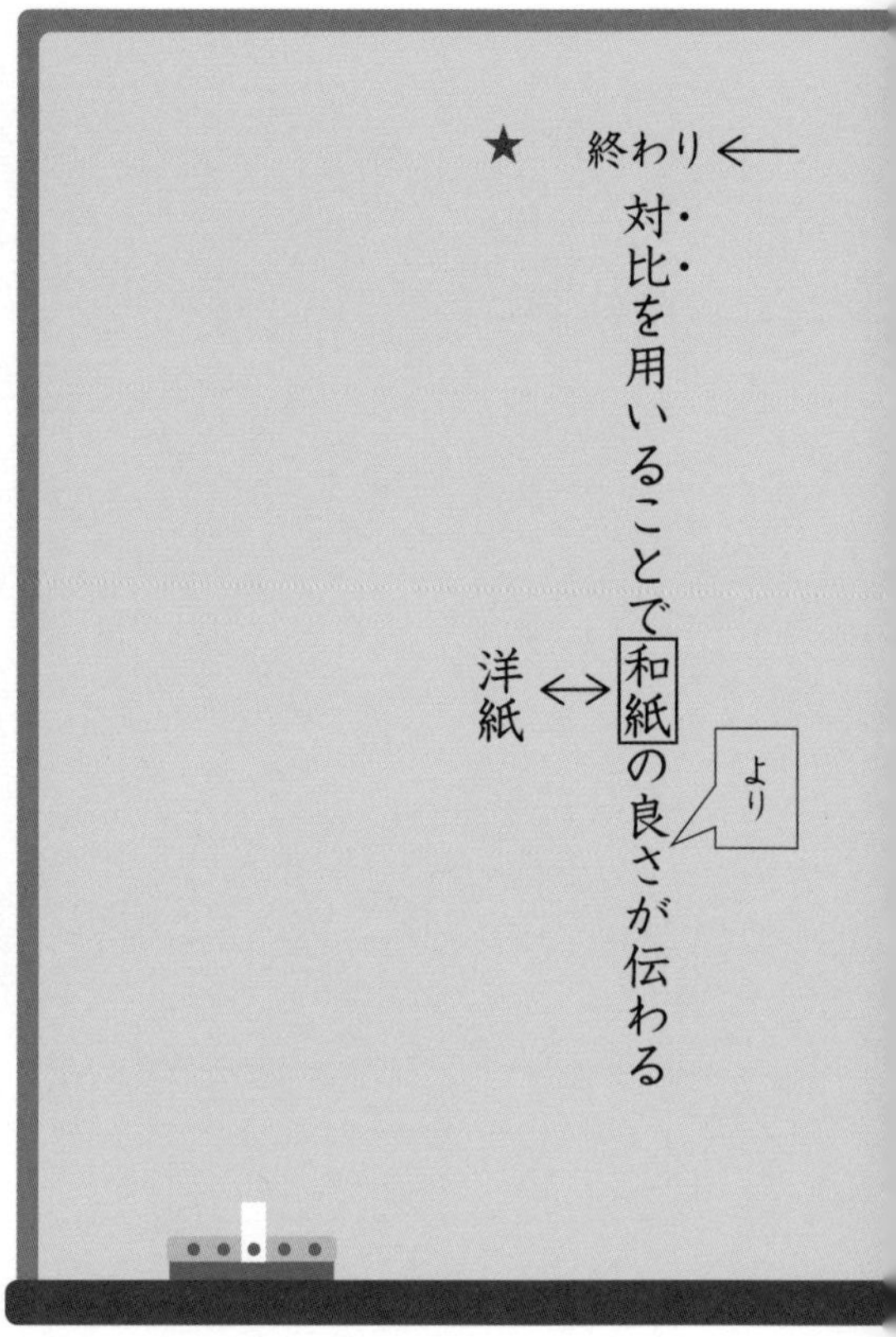
★　終わり ←
対・比・を用いることで和紙の良さが伝わる
洋紙 ⇔ 和紙
より

番大切かを考えさせ、内容理解を図る。配慮㋑

3 対比関係の効果について話し合う

この説明文は、和紙のよさを伝えたいのだから、洋紙の話は要らないですよね？

だめだよ～。洋紙が書かれているから、比べて考えることができるし
対比させるとわかりやすいよね

しかけ（仮定する）

対比関係を文章中に用いることの効果に気付かせたい。題名に着目し、思考にゆさぶりをかける。洋紙の記述があることでより和紙のよさが際立つことをおさえたい。

4 学習のまとめ・振り返りを行う

対比があることのよさはどんなことですか？

対比させると一つだけで考えるより、広く考えることができた
文章の中にたくさん隠れていたんだね。頭がスッキリしたよ

ここまで学習した「対比」の効果についてまとめる。対比がある・ないではどのような違いが出るかをイメージさせる。また、文章全体の構造と内容についても板書を用いて大まかに捉えさせる。

世界にほこる和紙

増田 勝彦

「和紙と洋紙」の対比以外で、どの対比が一番、大切だと思いますか？

初め ← 中 ←

日本と世界 ／ 人の手と機械 ／ 和紙と洋紙

三つ

日本と世界 10人

・和紙が日本だけでなく、世界に広がっていることがわかるから。
・和紙を作っている所の多さが強調されるから。
・世界から認められるほどすごいことがわかるから。

人の手と機械 8人

・人の手で行うということは、日本人の技のすばらしさも伝わるから。
・和紙が特別なものであることが伝わるから。
・和紙の温かさが伝わるから。

過去と現在 15人

・千年以上前と比べることで、和紙が長年使われてきたことを実感できるから。
・和紙がいかに丈夫かを示すことができるから。
・和紙＝伝統という感じが伝わるから。

1 対比関係を見つける

第①段落には、対比関係になっているものはいくつありますか？

和紙と洋紙みたいな関係だよね？ 三つ見つけたよ！
対比関係って何だっけ…？

対比関係の言葉の数をたずねることでゲーム感覚で学習内容への関心を高めることができる。「対比」の概念についても確認し、文章全体に視野を広げたい。学習者に教科書本文に印をつけさせるとよい。

配慮ア

2 対比関係を比較する

『和紙と洋紙』の対比以外で、どの対比が一番、大切だと思いますか？

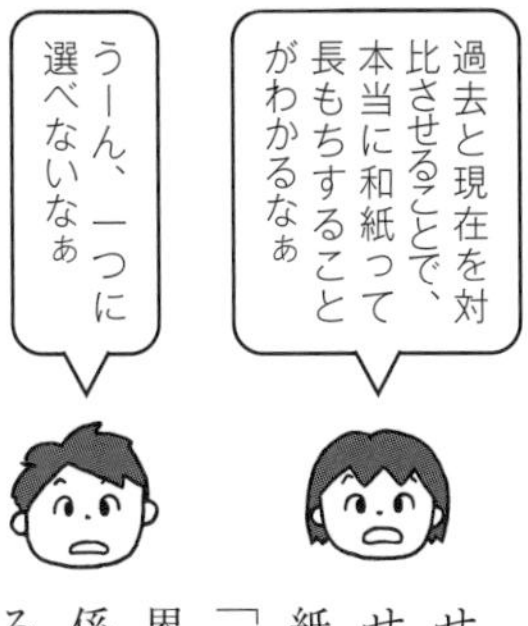
過去と現在を対比させることで、本当に和紙って長もちすることがわかるなぁ
うーん、一つに選べないなぁ

Which型課題

文章全体に目を向けさせて「対比関係」を探させる。この文章では「和紙と洋紙」の対比以外に「過去と現在」「日本と世界」「人の手と機械」の関係を見つけることができるので、その中でどれが一

本時の展開　第二次　第1時

目標 「和紙と洋紙のちがい」を話し合う活動を通して、筆者の述べる和紙のよさに気付き、和紙の特徴について考えを深めることができる。

[本時展開のポイント]

視覚的な支援のため、板書ではベン図を用いて整理し、それぞれの共通点と相違点を明らかにする。洋紙に関しては書かれていない部分も多いが、「和紙に対して…」と比べながら考えることで情報を整理したい。

[個への配慮]

㋐具体物をイメージできるように写真を見せる

使いやすさについて考えをもてない場合、具体物を頭にイメージするために、写真を印刷したものを用意して提示する。

㋑必要な情報のみに焦点化できるよう印をつける

文章全体を視野に入れて考えることが難しい場合、思考に必要な情報に焦点化できるようにするために、「和紙」「洋紙」の言葉に○印をつけるように促す。

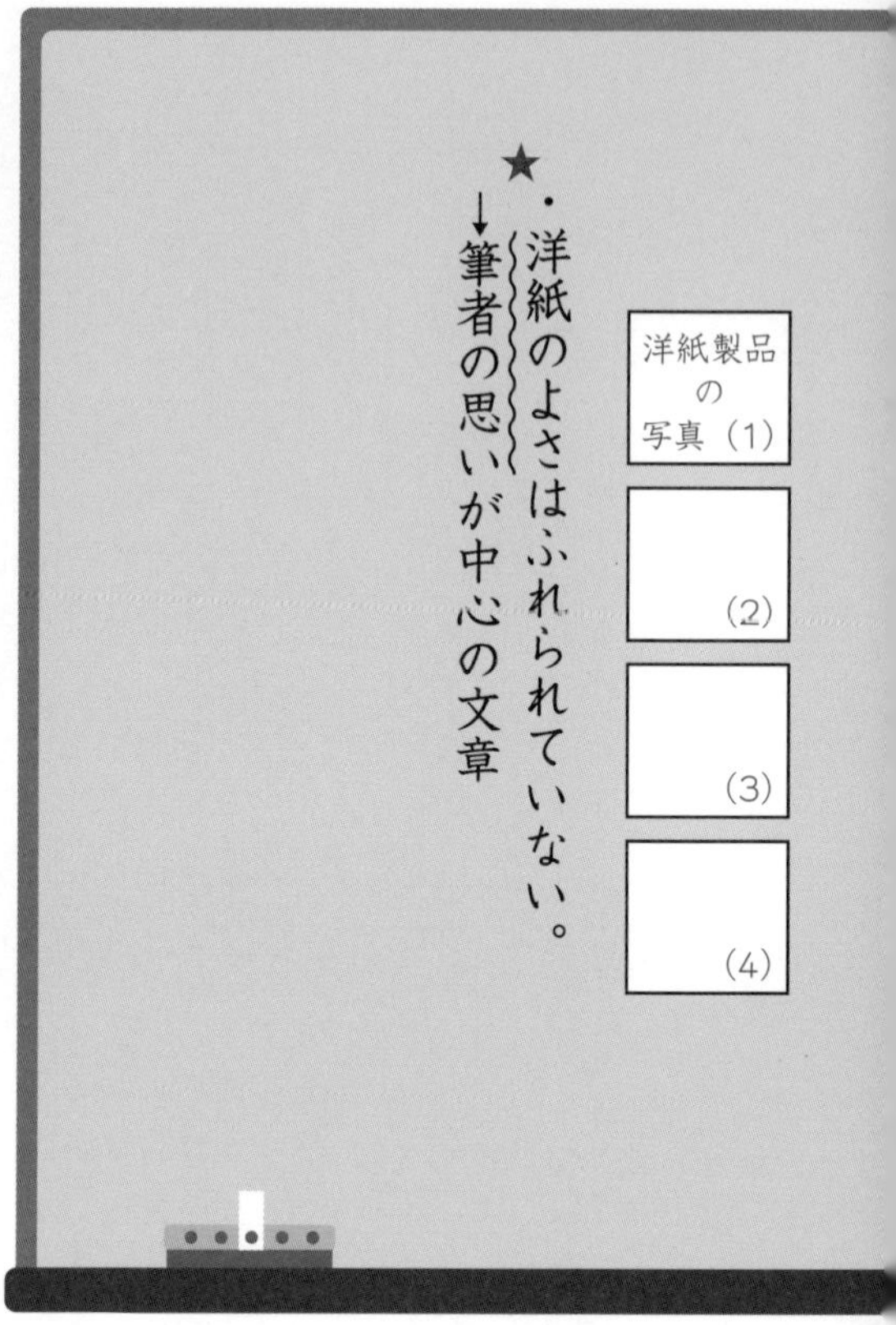

★・洋紙のよさはふれられていない。
→筆者の思いが中心の文章
洋紙製品の写真（1）
（2）
（3）
（4）

3 書かれていない内容について考える

和紙のよさはわかるけれど、洋紙のよさには触れなくていいのかな？

本当だ。洋紙にもいいところはたくさんあるのにね

どうして書かれていないのかな？

本文を根拠に考えを整理していくと自然と和紙のよさには着目することができる。一方、今回比較の対象として用いられた洋紙のよさが本文では触れられていない意図について考えを深める。

4 和紙のよさを確認し、学習を振り返る

今日発見した和紙のよさは何ですか？

洋紙との違いを考えることで、和紙のよいところがわかったね

筆者の和紙に対する強い思いが伝わってきたね

「和紙と洋紙」の対比を通して発見できた内容について改めて板書を見ながら整理する。筆者が「世界にほこる和紙」と述べるほどの強い思いをもっていることも触れ、題名と本文のつながりも実感させたい。

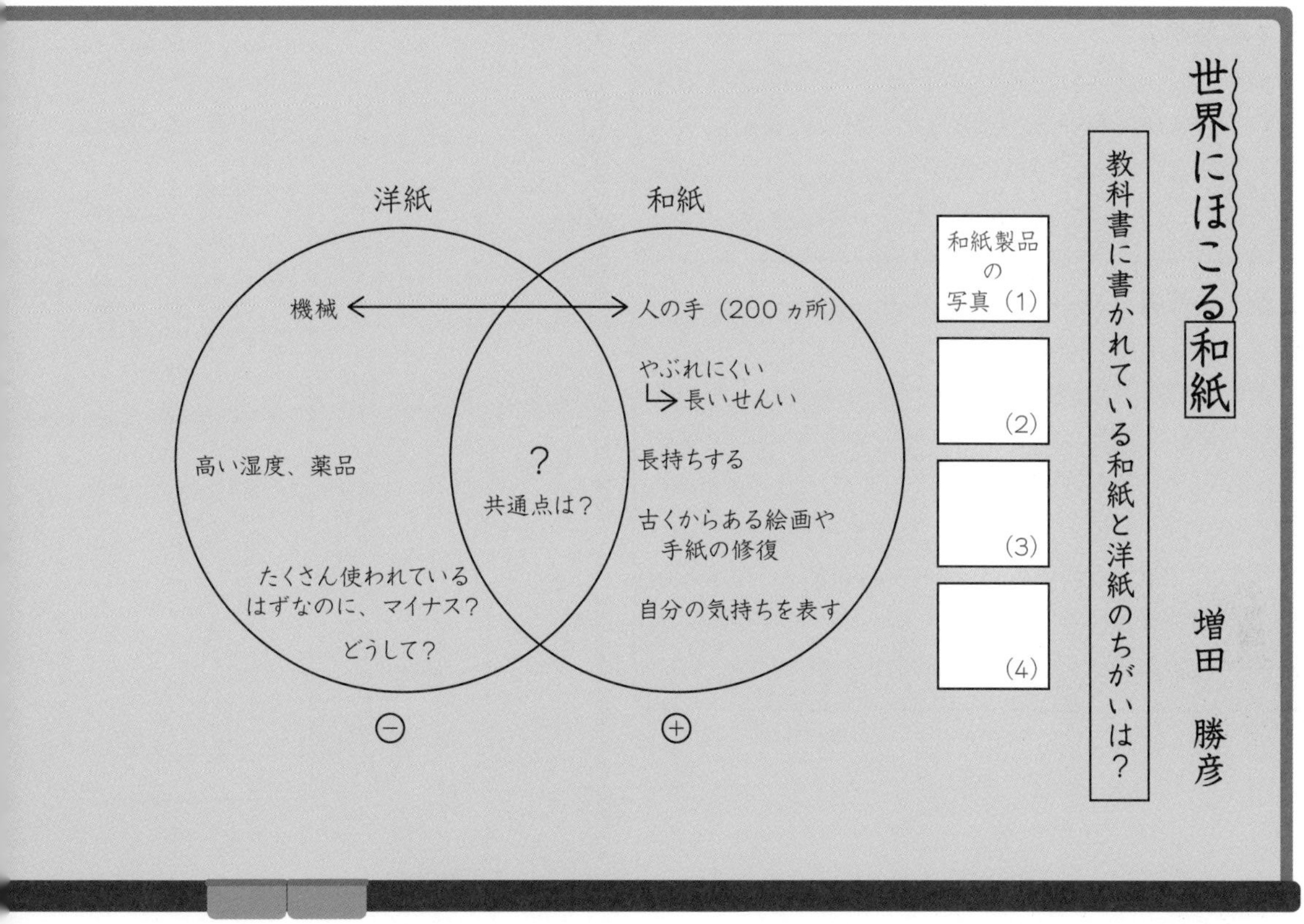
世界にほこる和紙
増田 勝彦
教科書に書かれている和紙と洋紙のちがいは？
和紙製品の写真（1）
（2）
（3）
（4）
洋紙
和紙
機械
人の手（200ヵ所）
やぶれにくい
長いせんい
高い湿度、薬品
？
共通点は？
長持ちする
古くからある絵画や手紙の修復
たくさん使われているはずなのに、マイナス？
どうして？
自分の気持ちを表す
−
＋

1 経験知を共有する

みんなは和紙と洋紙はどっちが使いやすい？

洋紙の方が、身の回りにたくさんあるよね

和紙ってあまり使い方がわからないなぁ

日常の生活と結びつけて考えさせることで、自分たちの身の回りには和紙よりも洋紙の方があふれていることに気付かせる。和紙に触れた経験がなかなか思い出せない学習者がいることも予想される。　配慮ア

2 学習課題を提示し話し合う

教科書に書かれている和紙と洋紙の違いはいくつありますか？

僕は二つ見つけたよ。もっと見つけた子はいるのかな？

何が違うかと言われると、うまく言葉で言えないな…

和紙のよさを整理するために、洋紙との比較を用いる。見つけた違いの数のずれが、他者の考えを知りたいという意欲につながる。板書を用いて違いを整理するとともに、共通点への思考も働かせたい。　配慮イ

本時の展開 第二次 第2時

目標 筆者に和紙の短所を伝える活動を通して、和紙が使われない理由（短所）に気付き、批判的思考力を働かせながら考えを深めることができる。

[本時展開のポイント]

前時までに捉えた和紙の長所だけでなく書かれていない部分にまで視野を広げるため、あえて短所についても思考し、筆者の和紙に対する思いをより深く理解する。

[個への配慮]

㋐ノートを活用した前時の振り返りを行う

前時の内容を思い出すことができない場合、和紙の長所を確認できるようにするために、ペアで前時のノートを見返す時間を設定する。

㋑ヒントカードでスモールステップ化を図る

和紙の短所を考えてもひらめかない場合、具体的にイメージできるようにするために、「先生の考えた和紙の使いづらさカード」を渡し、短所を考えやすくする。

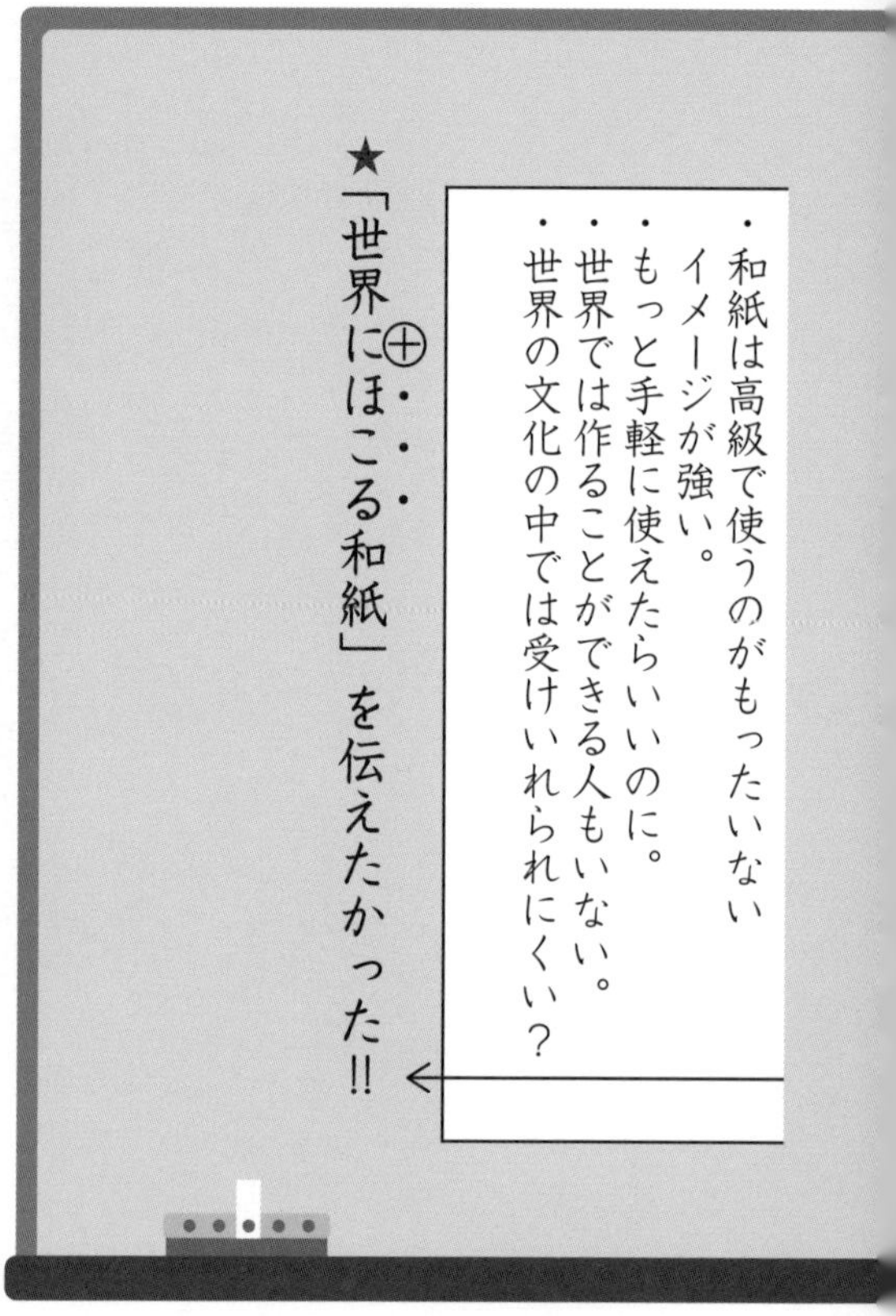

・和紙は高級で使うのがもったいないイメージが強い。
・もっと手軽に使えたらいいのに。
・世界では作ることができる人もいない。
・世界の文化の中では受けいれられにくい？
★「世界にほこる和紙」を伝えたかった!!

3 筆者の書きぶりの意図にせまる

これだけ短所が見つかったんだから、教科書にもちゃんと載せた方がいいですよね？

長所と短所がしっかり書いてあった方が説得力があるよね

題名にもある「世界にほこる」の部分をしっかり伝えたかったんじゃないかな

しかけ（仮定する）

教科書に短所も記載すると仮定し、学習者の思考をゆさぶる。筆者はなぜ、長所ばかりを述べて短所に触れなかったのかを想像し、その意図にせまりたい。

4 学習の振り返りを行う

短所も考えたことで、どんなことに気付くことができましたか？

短所もあるけれど、それ以上に筆者の思いが強いことがわかった

これまで気付くことのできなかった部分に気付けたよね

和紙の長所だけでなく短所についても考えたことで、より和紙の特徴を捉えることができたことを振り返る。

準備物
・和紙の長所クイズの短冊（空所付き）5-05～08
・先生の考えた和紙の使いづらさカードﾞ（個への配慮で使用）5-09

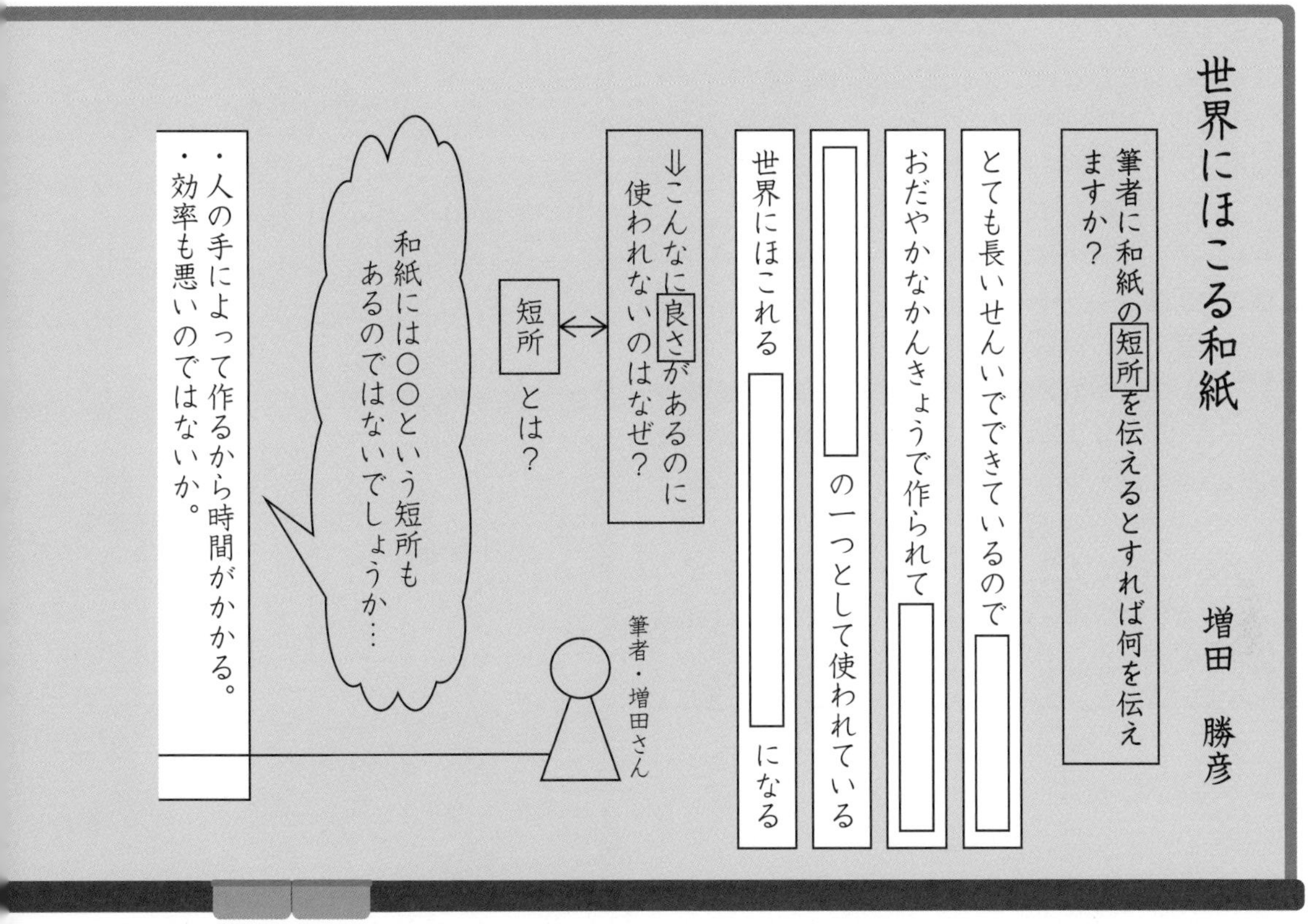

世界にほこる和紙
増田　勝彦
筆者に和紙の短所を伝えるとすれば何を伝えますか？
とても長いせんいでできているので
おだやかなかんきょうで作られて
の一つとして使われている
世界にほこれる
になる
⇓こんなに良さがあるのに使われないのはなぜ？
短所
とは？
筆者・増田さん
和紙には○○という短所もあるのではないでしょうか…
・人の手によって作るから時間がかかる。
・効率も悪いのではないか。

1 和紙の長所クイズを行う

今から先生が示す文の空欄に入る言葉を当ててください

和紙は確かやぶれにくいんだよね！
どんなよさがあったか忘れちゃったよ…

しかけ（隠す）

前時の復習も兼ねて、和紙の長所を示す文をクイズ形式で確認する。一方、本文では短所に触れられていないことを確認し、思考の転換を促す。

配慮ア

2 和紙の短所について考える

筆者の増田さんに和紙の短所を伝えるとすれば、何を伝えますか？

人の手を使って作られているから時間がかかりそうだよね
短所ってどうやって考えればいいんだろう？

しかけ（仮定する）

筆者の増田さんに「和紙には、○○という短所もあるのでは？」と伝えるとしたらどんなことを伝えるかを話し合う。

また、長所と短所を比較できるように板書を工夫する。

配慮イ

本時の展開　第二次　第3時

目標 本文のキーワードの重要度を考えることを通して、中心となる語や文を捉えることができる。

[本時展開のポイント]

文章の中心となる語や文を捉えることができるようにするため、言葉の重要度を比較し、文章構造のつながりを整理する。次時の要約の活動がスムーズに行えるような思考を働かせたい。

[個への配慮]

ア取り上げている言葉を見つけて印をつける

重要度の判断が困難な場合、本文との関係性に気付くことができるように、キーワードを確認しながら文章中の言葉に印をつける。

イ重要ワードリストを渡す

言葉のつながりを意識することが困難な場合、どの言葉に注目すればよいのかを明確にするために、教師の用意した重要ワードリストを渡す。

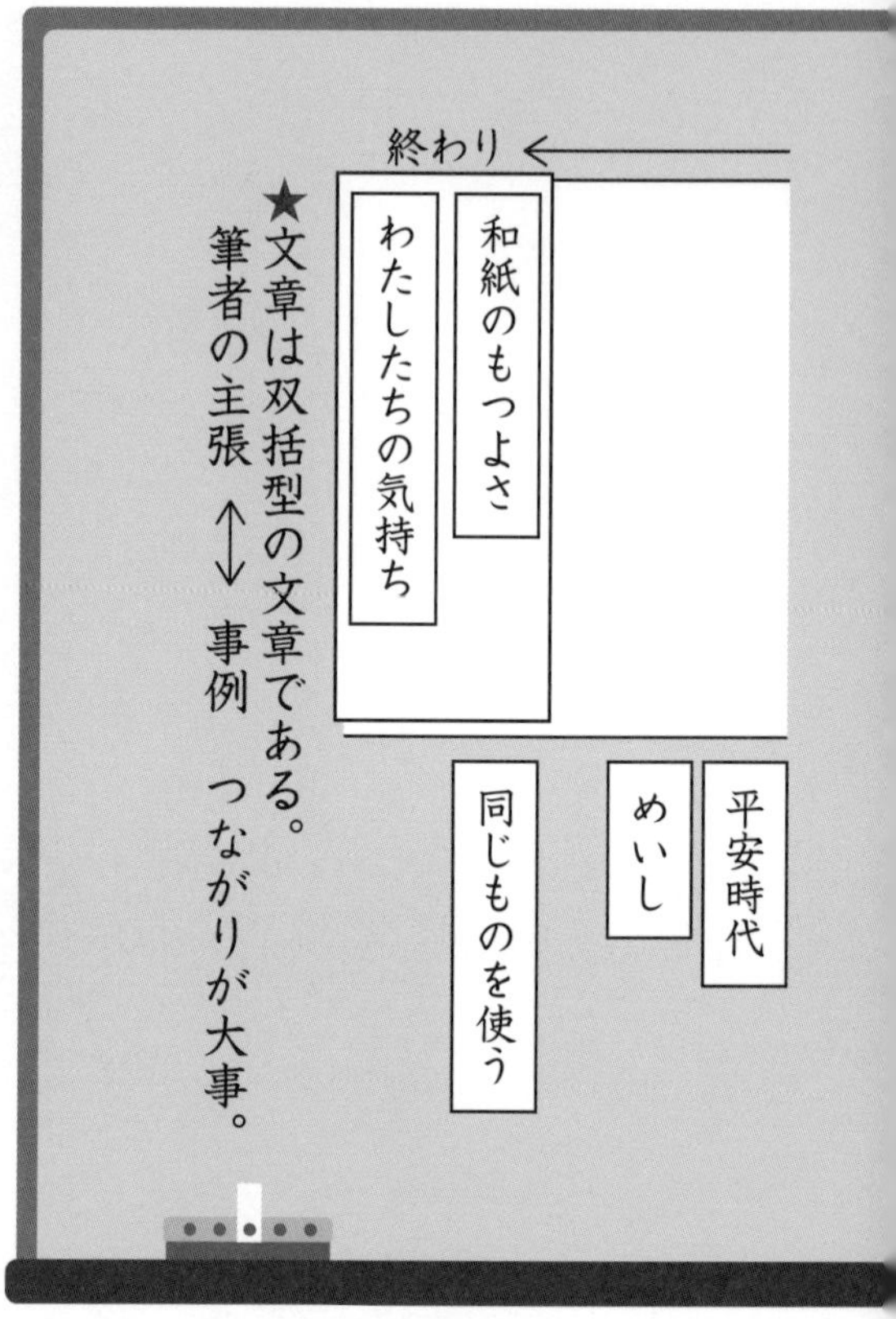
平安時代
めいし
同じものを使う
和紙のもつよさ
わたしたちの気持ち
終わり ←
★文章は双括型の文章である。
筆者の主張 ↔ 事例　つながりが大事。

つなげたい。　配慮ア

3 筆者の主張と事例のつながりを発見する

話し合いの中で文章にどんなつながりが見えてきましたか?

「和紙のよさ」や「気持ちを表す方法」は「中」で詳しく述べられているね!

つながりって、どういうこと?

話し合いを通して浮かび上がった言葉のつながりを整理する。つながりがある部分には線を引いたり、印をつけて結んだりすることで、筆者の主張と事例、言葉のつながりを可視化する。　配慮イ

4 文章構造や言葉のつながりについて振り返る

黒板を見ながら、授業をふりかえりましょう

筆者が伝えたいことが、よりはっきりするね

色のついた言葉をつなげると、この説明文の大切な部分がわかるね

筆者の主張が初めと終わりにある双括型の文章であることを確認する。

また、双括型の文章はどのようなよさがあるのかについても簡単に確認する。

準備物
・「世界にほこる和紙」キーワードカード 5-18～26
・重要ワードリスト 5-03、10～17

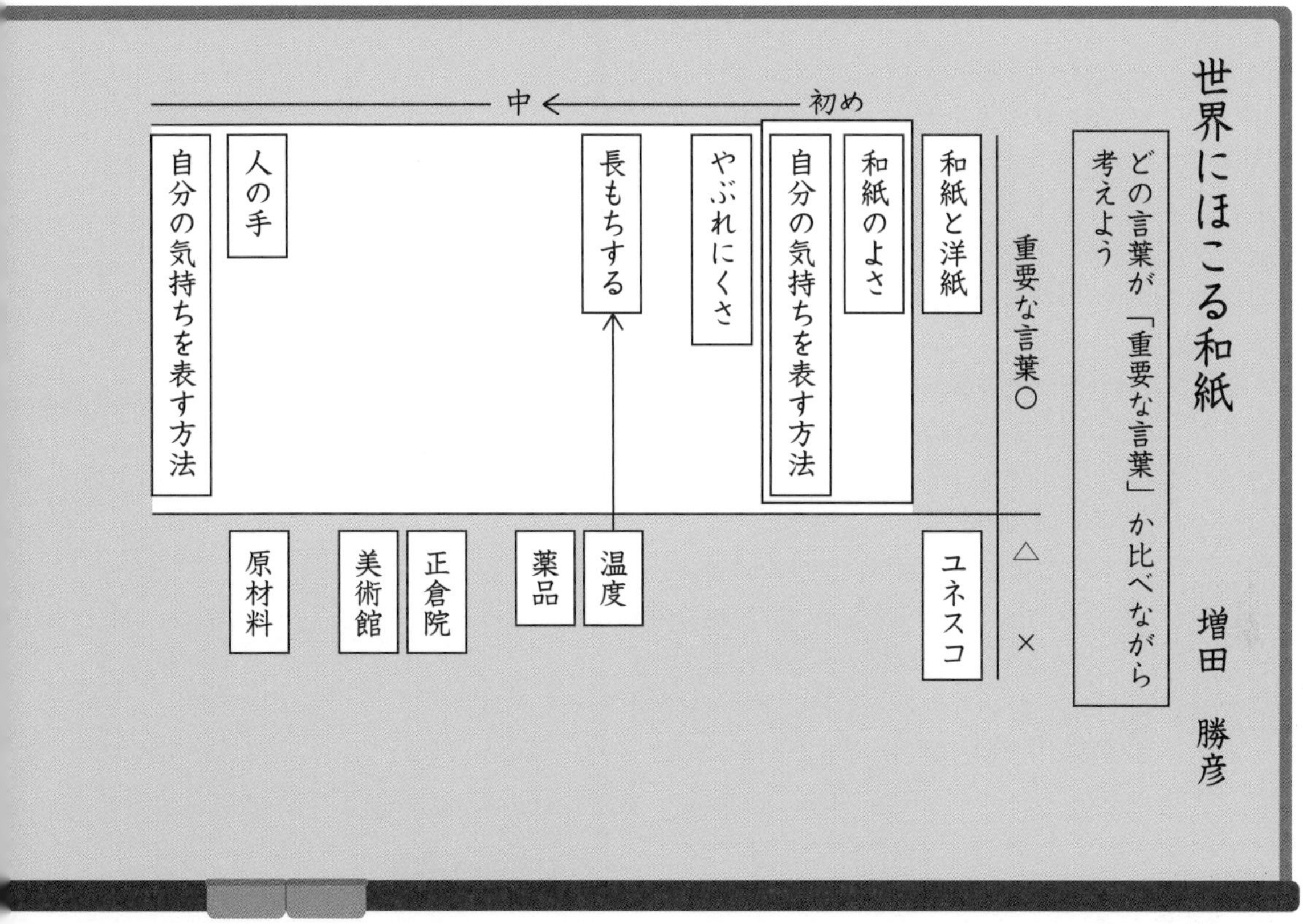
世界にほこる和紙
増田 勝彦
どの言葉が「重要な言葉」か比べながら考えよう
重要な言葉○
△
×
初め
中
和紙と洋紙
和紙のよさ
自分の気持ちを表す方法
やぶれにくさ
長もちする
人の手
自分の気持ちを表す方法
ユネスコ
温度
薬品
正倉院
美術館
原材料

1 間違い探しクイズで構造と内容の確認を行う

今から読み上げる文章の中の間違いはどこでしょう？

これまで学習したことの振り返りだね！
文章がどこで分かれるのかも黒板を見ればわかるね

しかけ（置き換える）

教師がセンテンスカードを読み上げ、間違いを発見させながら文章の構造と内容の復習を行う。

この後の学習活動の素地を整えるために、初め・中・終わりを確認し板書する。

2 学習課題を提示し、話し合う

キーワードカードを比べながら、この文章において重要な言葉はどれか話し合いましょう

この言葉は何度も繰り返し出てきているから大切だよね！
重要な言葉ってどうやって決めたらいいんだろう…

しかけ（分類する）

本文中に出てくるキーワードをカードにして提示し、重要度を検討しながら分類する。文章構造（初め・中・終わり）とも結びつけながら板書で整理し、要約の活動にも

本時の展開　第三次　第1時

目標 筆者の主張に対する納得度を考える活動（要約）を通して、和紙の特徴に気付き、自分の考えを明確にすることができる。

本時展開のポイント

単元の学習の成果を自分の言葉でまとめて表現するため、教科書の文章を要約し、自分の意見と合わせることで、思考を整理・深化させる。納得度確認センテンスカードを活用することで全員がスモールステップで目標を達成できるように支援する。

個への配慮

ア他の立場を選ばない理由を考える

自分の立場が決まっても理由を書くことが困難な場合、明確な理由につながる言葉を見つけるために、他の立場を選ばなかった理由について確認する。

イセンテンスカードを選択し、言葉に印をつける

自分の力で要約をすることが困難な場合、要約文のイメージをもたせるために、黒板に貼ってあるセンテンスカードの中から自分の考えにつながる一枚を選択させる。その文章の中から大事だと思う語や文に印をつけ、要約につなげる。

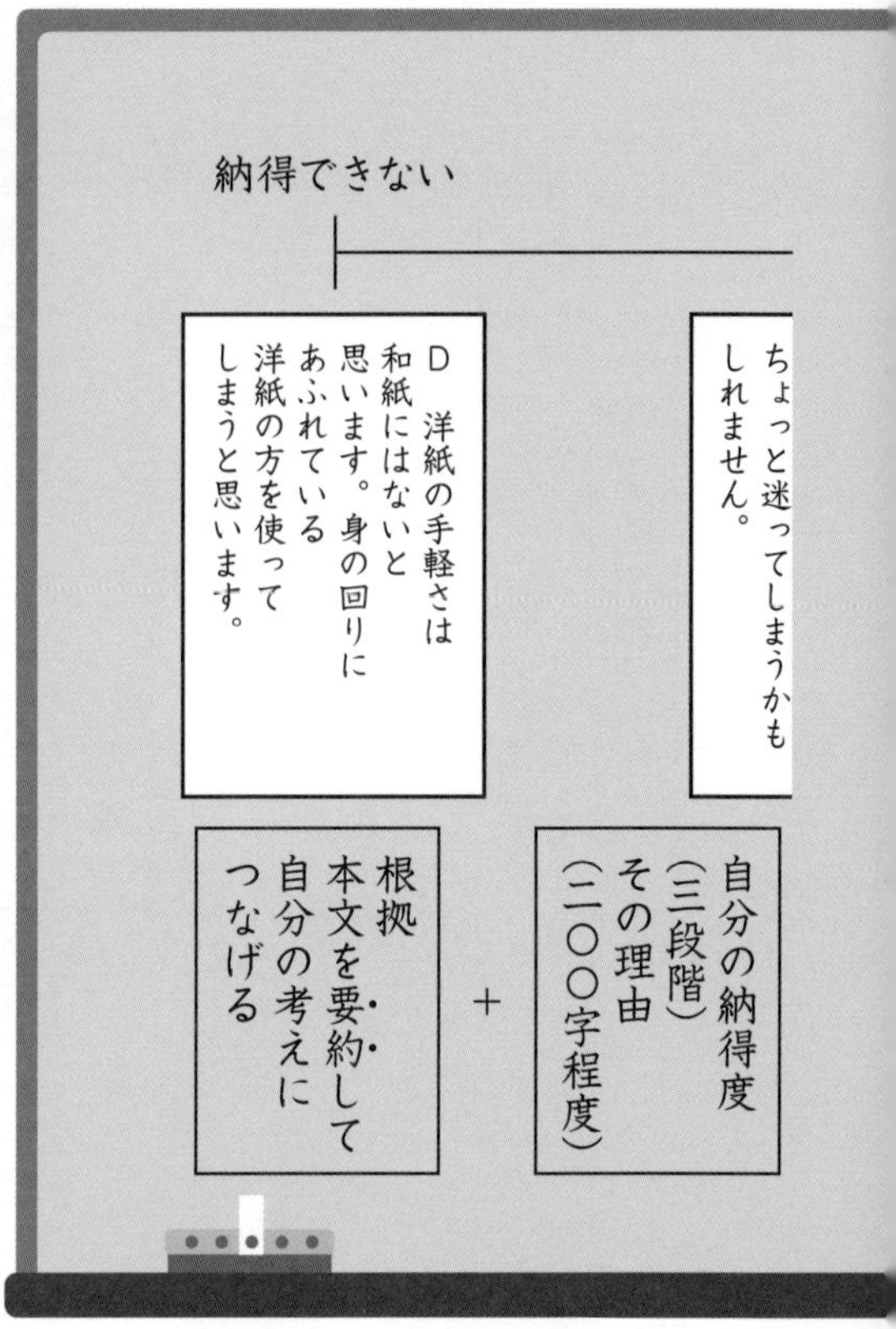

納得できない
ちょっと迷ってしまうかもしれません。
D 洋紙の手軽さは和紙にはないと思います。身の回りにあふれている洋紙の方を使ってしまうと思います。
自分の納得度（三段階）その理由（二〇〇字程度）
＋
根拠 本文を要約・自分の考えにつなげる

まずは自分の納得度（三択）とその理由を二〇〇字程度にまとめる。

配慮ア

3 自分の考えに合うように、文章を要約する

自分の納得度を相手にわかりやすく伝えるための根拠を、文章を要約して作りましょう

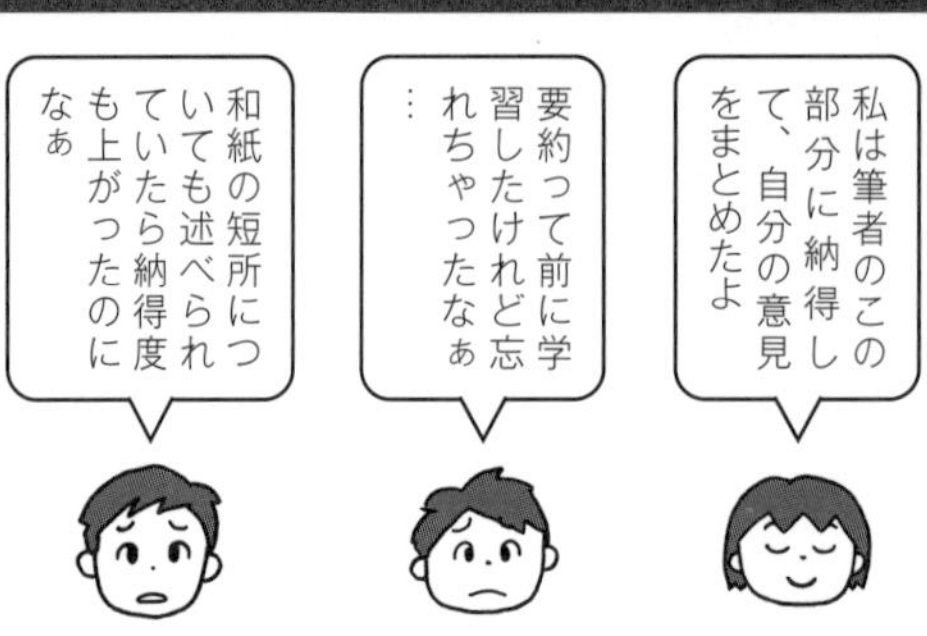

私は筆者のこの部分に納得して、自分の意見をまとめたよ
要約って前に学習したけれど忘れちゃったなぁ…
和紙の短所についても述べられていたら納得度も上がったのになぁ

自分の納得度を聞き手に理解してもらうための根拠となる部分を、教科書の文章を要約して書く。

これまで学習した中心となる語や文について振り返らせながら、どのキーワードが自分の考えの根拠となりうるかを思考させ、必要な部分を要約させる。

要約が完成したら、自分の意見と組み合わせて、教科書にある例文のような形に文章を整える。

配慮イ

準備物 ・納得度確認センテンスカード 5-27～31

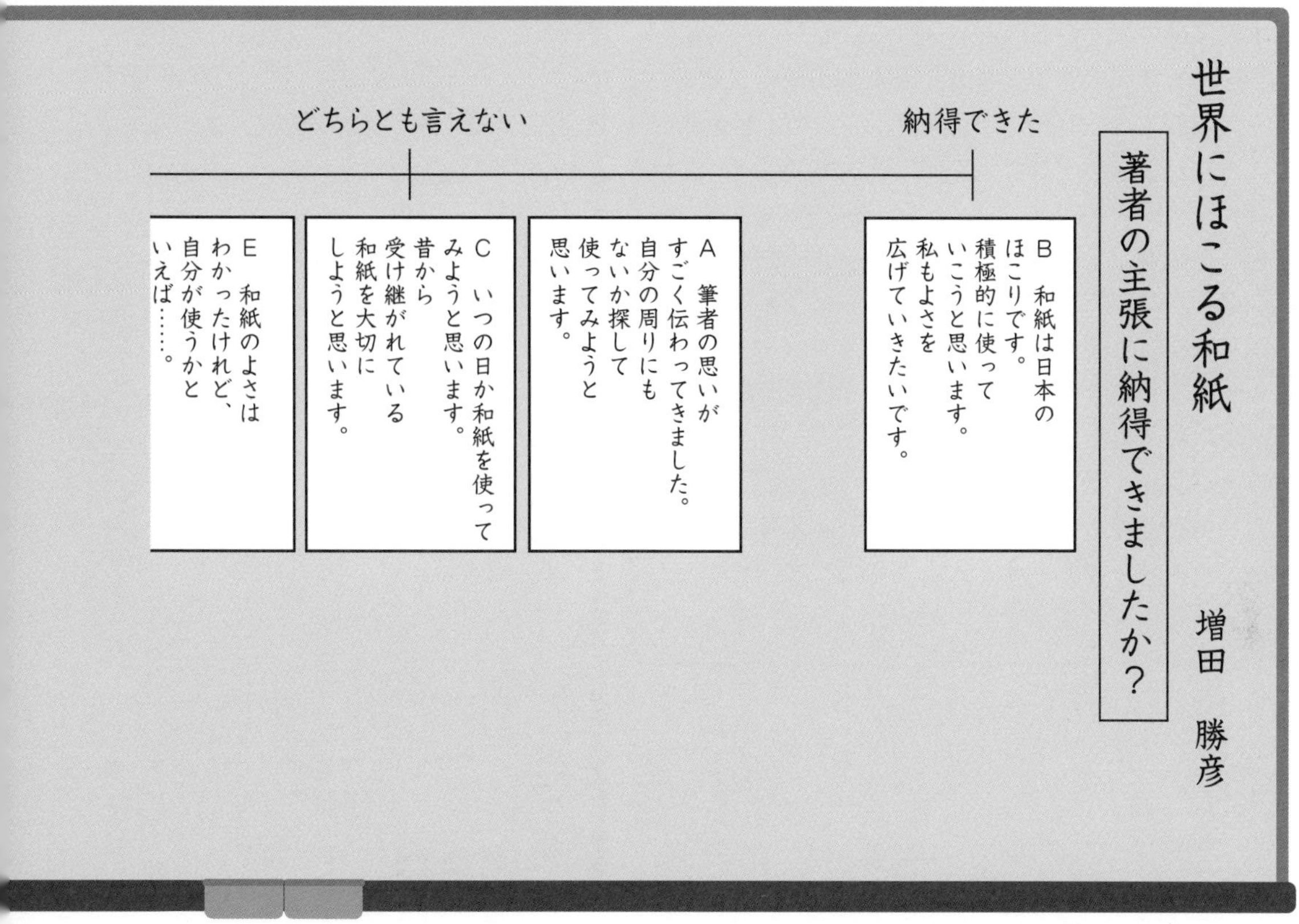
世界にほこる和紙
増田 勝彦
著者の主張に納得できましたか？
納得できた
どちらとも言えない
B 和紙は日本のほこりです。積極的に使っていこうと思います。私もよさを広げていきたいです。
A 筆者の思いがすごく伝わってきました。自分の周りにもないか探して使ってみようと思います。
C いつの日か和紙を使ってみようと思います。昔から受け継がれている和紙を大切にしようと思います。
E 和紙のよさはわかったけれど、自分が使うかといえば……。

1 センテンスカードで納得度の段階を確認する

この五枚のセンテンスカードを納得度の高いと思う順番に並べ替えてみましょう

一つの文章に対しても、様々な考え方があって面白いね！
僕はこのセンテンスカードの考えに近いな！

しかけ（順序を変える）

要約の活動のヒントになるような納得度センテンスカードを五種類用意し、納得度の高い順に並び替えを行う。

並び替えを行う際にどの言葉に注目したのかを共有することで思考の根拠をおさえたい。

2 筆者の主張に対する自分の考えを書く

筆者の主張にどのくらい納得できましたか？（自分の考えを二〇〇字程度で記す）

私は筆者にすごく納得できたわ。和紙をすぐ使ってみたい
和紙にも長所と短所があるから、悩むなぁ…

Which型課題

教科書上巻P.86～87「要約するとき」や五枚のセンテンスカードの文を参考にしながら、自分の意見と要約文を区別させ、文章を書かせる。

本時の展開 第三次 第2時

目標 要約した文章を共有する活動を通して、お互いの考えの違いに気付き、わかりやすい文章のよさを知ることができる。

[本時展開のポイント]

他者の文章の書きぶりや考えから学ぶため、お互いの文章を読み合った後に一言コメントを書く活動を行い、今後の自分の学びに生かす。

[個への配慮]

㋐コメントフォーマットを提示する

相手の文章を読んでもよい部分が見つけられない場合、型を用いることで考えられるようにするために、コメントのフォーマットを提示する。

㋑学習用語を提示する

自分の言葉で単元の振り返りの記入が困難な場合、学習した内容を捉えやすくするために、単元で学んだ学習用語を黒板に掲示する。

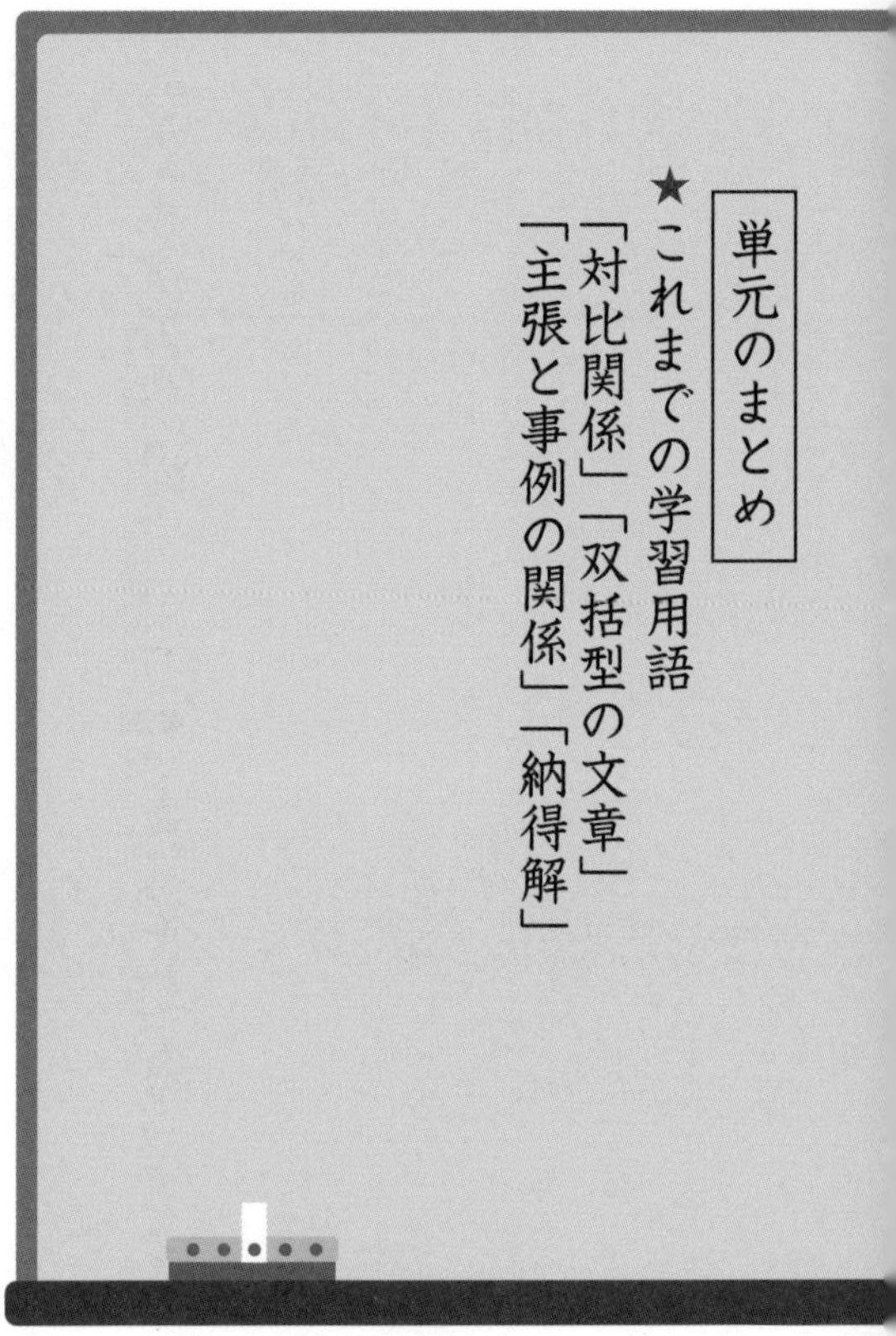
単元のまとめ
★これまでの学習用語
「対比関係」「双括型の文章」
「主張と事例の関係」「納得解」

3 交流での学びを共有し、単元のまとめを書く

配慮㋐

交流を通してどのような学びがありましたか？単元の学びを振り返りましょう

「対比関係」を捉えることで、文章がとても読みやすくなった
たくさん学んだけれど、どんなことを書いたらいいかわからないなぁ…
「学習用語」を振り返ると、単元で学習したことがはっきりするね！

単元全体を振り返って、どのような学びがあったのかを全体で確認した後、各自のノートに自分の学びの振り返りを記述する。本単元では、「対比関係」「双括型の文章」「主張と事例の関係」「納得解」等を学習したため、それらの学習事項が自分にどのような影響をもたらしたのかを記述する。

配慮㋑

準備物
・ネームプレート　・交流の際に使用する一言コメント用の付箋
・コメントフォーマット　・単元で指導した学習用語の短冊

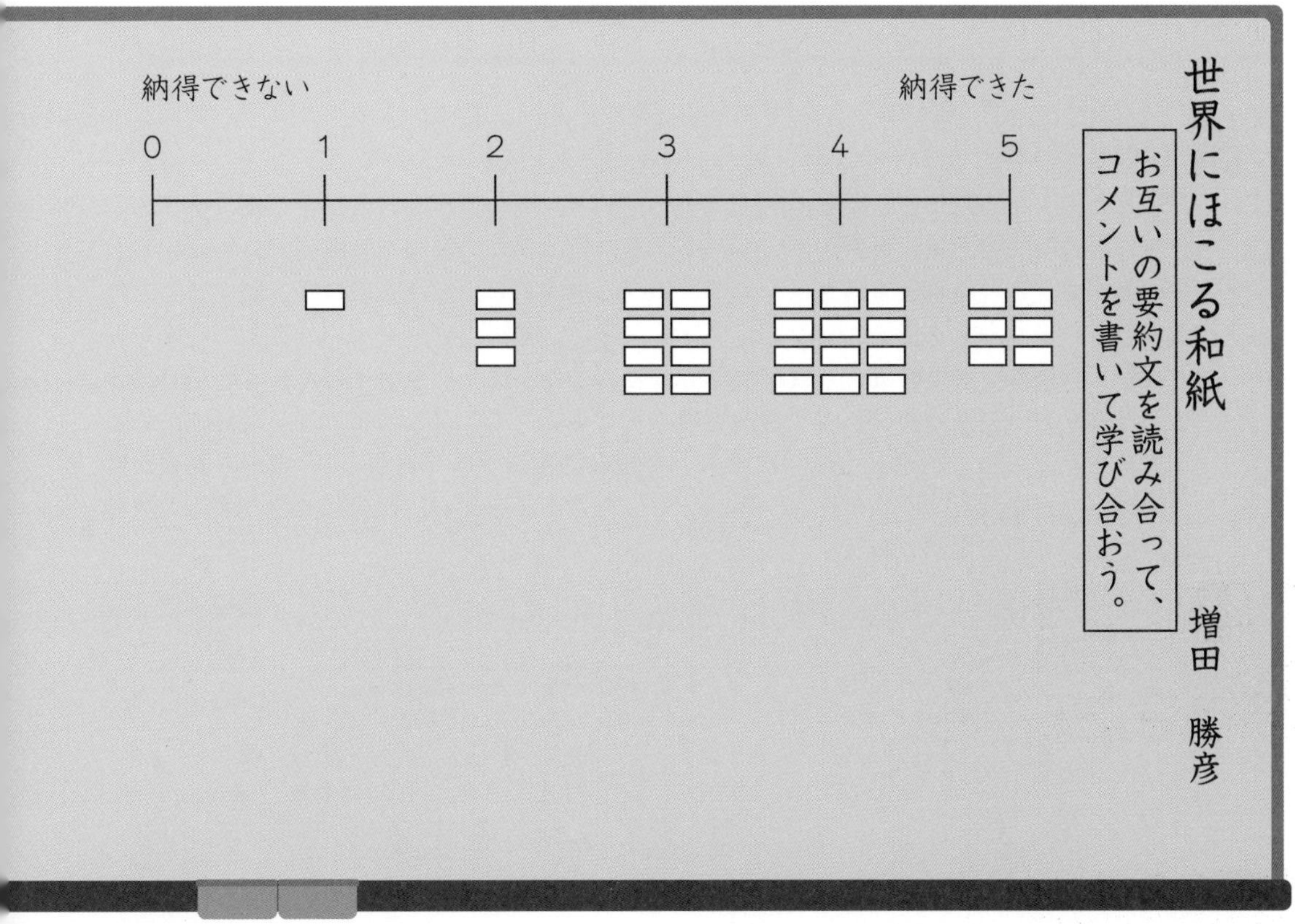
世界にほこる和紙
増田　勝彦
お互いの要約文を読み合って、コメントを書いて学び合おう。
納得できない
納得できた
0
1
2
3
4
5

1 個人の納得度を全体で共有する

自分の納得度を五段階で教えてください

私はすごく納得しているので5です
僕はちょうど半分の3にしたよ

前時に作成した要約文を書く際に決めた納得度を全体で共有する。ネームプレートを貼らせて、誰がどの程度の納得度かを可視化できるようにする。

前時で用いたスケーリングよりも目盛りを細かくすることで微妙な捉え方の違い（ズレ）を可視化したい。

2 文章を交流し、コメントし合う

お互いの要約文を読み合ってコメントをしましょう

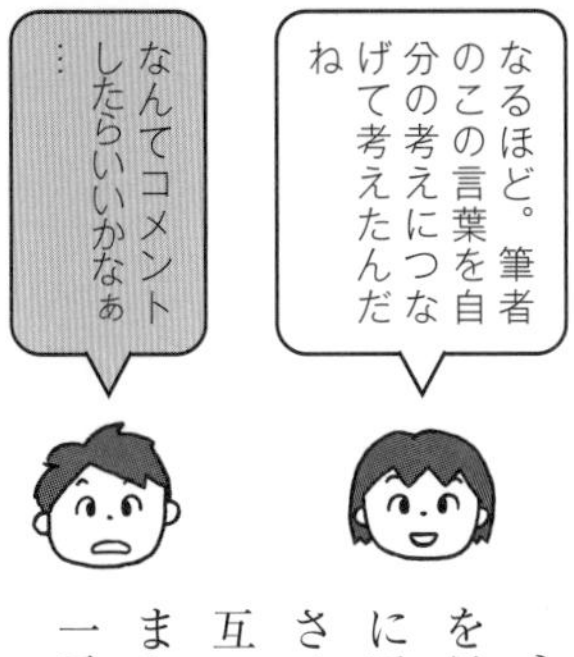
なるほど。筆者のこの言葉を自分の考えにつなげて考えたんだね
なんてコメントしたらいいかなぁ…

ネームプレートの名前を見ながら、自分の考えに近い人・遠い人を把握させ、自由交流の中でお互いの文章を読み合う。また、付箋を用いながら一言コメントを書かせる。

「ウナギのなぞを追って」の授業デザイン

（光村図書４年下）

教材の特性

筆者がウナギのたまごを産む場所を調査していき、その過程を読者に伝えようとする調査報告の説明文である。西暦が用いられているため、調査の結果を時系列で追いながら読むことができる。結論から調査過程の順に述べ、事実と考えを文末表現で区別することで読み手にわかりやすく伝えようとしている。さらに、様々な資料を用いることで説明を補いながら、興味をもたせるように書かれている。また、徐々にウナギのたまごの発見につながる書き方や発見の喜びを表す言葉を織り交ぜることで、より筆者に近い立場で読める工夫もされている。話題提示の「初め」と今後の課題を示す「終わり」、複数の調査が時間的順序で書かれた「中」を比べ、興味をもったところを中心に要約して紹介する力を伸ばすことができる教材である。

終わり	中２					中１				初め		
⑬	⑫	⑪	⑩	⑨	⑧	⑦	⑥	⑤	④	③	②	①
今後の課題	第二段階の調査（産卵場所の特定）					第一段階の調査（産卵場所の見当）		筆者が参加する前の調査		調査の概要		
課題	事実⑤	予想⑤	事実④	事実③ 予想④	事実② 予想③	予想②	予想① 事実①	最初の調査	調査方法	調査の経過	調査の説明	話題提示
産卵場所の解明と新たな謎の提示	ウナギのたまごの発見	より細かな地点への予想⑤（フロント）	予想③・④による調査と結果	予想④（新月のころ）	研究結果の整理と予想③（海山の近く）	予想②（産卵場所の見当）	予想①に基づく調査	最初にとれたレプトセファルス	調査方法とレプトセファルスの特徴	産卵場所の調査開始	マリアナの海とウナギのたまごの関係	研究の目的

身に付けさせたい力

・自分が興味をもったところを中心に要約して伝える力
・事実と意見の関係を読み取り、読者に興味をもたせる表現方法に気付いて活用する力

教材づくりの工夫

焦点化

○一時間で提示する文章がねらいに関わるようにし、学習範囲と指導内容を明確にする。
○意見と事実を色で分類するなど、文末表現に着目させ、調査結果を正確に伝えようとする筆者の姿勢に気付かせる。

視覚化

○西暦をもとにして、調査の概要や経過をセンテンスカードで表し、時間の流れで追えるようにする。
○センテンスカードの位置を変えることで、視覚的に文章の表現が捉えられるようにする。

共有化

○要約の書き方を提示して共有することで、要約文を書きやすくする。
○「Which 型課題」で最も興味をもった部分を選ぶことで、友達との違いを明確にし、比べられるようにする。

単元目標・評価規準

目標 年代ごとに示されている調査の過程を読み取りながら、興味や感想をもったところを中心に要約して、友達に伝えたり紹介したりすることができる。

知識・技能	思考・判断・表現	主体的に学習に取り組む態度
○様子や行動を表す言葉を増やし、話し合いや文章表現で使うことで、言葉の性質や役割を理解している。((1) オ)	○「読むこと」において、文章を読んで理解したことをもとにして、興味をもったところを中心に本文を要約し、感想や考えを伝えている。(C(1) ウ)	○目的に応じて中心となる語や文を使いながら、相手に興味をもってもらえるように要約しようとしている。

単元計画(全8時間)

次	時	学習活動	指導上の留意点
一	1	○本文を通読し、「一番興味をもった段落」を選び、その理由を共有する。	・筆者の報告文を読んで、読者としてどこに興味をもったのか交流させることで、学習への関心を高める。
	2	○年代を表す言葉について考え、「初め」「中」「終わり」の構造について捉える。	・年代を整理する中で、「初め」と「終わり」が同じ年代であることに気付かせ、「中」が時間的順序によって書かれていることを捉えさせる。
二	1	○レプトセファルスの特徴や調査について考え、文末表現の意味を考える。	・センテンスカードにダウト文のしかけを用意し、考えと事実が区別されていることが文末表現からわかることに気付かせる。
	2	○「一番大事な予想」について話し合い、三つの予想と結果の関係を考える。	・予想③と予想④から予想⑤が導き出されたことを整理し、論理的思考力を育てる。また、図によってわかりやすく説明されていることにも触れたい。
	3	○発見時の様子が詳述されていることを話し合い、筆者の苦労や喜びを考える。	・これまでの説明文とは違う表現に気付かせることで、詳述と略述について考え、第⑫段落が詳述されている意味について考えさせる。
	4	○要約して伝える具体的状況をもとにすることで、事例のまとめの役割に気付き、必要性を考える。	・「初め」で「中」をまとめていることをおさえ、結論から話す必要性を理解させる。報告するときには、結論から話すことで伝わりやすくなることも併せて気付かせる。
三	1	○要約に向けて、調査の概要やキーワードを表にまとめて整理していく。	・調査方法やレプトセファルスの体長、段落の内容を表に整理し、調査概要を話すことで、書く活動につなげていく。
	2	○紹介文を修正し、要約文や紹介文を書き、互いに読み合う。	・「結論→要約→感想」の基本形を提示し、興味をもったところをもとに、読者の立場から要約したり紹介文を書いたりして、交流を行う。

✓ 教材分析

受けて、中で約八十年にわたる研究の成果を詳述している。

エ 時間的順序

中から時間的順序で調査の結果を伝えている。第⑥段落以降は筆者が調査に加わっている。第⑦段落で調査結果から見当をつけ、第⑧段落が調査の整理をして予想③「海山」、第⑨段落が予想④「新月のころ」、第⑩段落で再度整理し、第⑪段落で予想⑤「フロントと海山」が書かれている。第⑫段落ではついにウナギのたまごを発見し、第⑬段落で初めの第①段落と首尾照応する形で、まとめられている。

オ 事実や感想の文末表現

一九七三年以降は筆者が参加している。第⑥段落以降は、文末が「はずです」と筆者が実際に調査を行い、産卵場所の特定に近づいていることを表している。

カ 図や写真

言葉でわかりにくい内容では、必要な写真や図を提示している。文末表現に加え、筆者が読者にわかりやすく正確に伝えようとしている。

中①（筆者が参加する前の調査）

を追い求めることから始まりました。調査では、目の細かい大きなあみを使って、海の生き物を集める作業をくり返します。あみの中には、さまざまな色や形の小さな生き物が入ります。この中から、レプトセファルスとよばれる、ウナギの赤ちゃんをさがすのです。レプトセファルスは、とうめいで、やなぎの葉のような形をしています（図２）。海の中でしずみにくく、海流に乗って運ばれやすくなっているのです。

5 ウナギのレプトセファルスが最初にとれたのは、一九六七年、場所は、台湾の近くの海でした。体長は五十四ミリメートル。この大きさだと、生まれてからだいぶ時間がたっているため、かなりのきょりを海流で流されてきたものと思われました。このレプトセファルスが生まれた場所は、海流をもっとさかのぼった先にあると考えられました。

6 わたしがこの調査に加わるようになったのは、一九七三年のことです。調査グループは、さらに小さなレプトセファルスを求めて、調査のはんいを南へ、そして東へと広げていきました。レプトセファルスは、海流に乗って運ばれます。海流の上流に行くほど、小さいものがいるはずです。予想どおり、とれるレプトセファルスの体長は、四十、三十、二十ミリメートルと、しだいに小さくなっていきました（図３）。

7 そして、一九九一年には、マリアナ諸島の西、北赤道海流の中で、十ミリメートル前後のレプトセファルスを、約千びきとることができたのです。レプトセファルスの体の中には、木の年輪にた、一日に一本ずつふえる輪のできる部分があります。その輪を数えれば、生まれてから何日たっているかを知ることができます。調べてみると、これらは生後二十日ほどのものだと分かりました。とれた所から、二十日分のきょりを計算して海流をさかのぼれば、親ウナギがたまごを産んだ場所にたどり着けるはずです。

←←← 80年の調査を時間的順序で記述 エ

事実と意見の違いを話し合う活動を通して、予想や仮説の文末表現を理解させたい。同時に、筆者が読み手に正しく事実を伝えようとする姿勢も捉えさせたい。

■第二次・第2時

「一番大事だと思う予想はどれ？」（Which型課題）

一番大事だと思う予想について考えることを通して、調査過程を知り、予想や仮説と結果の関係について捉えさせたい。三つの予想は独立しているのではなく、関連していることを論理的に読ませたい。また、予想の説明が伝わるように、図が活用されていることも触れておきたい。

■第二次・第3時

「報告文に筆者の思いは、いる？いらない？」（Which型課題）

ウナギのたまごの発見時の様子が詳述されていることを捉えることができるように、事実のみを記した文と読み比べていく。第⑫段落が詳述されていること、喜びと苦労の表現が書かれていることから、筆者の思いが強く出ていることに気付かせたい。同時に、略述して書かれている段落と比べたい。

◆教材研究のポイント　その①　報告文と時間的順序

本教材では西暦によって中が時系列に書かれていることで、調査の過程を筆者の視点から追っていくことができる。また、現在では事実としてわかっていることであっても、その年代で確定していないことは、予想や仮説の文末表現で表している。これは、事実を正しく伝える筆者の姿勢と報告文の文種によるものである。

◆教材研究のポイント　その②　読者の立場からの要約

要約することについては、すでに別教材で学習済みである。本教材では、読み手の興味をもったことを出発点に要約をすることが、単元でつけたい力になる。そのため、調査の概要を読みながら、興味をもったところや面白いと思ったことを視点にして読み進め、結論→要約→感想の基本型で書く力をつけるようにしたい。

指導内容

ア　書き出し

「今年も」という書き方から、筆者が何年もマリアナの海に来ていることを示し、読者に興味をもたせるようにしている。第⑬段落の「今年も」と同じ年だとわかる。また、説明文ながらも色彩の情景描写の技法を活用することで、マリアナの海の様子を文と写真で読者に伝えている。

イ　西暦

西暦で示すことで、八十年近くの調査を読み手に正確に伝えている。調査の過程を整理し、読者にいつ、どんなことをしたのかを伝えようとしている。

ウ　略述

第①②③段落で調査の概要と目的が略述されている。これを

初め（話題提示と調査概要）

ウナギのなぞを追って　　塚本勝巳

1[ア]今年もマリアナの海にやって来ました。日本から真南に二千キロメートル、周りに島一つ見えない海の真ん中です（図1）。毎年のようにここにやって来るのは、[ウ]ウナギがどんな一生を送る生き物なのかを調査するためです。あざやかなぐんじょう色の海は、白い船体を青くそめてしまいそうです。

2ウナギは、日本各地の川や池にすんでいます。それなのに、なぜ、はるか南の海にまで調査に来るのか、不思議に思う人もいるでしょう。実は、ここが、[ウ]日本中のウナギが集まってきて、いっせいにたまごを産む場所なのです。ここで生まれたウナギの赤ちゃんは、海流に流され、しだいに成長しながら、はるばる日本にやって来ます。

3ここがその場所だと分かったのは、つい最近のことです。それまでウナギの生態は深いなぞに包まれていたのです。その研究の第一歩として、[ウ]たまごを産む場所を見つける調査が始まったのは、[イ]一九三〇年ごろのことでした。それからこの場所がつき止められるまでに、実に八十年近くの年月がかかったのです。

4[エ]たまごを産む場所をさがす調査は、より小さいウナギ

指導のポイント

■第一次・第1時

「この中で一番興味をもった段落はどれ？」（Which型課題）

センテンスカードを貼り、一番興味のある段落を選ばせる。理由を話し合うことで、感想を交流する素地をつくる。

■第一次・第2時

「この説明文の中で書かれている順番は？」（しかけ「順序を変える」）

正しい順番に並べさせることで、八十年間の時間の流れに直目させ、中が時間的順序で記述されていることをつかませたい。

また、初めと終わりの年代が同じことも捉えさせておく。

■第二次・第1時

「この中で外れカードはどれとどれ？」（Which型課題）

✓ 教材分析

サ　事例とまとめの関係

これまでの調査で判明したことを第⑬段落でまとめている。筆者は今後も調査を続けて謎を解明するため、「ほぼ」「でしょう」と表現して断定していないことがわかる。また、新たな謎も解きたいと研究者としての意欲も表していることがわかる。

シ　報告文

本教材は、二〇〇八年に書かれ、二〇一八年に改稿されている。第⑫段落の発見により新たな事実を追記した調査報告文である。改稿前の文章と読み比べることで、新たに発見されたことがよりわかるようになる。

■中②（2つの仮説で範囲を絞り、更に■

連なりが交わる地点」でたまごを産むのかもしれない、そう考えて、わたしたちはさらに調査を続けました。

12 ケ・コ・シ 二〇〇九年五月二十二日、新月の二日前の明け方、ついにそのしゅんかんは、やって来ました。オ ウナギのたまごらしいものが二つとれたのです。大きさは、ほんの一・六ミリメートル。船内は、期待とこうふんに包まれました。船の研究室のモニターにうつし出されているたまごは、にじ色にかがやいていました。さらにくわしく調べてみると、これらはたしかにオ ウナギのたまごにまちがいないことが分かりましたカ（図7）。そのとき、船の中に大きなかんせいがあがりました。ついに、わたしたちは、オ ウナギがたまごを産む場所にたどり着くことができたのです。初めて調査に加わったときから、三十六年の年月が流れていました。

■終わり（今後の課題）■

13 オ・サ ウナギがどこでたまごを産むのかという問題は、これでほぼ明らかになったといっていいでしょう。しかし、なぜこんな遠くまでたまごを産みにやって来るのか、広い海の中でどうやってオスとメスは出会うことができるのか、知りたいことはまだまだふえるばかりです。これらのなぞをとくために、わたしたちは、今年もマリアナの海にやって来たのです。

■第三次・第1～2時

これまでの学習を踏まえて、読者の立場から要約をし、感想と合わせることで紹介文を書かせる。興味をもったことをもとに要約をするため、書くことが苦手な子どもには、基本的な型を示して、スモールステップで書くように指導していきたい。

一度、ワークシートに整理することで、概要をまとめておき、さらに話して表現することで、書くことへの抵抗感を少なくしておく。

結論・要約・感想を合わせて三〇〇字ぐらいにしておき、できた紹介文を読んで相互に評価させ、今後の学習や本の紹介文を書くのに役立つ力としたい。

指導内容

キ　意見の文

第⑧段落で調査結果を整理している。この結果をもとに筆者がより詳細な産卵場所を予想している。しかし、確実ではないため、「考えました」「ようなのです」と意見の文で表している。一方、結果でわかったことについては、「ます」「ました」と表し、意見の文と区別している。

ク　読者の立場での要約

第⑥段落以降は、筆者が参加した調査が書かれている。興味のある発見や調査を短く話す活動を行うことで、読者の立場での要約につなげられる。

ケ　詳述

ウナギの産卵場所の発見の様子が描かれている第⑫段落は、そのときの様子を詳述していることがわかる。

コ　西暦と日付

本文では、第⑩段落と第⑫段落で日付が示されている。筆者にとって大きな発見があったことがわかる。第⑬段落までを年表にまとめることで、第④段落以降の時間の流れがわかる。

中①（より小さなウナギを求める調査）

8 一九九四年ごろ、わたしたちは、これまでの調査で分かったことを、もう一度整理しました。レプトセファルスがとれた場所を地図上に記し[カ]（図4）、とれたときの体長と合わせて考えていくと、あることに気がつきました。[オ]西向きに流れる北赤道海流をさかのぼって、東へ行くほど、とれるレプトセファルスは小さくなってい[キ]ます。しかし、[オ]ある地点をこえると、ぱったりととれなくなっているのです。海底の地形図でたしかめると、そこには、大きな三つの海山が南北に連なってい[キ]ました。親ウナギがたまごを産む場所を決めるときに、これらの海山が何かの役に立っているのかもしれない、わたしたちは、そう[キ]考えました。

9 それから、とれたレプトセファルスのたんじょう日を先ほどの輪の数から計算し、こよみと照らし合わせました。[オ]すると、多くのたんじょう日が、新月の日前後に集まっていることが分かりました[カ]（図5）。ウナギは、新月のころに合わせて、いっせいにたまごを産んでいる[キ]ようなのです。

仮説を加えて地点を調べる）

10「海山の近く」「新月のころ」という二つの予想にもとづいて、わたしたちは調査を続けました。どういうわけか、たまごも、生まれてすぐのレプトセファルスもとれないことが、何年も続きました。しかし、[コ]二〇〇五年六月七日、新月の日、マリアナ諸島の西にある海山付近で体長五ミリメートル、生後わずか二日の、ウナギのレプトセファルスを見つけることができました。確実にたまごに近づいていると、わたしたちの期待は高まりました。けれども、たまごは、レプトセファルスよりずっとせまいはんいに固まっているので、とるためには、さらに場所をしぼりこまなければなりません。

11 そこで、わたしたちは、フロントとよばれる、塩分のこさがことなる海水のさかい目に着目しました。[オ]生まれて間もないレプトセファルスは、これまでフロントのすぐ南側でとれていたからです[カ]（図6）。もしかしたら、親ウナギたちは、「新月のころ」に、「フロントと海山の

←←←←←←←←←←←←←←←←←←←←←←←←←←←←←← 80年の調査を時間的順序で記述

指導のポイント

■第二次・第4時

「急ぐ社長に短く伝える場合、必要なところはどれ？」　（Which型課題）

「中で詳しく書いているから、初めはいらないよね？」　（しかけ「仮定する」）

初め・中・終わりから興味のあるところを選んで話し合い、その必要性を考えさせる。また、短く要約して伝える具体的状況をもとにすることで、結論から報告するよさを実感させたい。相手や状況に応じて、話の構成を変える意味も捉えさせたい。

本時の展開　第一次　第1時

目標 大まかな内容と文章構成をつかみ、一番興味をもった段落を選び理由を書くことができる。

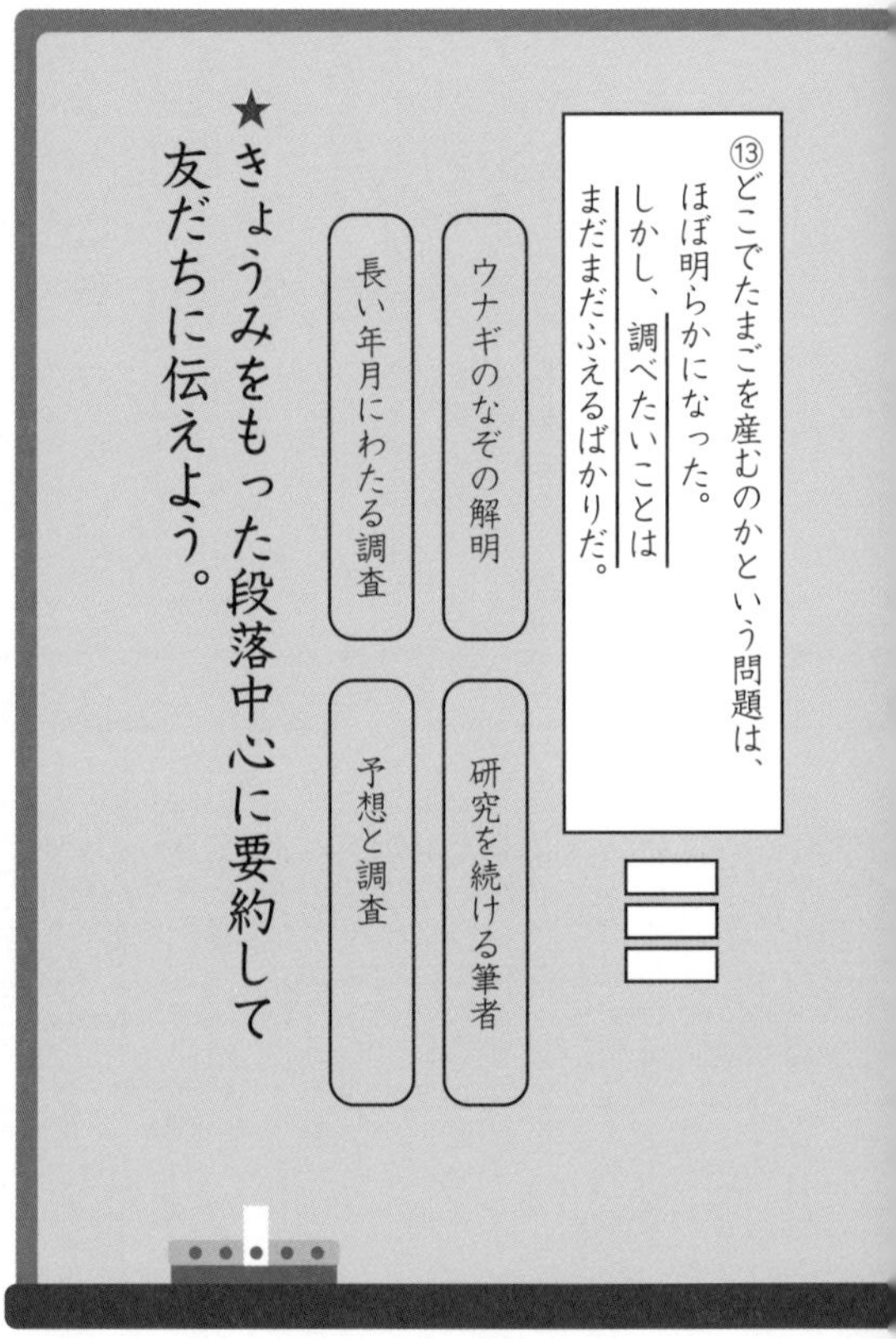

⑬どこでたまごを産むのかという問題は、ほぼ明らかになった。
しかし、調べたいことはまだまだふえるばかりだ。
ウナギのなぞの解明
長い年月にわたる調査
研究を続ける筆者
予想と調査
★きょうみをもった段落中心に要約して友だちに伝えよう。

本時展開のポイント

筆者の報告文を読んで、自分が一番興味をもった段落を選ぶことで、それぞれがもつ興味に違いがあることに気付かせる。センテンスカードを用いることで、大まかな内容理解にもつなげていきたい。

個への配慮

ア内容を二つにして選択

興味をもった段落を選べずに困っている場合、「レプトセファルスのこと」「あきらめずに研究を続ける筆者」の二つから選ぶように促す。その上で、センテンスカードを選ぶようにする。また、理由を分類し、グループに分ける。

イ色と線による強調

「ゆさぶり発問」の意図が伝わりにくい場合、教師がセンテンスカードのポイントに線を引き、着目する部分を明確にする。

3 伝わりやすい要約について話し合う

あなたが家族に興味をもったことについて話すとしたら、一番興味をもった段落のことだけを伝えればいいのかな？

急に話しても、話がつながらないよ

他の段落も使いながら、伝えた方がいいよ

選んだ段落だけじゃだめなのかな

しかけ（仮定する）

文章の要約には、伝えたいことが中心となることをおさえ、ゆさぶりを行う。前後の段落がないとわかりにくいことに目を向けさせたい。配慮イ

4 単元への見通しをもたせ、学習を振り返る

自分が興味をもったところをわかりやすく要約できるように、本文を読み取っていきましょう

友達に自分の選んだ段落を伝えたいな

同じ段落だけど、選んだ理由は違うのかな

興味のある段落とその段落を選んだ理由を書いて学習のまとめを行う。第三次の学習活動を伝えることで、見通しをもたせる。

準備物
・センテンスカード５枚 6-02～06
・レプトセファルスの写真（デジタル教科書で印刷可、イラスト） 6-01　・ネームプレート

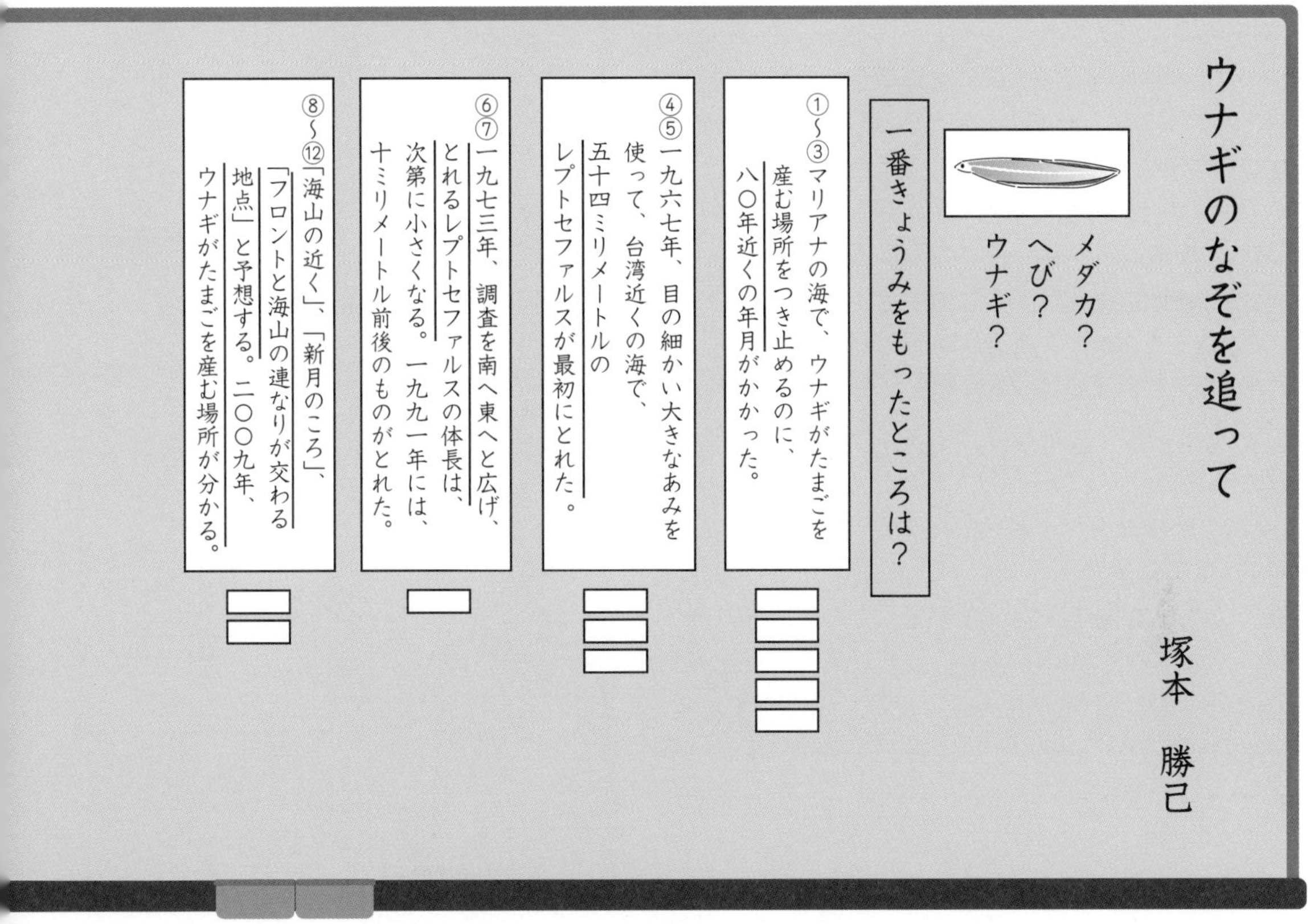
ウナギのなぞを追って
塚本　勝己
メダカ？
へび？
ウナギ？
一番きょうみをもったところは？
①～③マリアナの海で、ウナギがたまごを産む場所をつき止めるのに、八〇年近くの年月がかかった。
④⑤一九六七年、目の細かい大きなあみを使って、台湾近くの海で、五十四ミリメートルのレプトセファルスが最初にとれた。
⑥⑦一九七三年、調査を南へ東へと広げ、とれるレプトセファルスの体長は、次第に小さくなる。一九九一年には、十ミリメートル前後のものがとれた。
⑧～⑫「海山の近く」、「新月のころ」、「フロントと海山の連なりが交わる地点」と予想する。二〇〇九年、ウナギがたまごを産む場所が分かる。

1 ウナギに対する興味を高め、教師が範読する

これは何の写真でしょうか？

メダカのような顔をしている
目のようなものが見えるよ
何の写真かな…

しかけ（隠す）

レプトセファルスの写真を部分的に見せ、何の写真か予想させる。さらに、「どうやって見つけたかを書いてある文章がある」と伝え、興味をもたせる。

2 学習課題について話し合う

この中で一番興味をもった段落はどれでしょう？

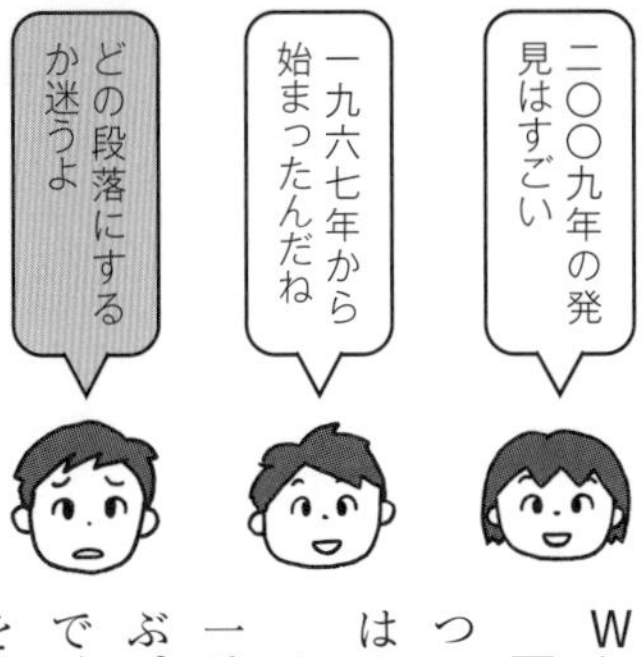
二〇〇九年の発見はすごい
一九六七年から始まったんだね
どの段落にするか迷うよ

Which型課題

「もしも〇〇の順位をつけるなら、その順番は？」

センテンスカードを貼り、一番興味のある段落を選ぶ。理由を話し合うことで、感想を交流する機会を設ける。

配慮ア

本時の展開　第一次　第2時

目標　「中」が時間的順序で書かれていることを整理し、「初め」「中」「終わり」の役割と構成を理解することができる。

［ 本時展開のポイント ］

中の段落を西暦順に並び替えることで、時間的順序で書かれていることに気付かせながら、初めと終わりの内容の違いを話し合えるようにする。

［ 個への配慮 ］

ア西暦を強調したセンテンスカード

西暦を強調したり、漢数字を算用数字に置き換えたりしたセンテンスカードを用意し、手元で操作することで、発問の意味を理解できるようにする。

イ端的な表記

それぞれのセンテンスカードの下に、「初め」はかかった年月、「終わり」はこれから調べたいことを板書し、どちらが大切かを選ぶ。また、センテンスカードを「初め」と「終わり」だけにし、何と何を比べているかを視覚的に示す。

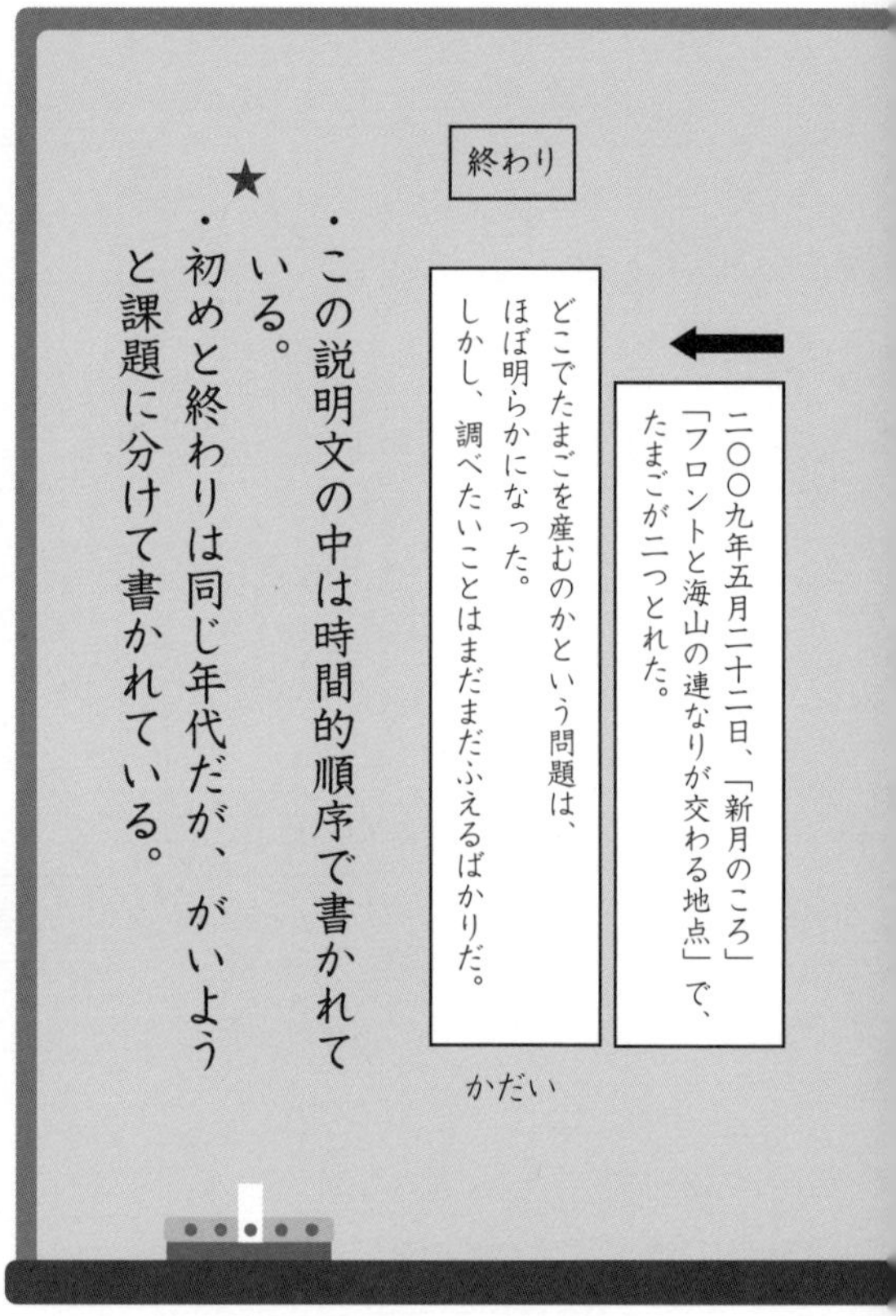

終わり
二〇〇九年五月二十二日、「新月のころ」「フロントと海山の連なりが交わる地点」で、たまごが二つとれた。
どこでたまごを産むのかという問題は、ほぼ明らかになった。しかし、調べたいことはまだまだふえるばかりだ。
かだい
・この説明文の中は時間的順序で書かれている。
★
・初めと終わりは同じ年代だが、がいようと課題に分けて書かれている。

3 終わりの段落がなくてもいいかを話し合う

初めに調査の概要を書いているから、終わりはなくてもいいよね？

初めは調査の大まかな内容だけど、終わりは調べたいことも書いてある
なくすと、どうなるんだろう

しかけ（仮定する）

初めの八十年が中に詳しく書かれていることを確認した上で、ゆさぶり発問を行い、初めと終わりに書かれている内容の違いに目を向けさせる。 配慮イ

4 本文の構造を整理し、学習を振り返る

筆者は、どうして終わりを書いたのでしょうか？

八十年の調査でわかったことと次に調べたいことを説明したいから
どうして、終わりを入れたのかな

西暦や年代に着目することで、中が時間的順序で書かれた説明文だと整理する。また、初めは概要、終わりは今後の課題が書かれていることを確認する。

準備物 ・センテンスカード8枚 6-02～04、06～09

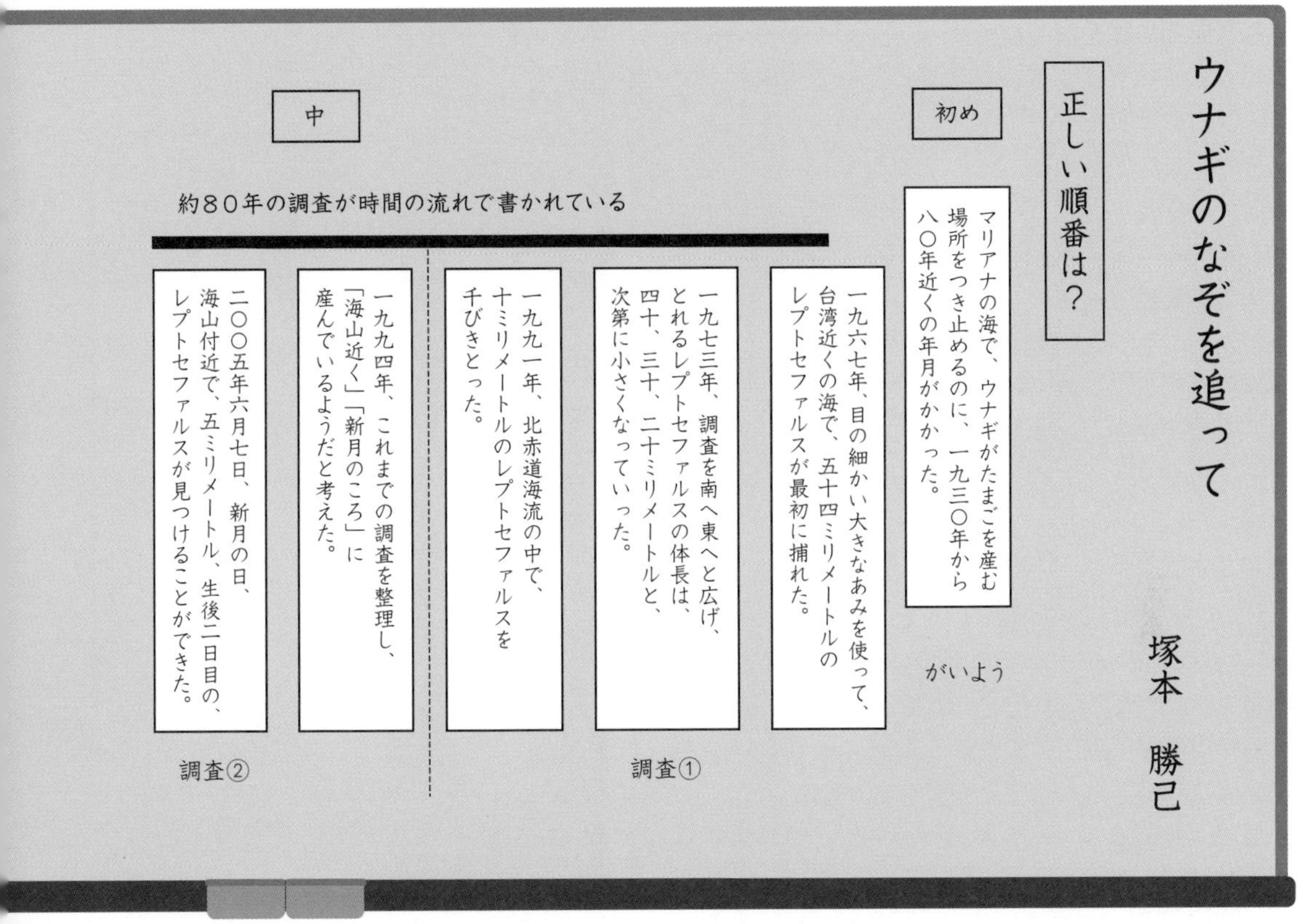

ウナギのなぞを追って
塚本 勝己
正しい順番は？
初め
マリアナの海で、ウナギがたまごを産む場所をつき止めるのに、一九三〇年から八〇年近くの年月がかかった。
がいよう
中
約80年の調査が時間の流れで書かれている
一九六七年、目の細かい大きなあみを使って、台湾近くの海で、五十四ミリメートルのレプトセファルスが最初に捕れた。
一九七三年、調査を南へ東へと広げ、とれるレプトセファルスの体長は、四十、三十、二十ミリメートルと、次第に小さくなっていった。
一九九一年、北赤道海流の中で、十ミリメートルのレプトセファルスを千びきとった。
調査①
一九九四年、これまでの調査を整理し、「海山近く」「新月のころ」に産んでいるようだと考えた。
二〇〇五年六月七日、新月の日、海山付近で、五ミリメートル、生後二日目の、レプトセファルスが見つけることができた。
調査②

1 センテンスカードで大まかな内容を確認する

この説明文では、中はこんなことが順番に書かれていたよね？

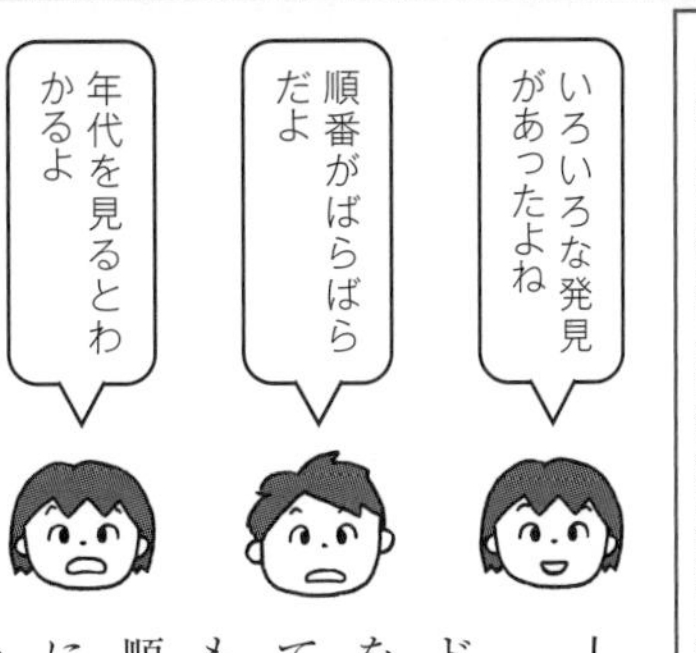

いろいろな発見があったよね
順番がばらばらだよ
年代を見るとわかるよ

しかけ（順序を変える）

前時のセンテンスカードを使い、初めと終わりを先に貼る。「中」について書かれたカードを子どもに引かせる。出てきた順に掲示し、時間の流れに着目させながら、正しい順番に並べる。配慮ア

2 学習課題について話し合う

初めと終わりでいるのはどちらでしょうか？

初めも終わりも「今年も」とあるよ
初めに調査のことを言った方がわかりやすいよ
終わりでは、次に調べたいことを言っている

Which型課題

「〇〇なのはどっち？」

初めと終わりの「今年も」に着目させ、同じ年代であることを確認し、どちらが必要かを選ばせる。

本時の展開　第二次　第1時

目標 事実と意見の違いを話し合う活動を通して、予想や仮説の文末表現を理解することができる。

本時展開のポイント

説明文の「事実」と「意見」の違いを読み取り、さらに予想や仮説特有の文末表現に気付かせるため、センテンスカードをもとに違いを比べながら話し合えるようにする。

個への配慮

㋐ヒントのセンテンスカードを配付

黒板のセンテンスカードだけで理解が難しい場合、違いを理解することができるように、文末に線を引いたセンテンスカードを渡し、手元で確認できるようにする。

㋑センテンスカードの関連づけと位置の工夫

Ｆのセンテンスカードの予想通りを色チョークで囲み、Ｃのセンテンスカードと結びつける。ＣとＦがセットになっていると伝わりやすいことを確認する。また、カードだけで予想と仮説がわかりにくい場合、文末表現に着目させるため事実と逆向きの矢印を描き、上にあるものは事実、下にあるものは予想と視覚的にわかるようにする。

（板書）

事実・結果

～かもしれない。
～ようなのです。
～はずです。
予想や仮説の文末表現

予想・仮説

◇予想や仮説を書くことで、正しく伝えようとする筆者の姿勢が分かる。

★報告文＝正しく事実を伝える

3 予想や仮説の文がいるかを話し合う

後で予想が当たっているのだから、全部事実の文末表現でもいいのでは？

「予想や仮説のときは、はっきりと事実だとわかっていないよ」

「予想や仮説があると、どうやって結果を出したかが伝わりやすい」

「どうして、予想も入れたのかなあ」

しかけ（仮定する）

説明文は事実やわかっていることだけを伝えても通じることを確認し、ゆさぶり発問を行い、予想や仮説の文の効果について話し合う。

配慮㋑

4 予想や仮説の表現を確認し、学習を振り返る

筆者は、どうして予想や仮説の文を入れたのでしょうか？

「そのときには、はっきりとわかっていなかったから入れたんだ」

「事実だけでも伝わるのに、どうしてなんだろう」

文末表現に注目することで、事実や予想に分類できることを確認する。また、予想や仮説が書かれている効果についても共有し、筆者が事実を正しく伝えようとしていることを捉えさせる。

準備物　・センテンスカード6枚　6-10～15

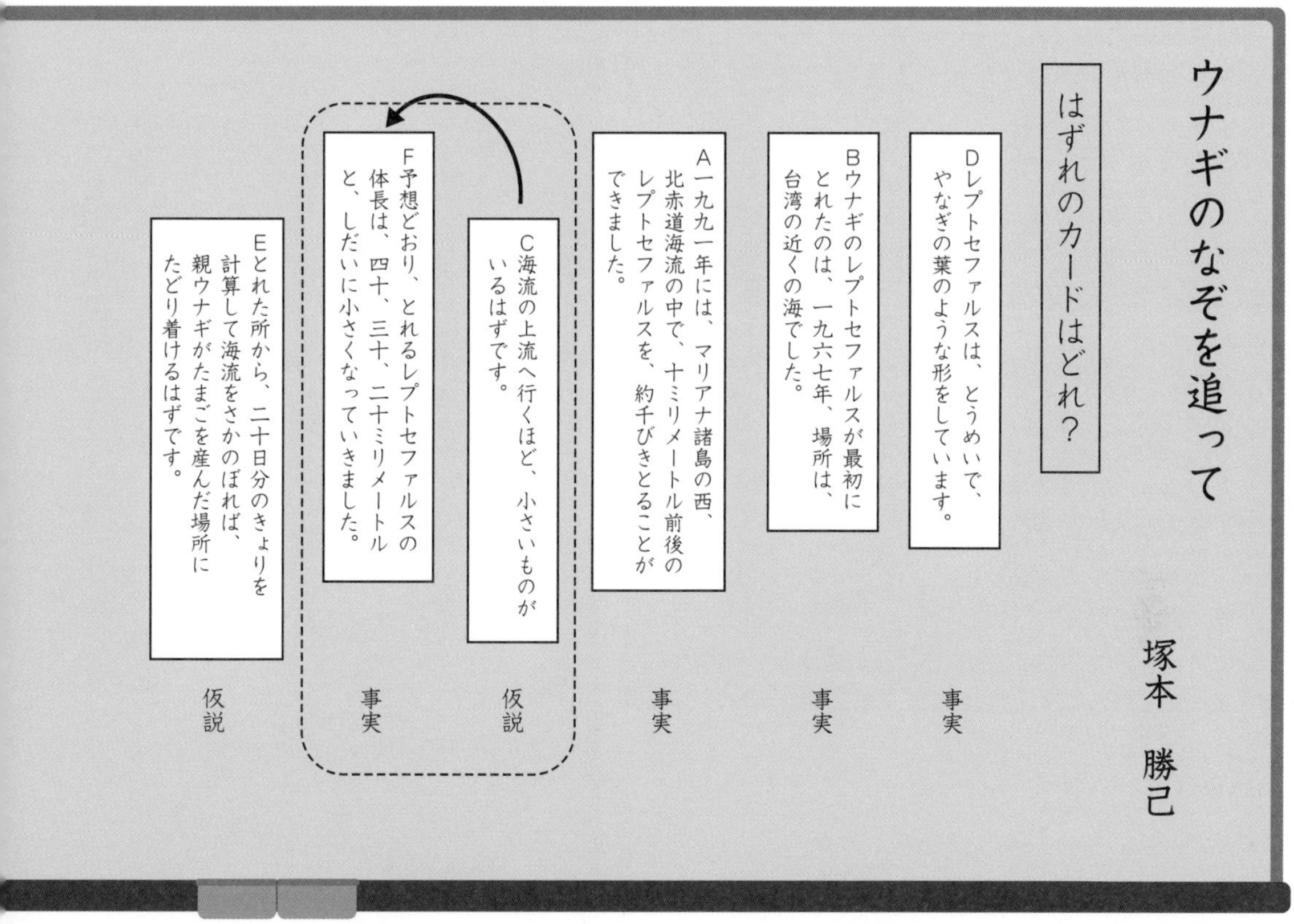

ウナギのなぞを追って
塚本　勝己
はずれのカードはどれ？
Dレプトセファルスは、とうめいで、やなぎの葉のような形をしています。
事実
Bウナギのレプトセファルスが最初にとれたのは、一九六七年、場所は、台湾の近くの海でした。
事実
A一九九一年には、マリアナ諸島の西、北赤道海流の中で、十ミリメートル前後のレプトセファルスを、約千びきとることができました。
事実
C海流の上流へ行くほど、小さいものがいるはずです。
仮説
F予想どおり、とれるレプトセファルスの体長は、四十、三十、二十ミリメートルと、しだいに小さくなっていきました。
事実
Eとれた所から、二十日分のきょりを計算して海流をさかのぼれば、親ウナギがたまごを産んだ場所にたどり着けるはずです。
仮説

1　五枚のセンテンスカードを確認する

筆者が説明している順番は、どの順番？

先生、カードの順番が違います

あれ、こんな順番だったかなあ

どの順番だったかなあ

しかけ（順序を変える）

センテンスカードを掲示し、確認する。その際、教材文とは異なる順序で掲示し、「順番が違う」という発言を子どもから引き出す。センテンスカードを正しい順に並べる。

2　学習課題について話し合う

この中で外れカードはどれとどれでしょうか？

Cは予想の文だよ

CとEは同じ言い方で終わっているね

えー、どれがはずれなの？文の終わりが違うぞ

Which型課題

「○○はA～Cのどれとどれ？」

センテンスカードの中にはずれカード（当たり：事実／はずれ：仮説）が二枚あることを伝える。どれがはずれなのかをペアで話させ、くじを引かせる。　配慮ア

本時の展開 第二次 第2時

目標 一番大事だと思う予想について考えることを通して、筆者の調査過程を知り、予想や仮説と結果の関係について捉えることができる。

[本時展開のポイント]

徐々に産卵場所を特定していく過程に気付かせるために、中②の予想を時系列につなげていく。「海山」と「新月」の予想が、「フロント」の予想につながっていることを矢印を使って整理する。また、図と本文を関連づけることで、資料の効果にも触れたい。

[個への配慮]

ア小見出しの提示

予想の区別がつかなくて選べない場合、センテンスカードの上に小見出しをつけて、カードに書かれている予想の内容を短く表して選びやすくする。

イフローチャートの活用

予想の関係がわかりにくい場合、関連するキーワードを色チョークで囲み、矢印で調査過程の流れを表す。

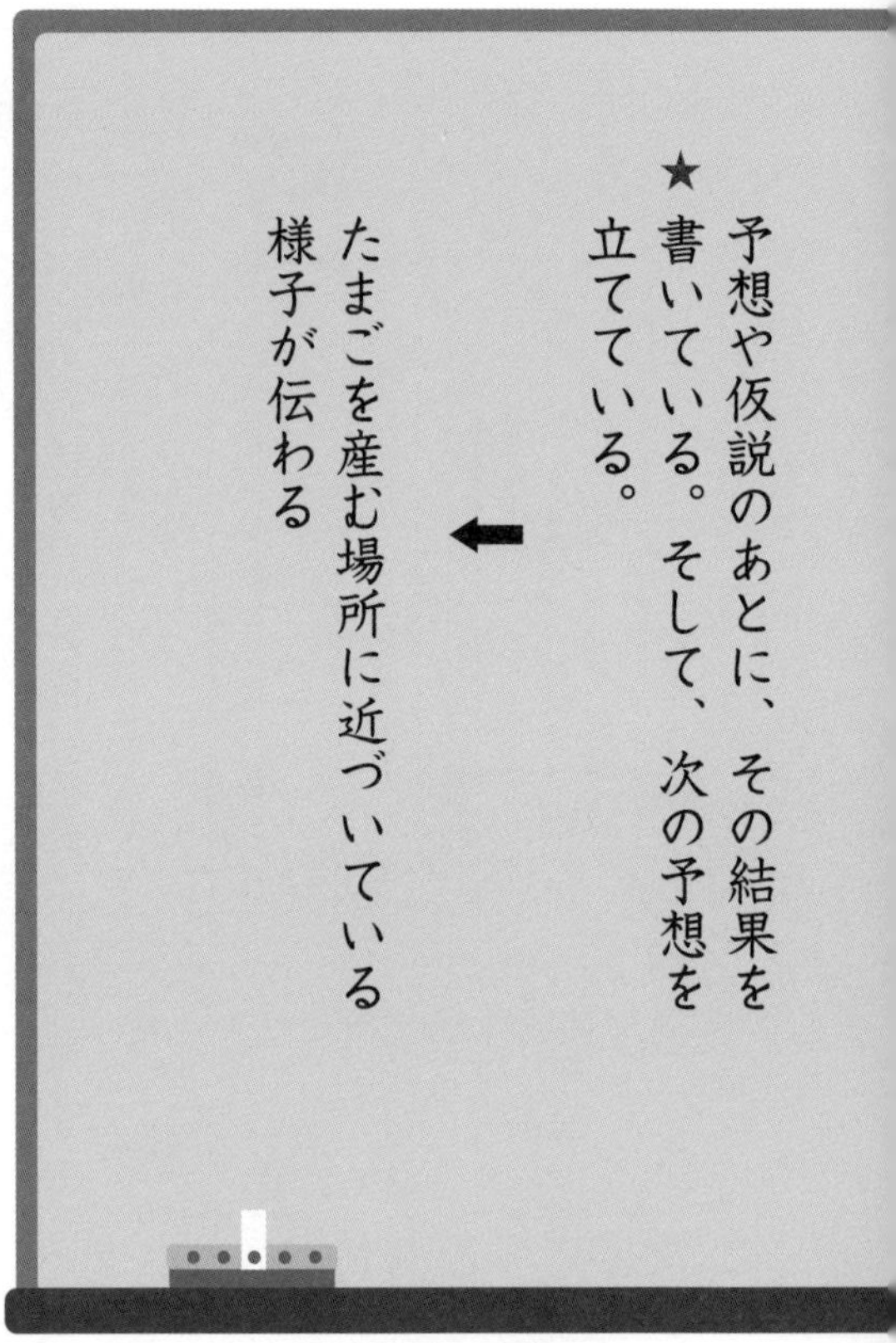
★予想や仮説のあとに、その結果を書いている。そして、次の予想を立てている。
たまごを産む場所に近づいている様子が伝わる

3 「海山」と「新月」の予想がいるかを話し合う

たまごを産む場所の予想があれば、海山と新月の予想はなくてもいいよね？

Bの予想は、CとAがないと、できないよ
BとCの予想で、五ミリのレプトセファルスがとれているよ

しかけ（仮定する）

「海山」と「新月」の予想が、「産卵場所」に関わっていることを話し合う。五ミリのレプトセファルスがとれた結果も書きながら、矢印などで予想と結果を結んでいく。 配慮イ

4 予想と結果を書く意味を確認し、学習を振り返る

予想の後に、その結果を書くと、どんなふうに伝わりますか？

だんだんたまごの場所に近づいてきているね
予想が当たっていて、自信が出てきているのがわかる

予想と結果を書くことで、次の予想につながっていることをまとめる。たまごに近づくために、さらに予想を立てたこともおさえておきたい。

準備物 ・センテンスカード3枚 6-16～18　・図4～6の資料（デジタル教科書で印刷可）

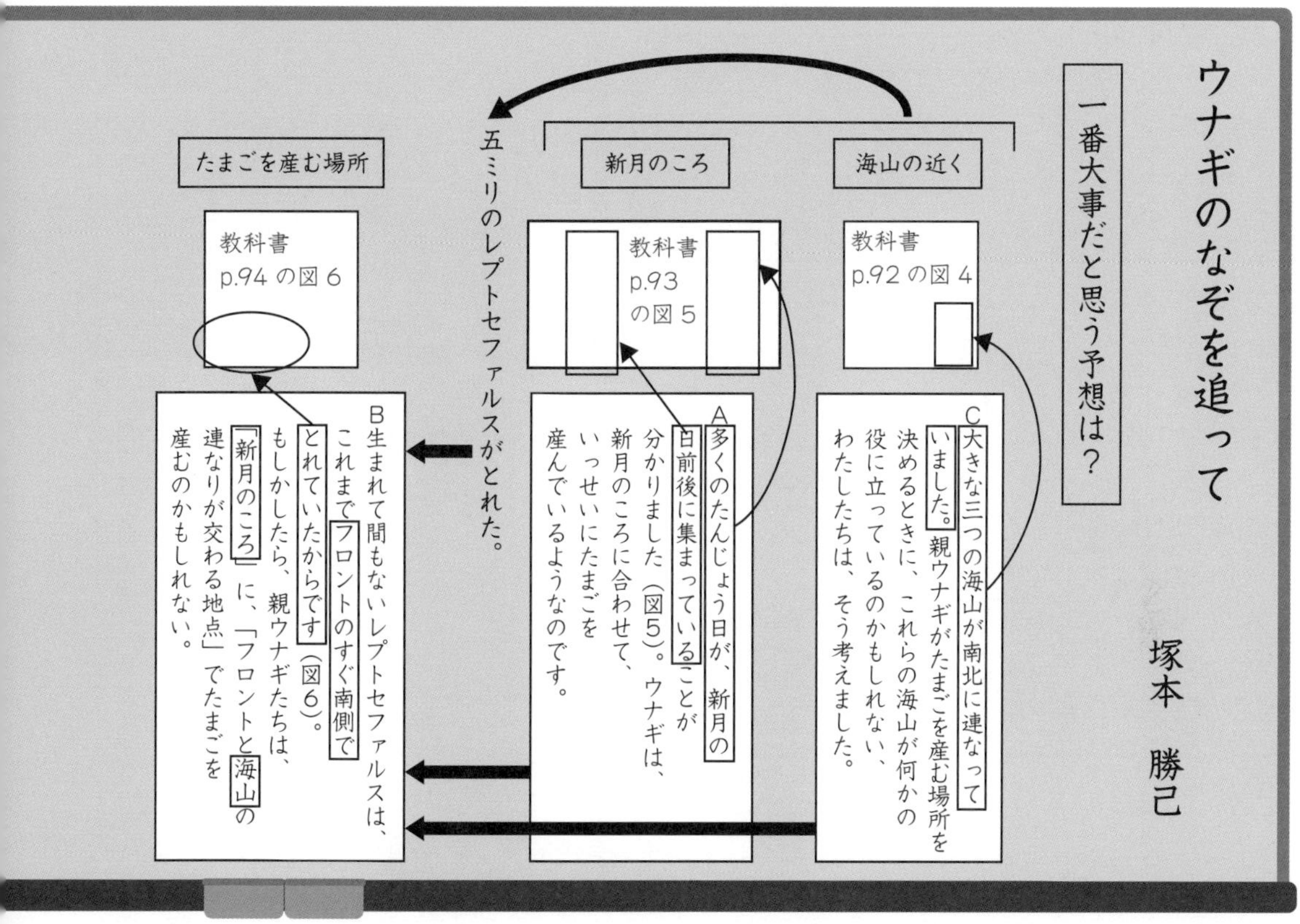

ウナギのなぞを追って
塚本　勝己
一番大事だと思う予想は？
海山の近く
新月のころ
五ミリのレプトセファルスがとれた。
たまごを産む場所
教科書 p.92 の図4
教科書 p.93 の図5
教科書 p.94 の図6
C 大きな三つの海山が南北に連なっていました。親ウナギがたまごを産む場所を決めるときに、これらの海山が何かの役に立っているのかもしれない、わたしたちは、そう考えました。
A 多くのたんじょう日が、新月の日前後に集まっていることが分かりました（図5）。ウナギは、新月のころに合わせて、いっせいにたまごを産んでいるようなのです。
B 生まれて間もないレプトセファルスは、これまでフロントのすぐ南側でとれていたからです（図6）。もしかしたら、親ウナギたちは、「新月のころ」に、「フロントと海山の連なりが交わる地点」でたまごを産むのかもしれない。

1 予想のセンテンスカードを並べる

塚本さんは、この順番でいろいろな予想をしていったよね？

全部、予想や仮説の文末表現だね

あれ？貼られている順番が教科書と違うよ

しかけ（順序を変える）

前時の復習も兼ねて、予想や仮説の文末表現のセンテンスカードを貼る。順番を変えて予想のセンテンスカードを貼り、正しい順番に直し、時系列に予想が並ぶようにする。

2 学習課題について話し合う

たまごを産む場所を見つける調査に、一番大事だと思う予想はどれでしょうか？

一番目のCが大事なんじゃないかな

最後に出てくるBが大事だと思う

どれなんだろう？

Which型課題

「一番〇〇はどれ？」

一番大事だと思う予想を選ばせる。理由を説明させる中で、図と本文を関連づけて説明させていく。

配慮ア

本時の展開　第二次　第3時

目標 事実だけでなく、発見時の船内の様子を詳述することで、筆者が喜びや苦労を詳しく伝えていることに気付くことができる。

［本時展開のポイント］

ウナギのたまごの発見時の様子が詳述されていることを捉えることができるように、事実のみを記した文と読み比べる。発見に至るまでの筆者の苦労も確認したい。

［個への配慮］

㋐センテンスカードの掲示方法

筆者の思いがわかりにくい場合、視覚的に理解できるように、センテンスカードの高さと色を変える。また、事実のみを書いたプリントを渡し、比べやすくする。

㋑動作化による共有

筆者の苦労がわかりにくい場合、センテンスカードを読み、思いや苦労が伝わるところで、動作化を取り入れる。歓声があがるカードでは、声を出して喜ぶなど、筆者の思いに寄り添える動きをする。

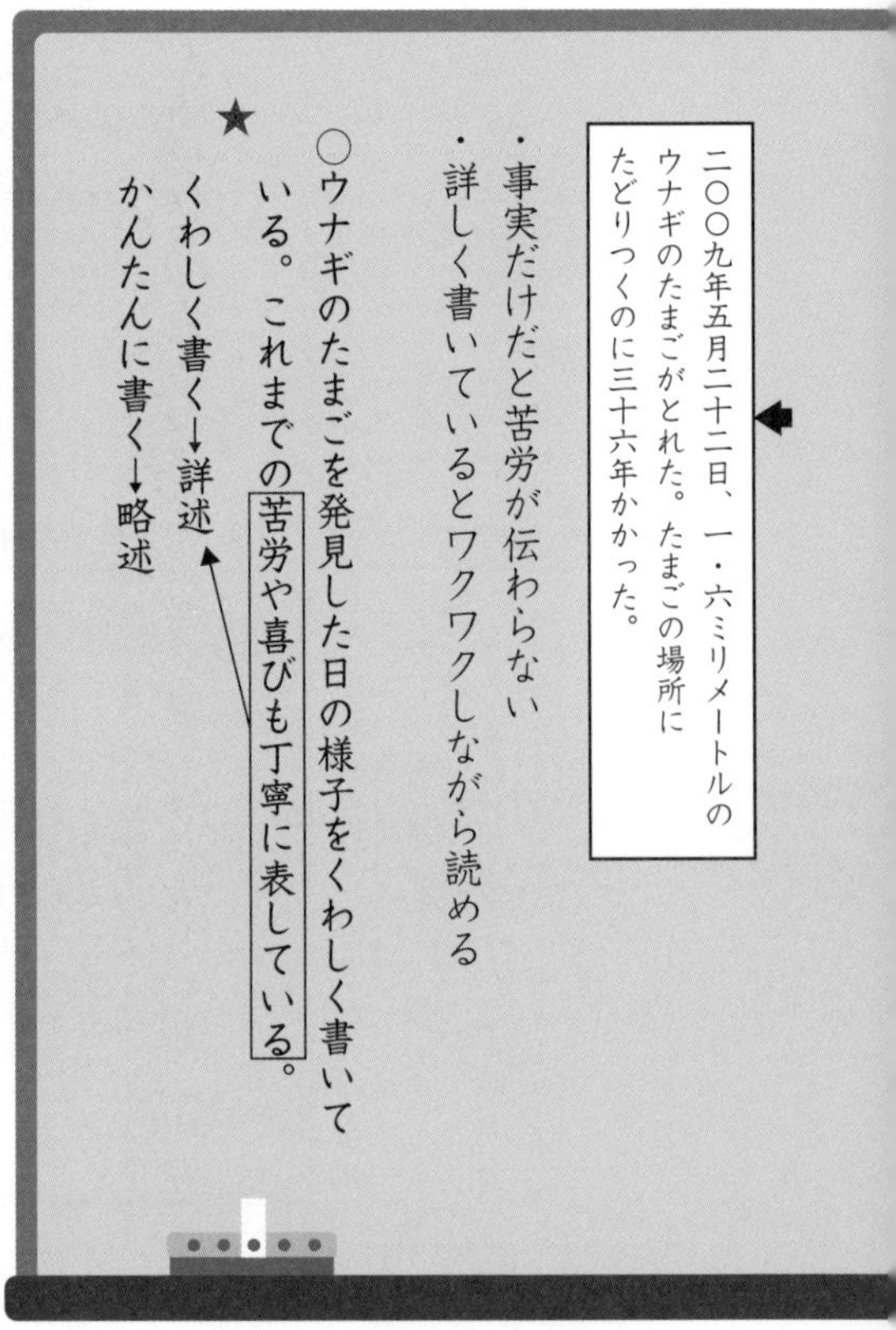

二〇〇九年五月二十二日、一・六ミリメートルのウナギのたまごがとれた。たまごの場所にたどりつくのに三十六年かかった。
・事実だけだと苦労が伝わらない
・詳しく書いているとワクワクしながら読める
○ウナギのたまごを発見した日の様子をくわしく書いている。これまでの苦労や喜びも丁寧に表している。
★くわしく書く→詳述
かんたんに書く→略述

3 事実だけのリライト文と比較して、筆者の書き方のよさについて話し合う

事実だけで書き直したセンテンスカードを用意しました。どちらの書き方がいいでしょうか？

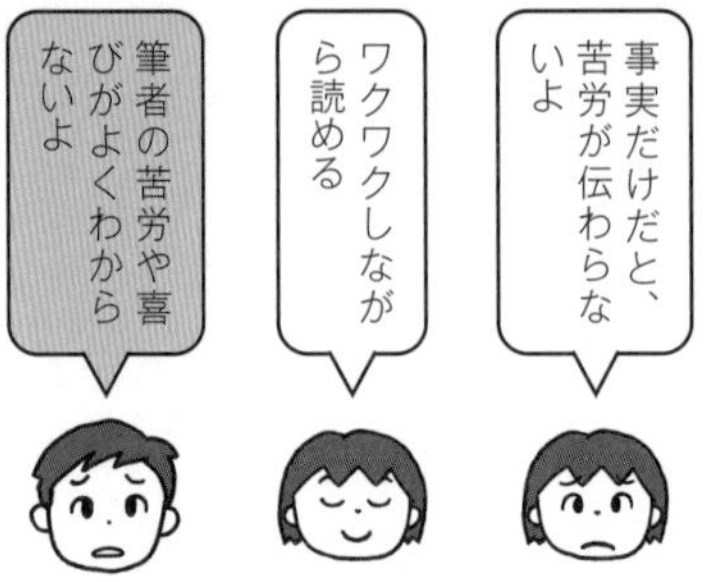

事実だけだと、苦労が伝わらないよ
ワクワクしながら読める
筆者の苦労や喜びがよくわからないよ

しかけ（仮定する）

事実のみをまとめたリライト文でも伝わることを確認し、たまごの発見の様子を詳述していることに目を向けさせる。筆者の伝えたいことや感情の高ぶりも詳述していることをおさえ、詳述のよさについて考えさせる。

配慮㋑

4 詳述と略述の違いを整理し、学習を振り返る

筆者の書き方の工夫をまとめましょう

長年、探していたたまごを発見した日だから、詳しく書いている
でも、事実だけでも伝わるんだね

詳しく書いたものを詳述、簡単に書いたものを略述と呼ぶことを確認し、まとめる。

準備物
・センテンスカード7枚 6-19～26
・つぶやきカード7枚 6-27～33　・リライト文

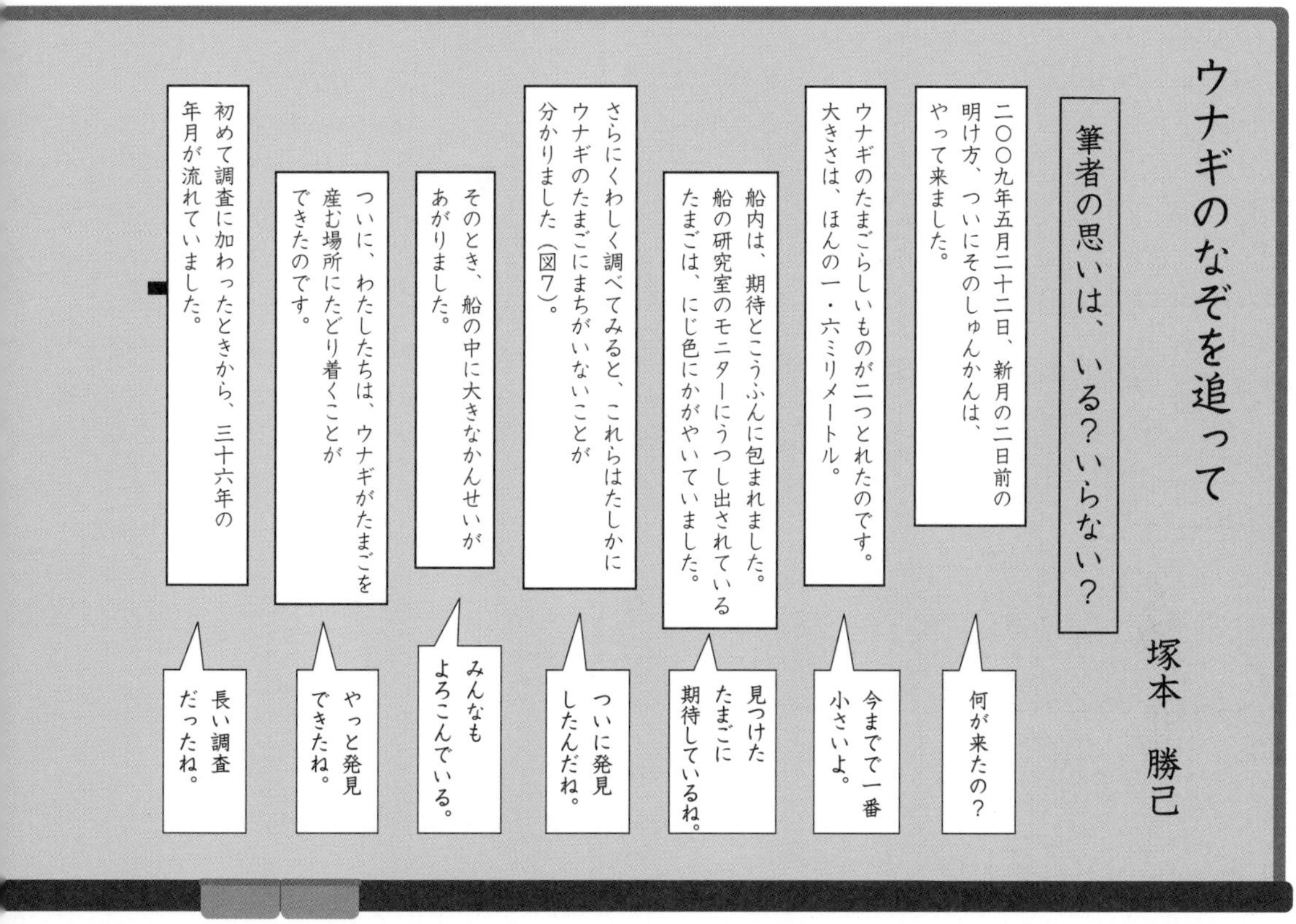
ウナギのなぞを追って
塚本　勝己
筆者の思いは、いる？いらない？

二〇〇九年五月二十二日、新月の二日前の明け方、ついにそのしゅんかんは、やって来ました。

何が来たの？

ウナギのたまごらしいものが二つとれたのです。大きさは、ほんの一・六ミリメートル。

今までで一番小さいよ。

船内は、期待とこうふんに包まれました。船の研究室のモニターにうつし出されているたまごは、にじ色にかがやいていました。

見つけたたまごに期待しているね。

さらにくわしく調べてみると、これらはたしかにウナギのたまごにまちがいないことが分かりました（図7）。

ついに発見したんだね。

そのとき、船の中に大きなかんせいがあがりました。

みんなもよろこんでいる。

ついに、わたしたちは、ウナギがたまごを産む場所にたどり着くことができたのです。

やっと発見できたね。

初めて調査に加わったときから、三十六年の年月が流れていました。

長い調査だったね。

1 センテンスカードで学習範囲を確認する

つぶやき読みをしてみましょう

塚本さんの気持ちが書いてある
たまごを発見した喜びも書いてある
筆者の思いはどれなんだろう

考える音読・つぶやき読み
センテンスカードを貼り、教師が読んだ後、つぶやき読みをする。文中に事実と筆者の思いが記されていることを確認する。

配慮ア

2 学習課題について話し合う

報告文に筆者の思いは、いる？　いらない？

説明文だから事実だけがいいかも…
でも、やっと見つけた喜びもあった方がいいよ

Which型課題
「○○は、いる？　いらない？」
前時で学習した予想や仮説の効果をおさえながら、それとは異なる筆者の喜びや苦労の描写がいるかを話し合う。

本時の展開 第二次　第4時

目標 興味をもったところについて話し合うことを通して、事例のまとめの必要性に気付き、要約する上で必要になることを理解する。

本時展開のポイント

報告をするとき結論から話す方がよいことに気付かせるため、初め・中・終わりから興味のあるところを選んで話し合い、その必要性を考えさせる。頭括型のよさが、話すことや書くことにも活用できるようにしたい。

個への配慮

ア三択に選択肢を限定

センテンスカードが多くて選べない場合、初め・中・終わりの三択にし、選択肢を限定する。

イ中の構造を図解

初め・中・終わりの違いがわからない場合、内容を理解して考えられるように、八十年が意味する期間を色チョークの矢印で示したり囲んだりする。

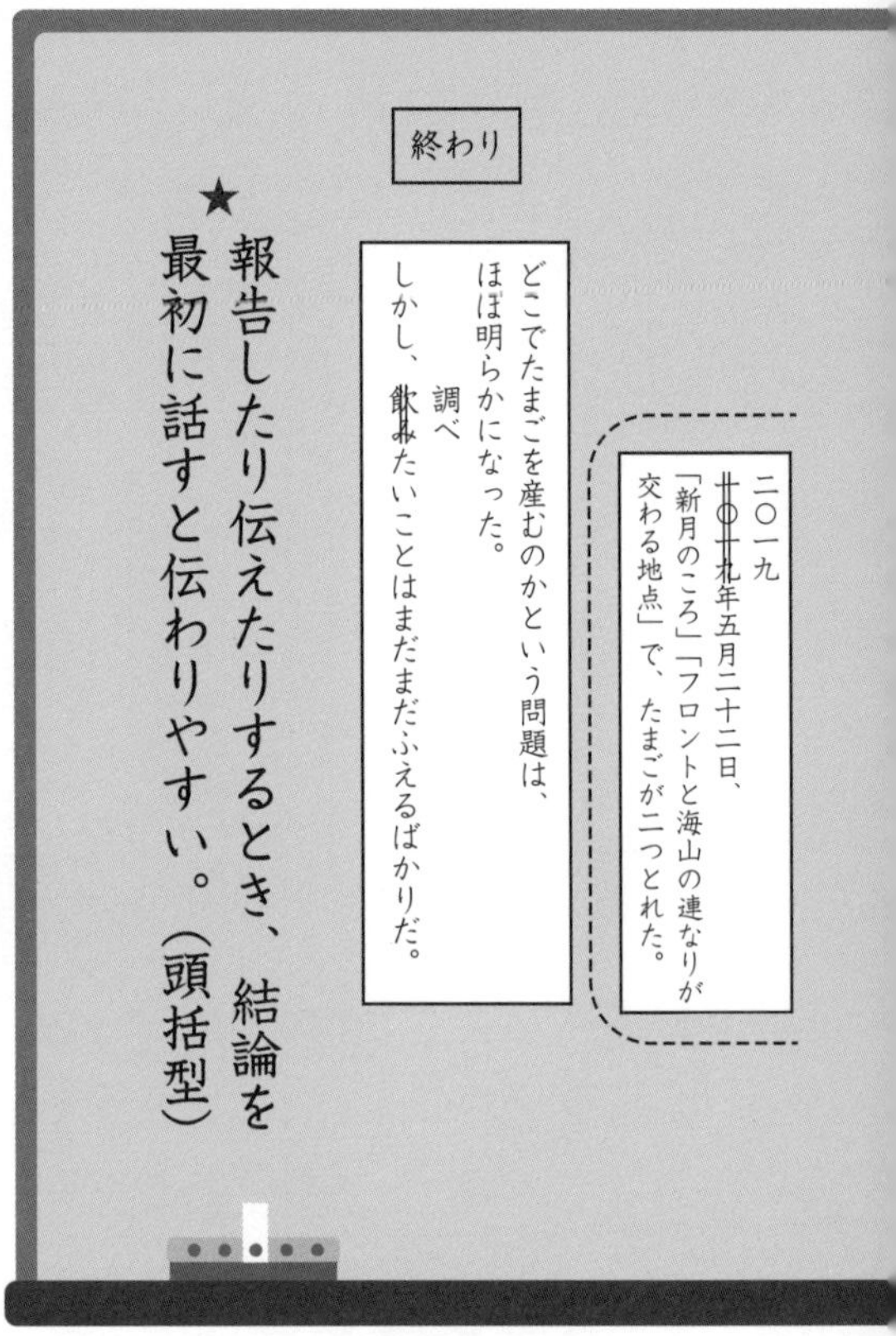

二〇一九
二〇一九年五月二十二日、「新月のころ」「フロントと海山の連なりが交わる地点」で、たまごが二つとれた。
終わり
どこでたまごを産むのかという問題は、ほぼ明らかになった。
しかし、調べたいことはまだまだふえるばかりだ。
★報告したり伝えたりするとき、結論を最初に話すと伝わりやすい。（頭括型）

3 要約で初めがなくてもいいかを話し合う

詳しく書いている「中」を伝えればいいから、初めは要らないよね？

中だけだと、ウナギのたまごを探すことがわからない

まず八十年を言ってから、興味をもったところを話した方がいいよ

先に八十年を伝えた方が、わかりやすいと思う

しかけ（仮定する）

中で初めの八十年が書かれていることを確認した上で、結論を書いた初めの必要性を考える。

配慮イ

4 要約のポイントを整理する

何かを報告するときは、最初に結論を言うとわかりやすいですね

中心部分も大事だけど、まとめを言うのも大事だね

最初に結論を言うとわかりやすいね

何かを報告するときは、最初に結論を言うことが大切だと確認する。頭括型の報告は、話す単元や書く単元でも活用できると伝えたい。

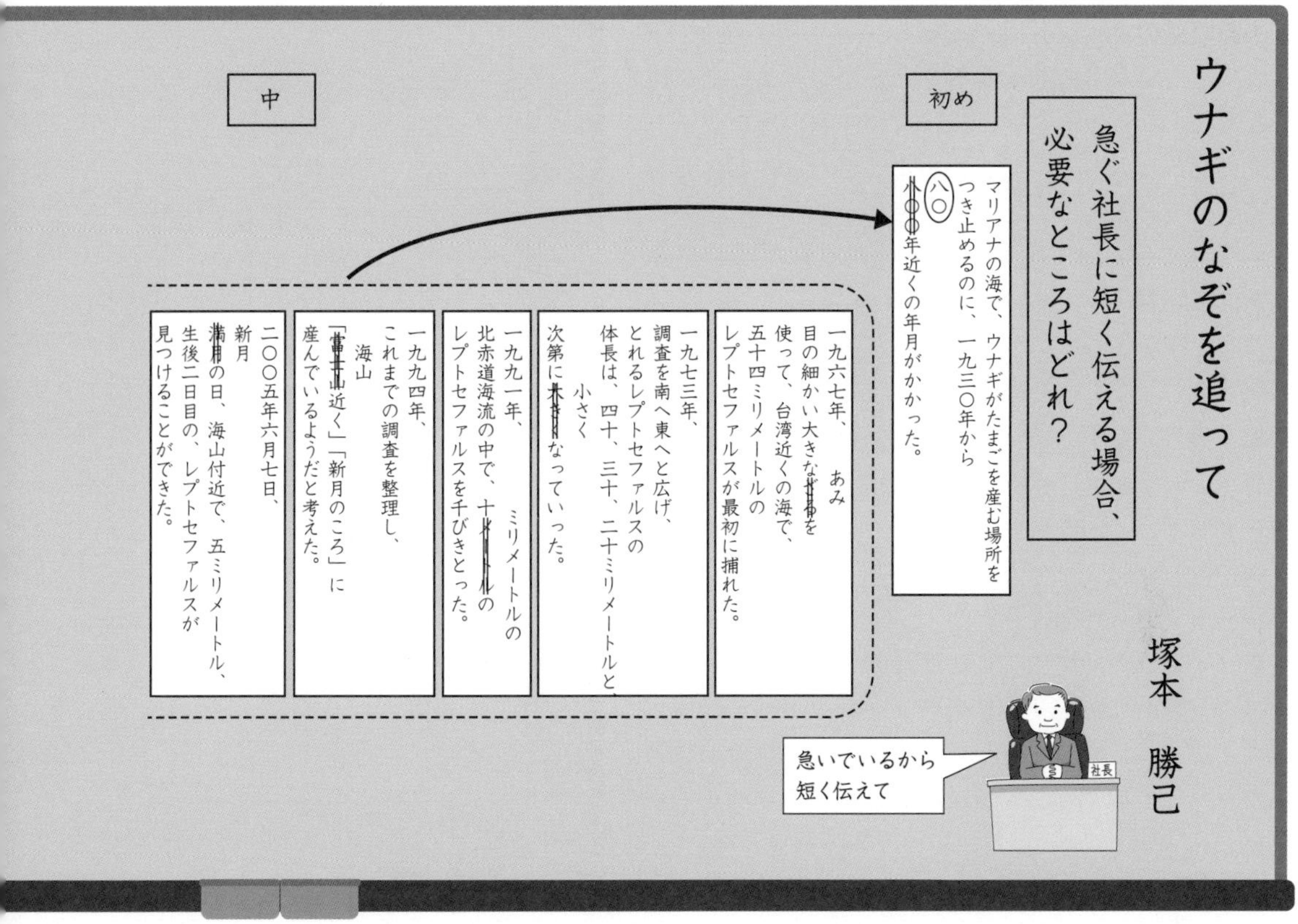
ウナギのなぞを追って
塚本　勝己
急ぐ社長に短く伝える場合、必要なところはどれ？
初め
マリアナの海で、ウナギがたまごを産む場所をつき止めるのに、一九三〇年から~~八〇〇〇~~八〇年近くの年月がかかった。
中
一九六七年、目の細かい大きな~~わな~~あみを使って、台湾近くの海で、五十四ミリメートルのレプトセファルスが最初に捕れた。
一九七三年、調査を南へ東へと広げ、とれるレプトセファルスの体長は、四十、三十、二十ミリメートルと、次第に~~大きく~~小さくなっていった。
一九九一年、北赤道海流の中で、十~~メートル~~ミリメートルのレプトセファルスを手びきとった。
一九九四年、これまでの調査を整理し、「~~富士山~~海山近く」「新月のころ」に産んでいるようだと考えた。
二〇〇五年六月七日、~~満月~~新月の日、海山付近で、五ミリメートル、生後二日目の、レプトセファルスが見つけることができた。
急いでいるから短く伝えて
社長

1

センテンスカードで大まかな内容を確認する。

この説明文では、中はこんなことが順番に書かれていたよね？

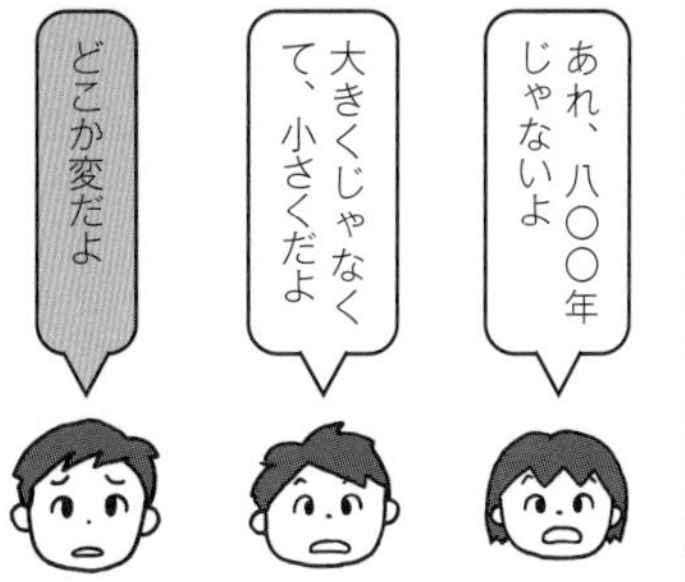
あれ、八〇〇〇年じゃないよ
大きくじゃなくて、小さくだよ
どこか変だよ

しかけ（置き換える）

第一次第2時のセンテンスカードにダウト文を加える。裏に正しいセンテンスカードを貼り、めくると答えが確認できるようにしておく。

2

学習課題について話し合う

急ぐ社長に短く伝える場合、必要なところはどれでしょうか？

中は具体的だから、必要だよ
これまでの調査を伝えるから、中が必要
終わりは、これからのことだね

Which型課題

「〇〇なところはどれ？」

急いでいる社長のイラストを貼り、興味をもったところを早く伝える状況では、どこが必要かを選ばせる。

配慮ア

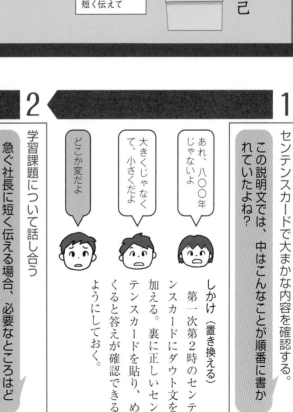

本時の展開　第三次　第1時

目標　興味をもった内容を表にまとめることを通して、内容を整理し、概要としてまとめることができる。

[本時展開のポイント]

読者の立場から要約をすることができるように、興味をもったことを選んで、表に整理する。キーワードや文、感想なども書いてまとめることで、次時の要約文や紹介文のイメージをもたせておきたい。

[個への配慮]

ア二つに限定する

興味をもったことを選んだり表現したりすることが困難な場合、「ウナギのたまご」か「筆者の熱意」かの二択に絞る。それぞれの選択肢に合わせて、センテンスカードに二色の線を引くことで、注目する視点を区別する。

イワークシートの選択

ワークシートに書くことが困難な場合、図入りや一部のキーワードが入ったワークシートを用意し、選べるようにする。書くことそのものが難しい場合、教師がキーワードなどをたずね、黒板に書いて写せるようにする。

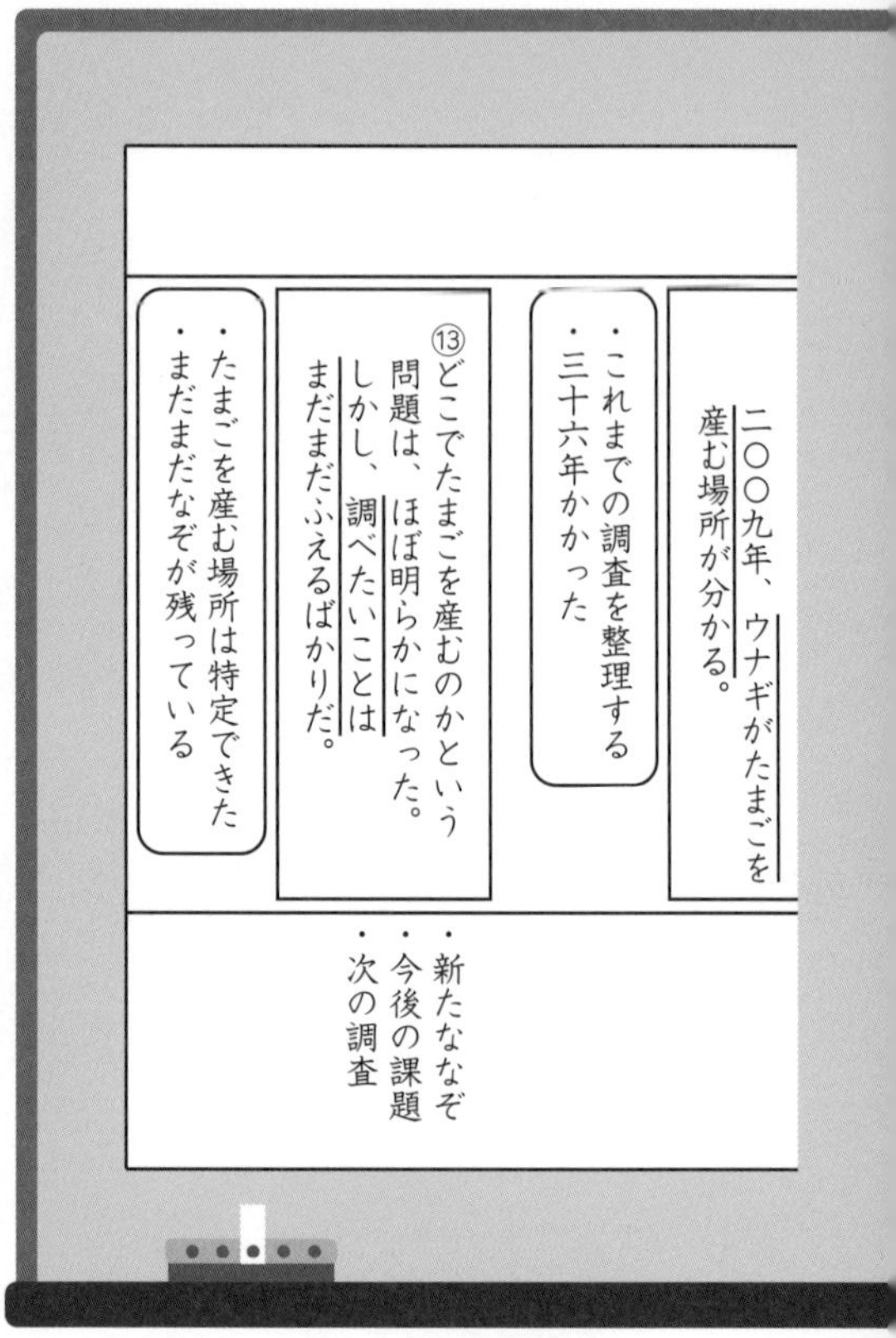

二〇〇九年、ウナギがたまごを産む場所が分かる。
・これまでの調査を整理する
・三十六年かかった
⑬どこでたまごを産むのかという問題は、ほぼ明らかになった。しかし、調べたいことはまだまだふえるばかりだ。
・たまごを産む場所は特定できた
・まだまだなぞが残っている
・新たななぞ
・今後の課題
・次の調査

3 ワークシートにキーワードや文をまとめる

自分で大切だと思うキーワードや文を書いていきましょう

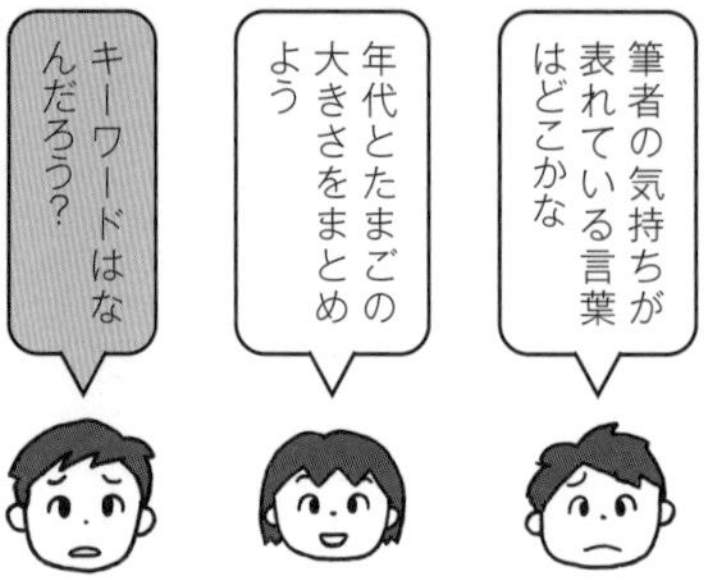

筆者の気持ちが表れている言葉はどこかな
年代とたまごの大きさをまとめよう
キーワードはなんだろう?

興味をもったことに関わるキーワードや文、内容をワークシートに記入させる。グループを作るなど、共有化しやすい環境にする。また、子どもが書いたことや説明したことは随時付け加えていく。　配慮イ

4 まとめた表を見ながら、話をしよう

まとめた表を見ながら、調査を短く説明してみましょう

たまごの発見までを短く伝えるよ
文章で書く前に、うまく話せるといいな

できあがった表を見ながら、ペアやグループで本文を短く説明させる。説明の中で、新たに付け足してもよいことを伝える。要約文を書く前に、一度、話すことで短く伝える練習をしておきたい。

準備物
・センテンスカード ⤓6-02～06　・第一次の感想
・ワークシート ⤓6-43、47

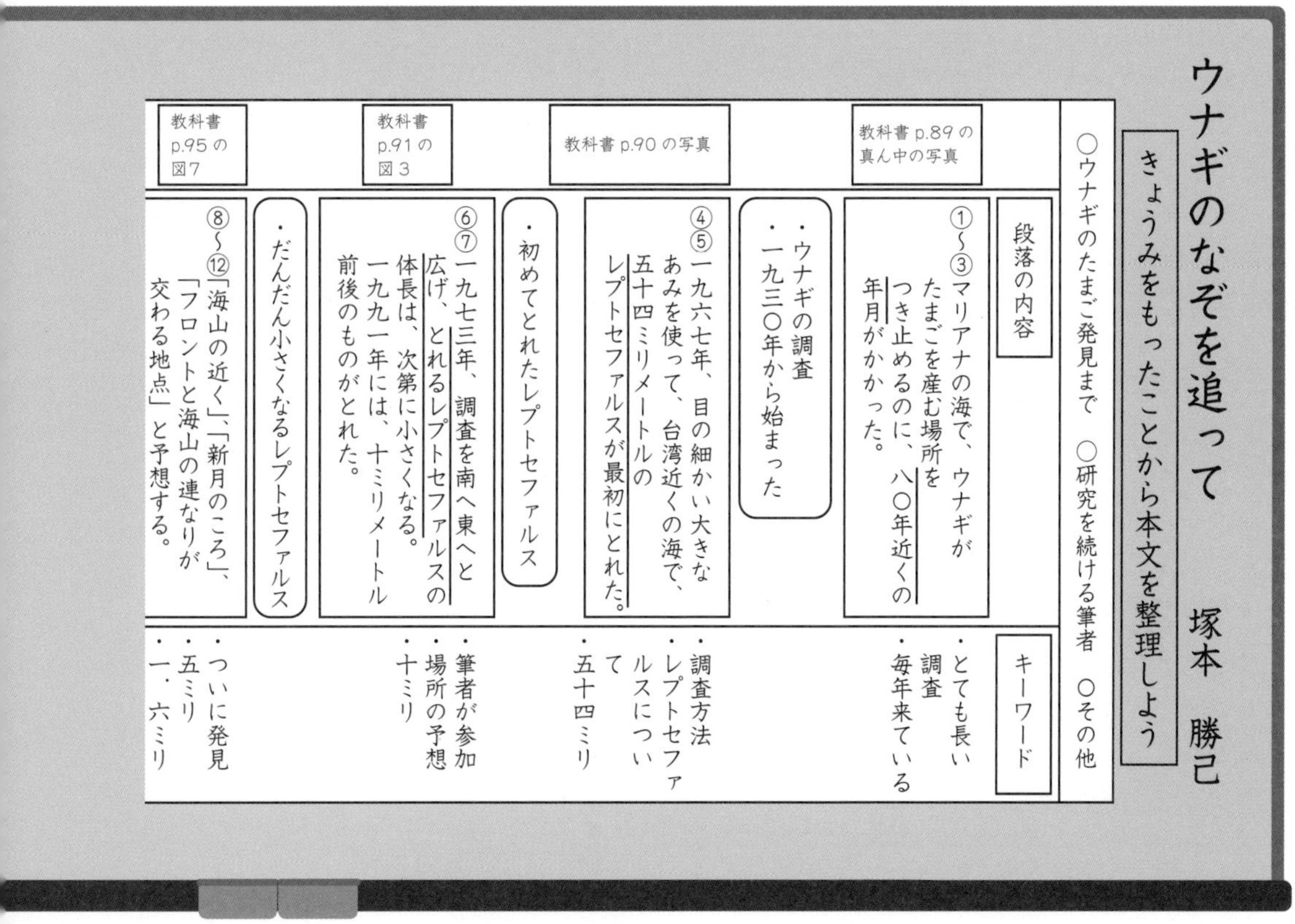

ウナギのなぞを追って　塚本　勝己
きょうみをもったことから本文を整理しよう
○ウナギのたまご発見まで　○研究を続ける筆者　○その他
教科書p.89の真ん中の写真
教科書p.90の写真
教科書p.91の図3
教科書p.95の図7
段落の内容
①～③マリアナの海で、ウナギがたまごを産む場所をつき止めるのに、八〇年近くの年月がかかった。
・ウナギの調査
・一九三〇年から始まった
④⑤一九六七年、目の細かい大きなあみを使って、台湾近くの海で、五十四ミリメートルのレプトセファルスが最初にとれた。
・初めてとれたレプトセファルス
⑥⑦一九七三年、調査を南へ東へと広げ、とれるレプトセファルスの体長は、次第に小さくなる。一九九一年には、十ミリメートル前後のものがとれた。
・だんだん小さくなるレプトセファルス
⑧～⑫「海山の近く」、「新月のころ」、「フロントと海山の連なりが交わる地点」と予想する。
キーワード
・とても長い調査
・毎年来ている
・調査方法
・レプトセファルスについて
・五十四ミリ
・筆者が参加
・場所の予想
・十ミリ
・ついに発見
・五ミリ
・一・六ミリ

1 センテンスカードの内容を確認する

センテンスカードに合う内容を正しく並べてみましょう

あれ？組み合わせが変だよ
最初に感想を書いたら、つながりが変だよ

しかけ（順序を変える）

各段落で書かれている内容確認のため、センテンスカードに合う内容のカードを組み合わせる。実態に合わせて、センテンスカードの語句を置き換えるしかけでもよい。

2 興味をもったことを決める

興味をもったことを選んで、表に整理しましょう

学習をしてきて、筆者がウナギを求めることに興味をもった
やっぱり、だんだんウナギのたまごに近づくところがいい

第一次の感想をもとに、興味をもったところを中心に整理していく。学習を進めてきた中で第一次と変わることもあるので、まとめる視点をいくつか示しておく。教科書96ページの筆者へのインタビューも読ませておきたい。配慮ア

本時の展開　第三次　第2時

目標 提示された紹介文を正しく並べる活動を通して、要約のしかたを知り、紹介文を書くことができる。

[本時展開のポイント]

自分のもった感想と要約が関連して表現できるように、正しくセンテンスカードを並べて、書く順番を理解させる。

[個への配慮]

ア文字数の調節

書くことが苦手な場合、文字数の少ない用紙を準備し、子どもが選べるようにする。マス目の大きさで書く量を調整しておく。全てを一枚の用紙におさめるように書かせるのではなく、結論・要約・感想を一枚ずつ書いた用紙を台紙に貼り合わせることで、完成するようにする。

イ感想が近いものを選択

感想をもちにくい場合、自分の感想に近いものを選べるように、第一次で出てきた子どもの感想を短冊にして掲示する。また、「どれが、ピンとくるかな？」とたずねて、選ぶように促す。

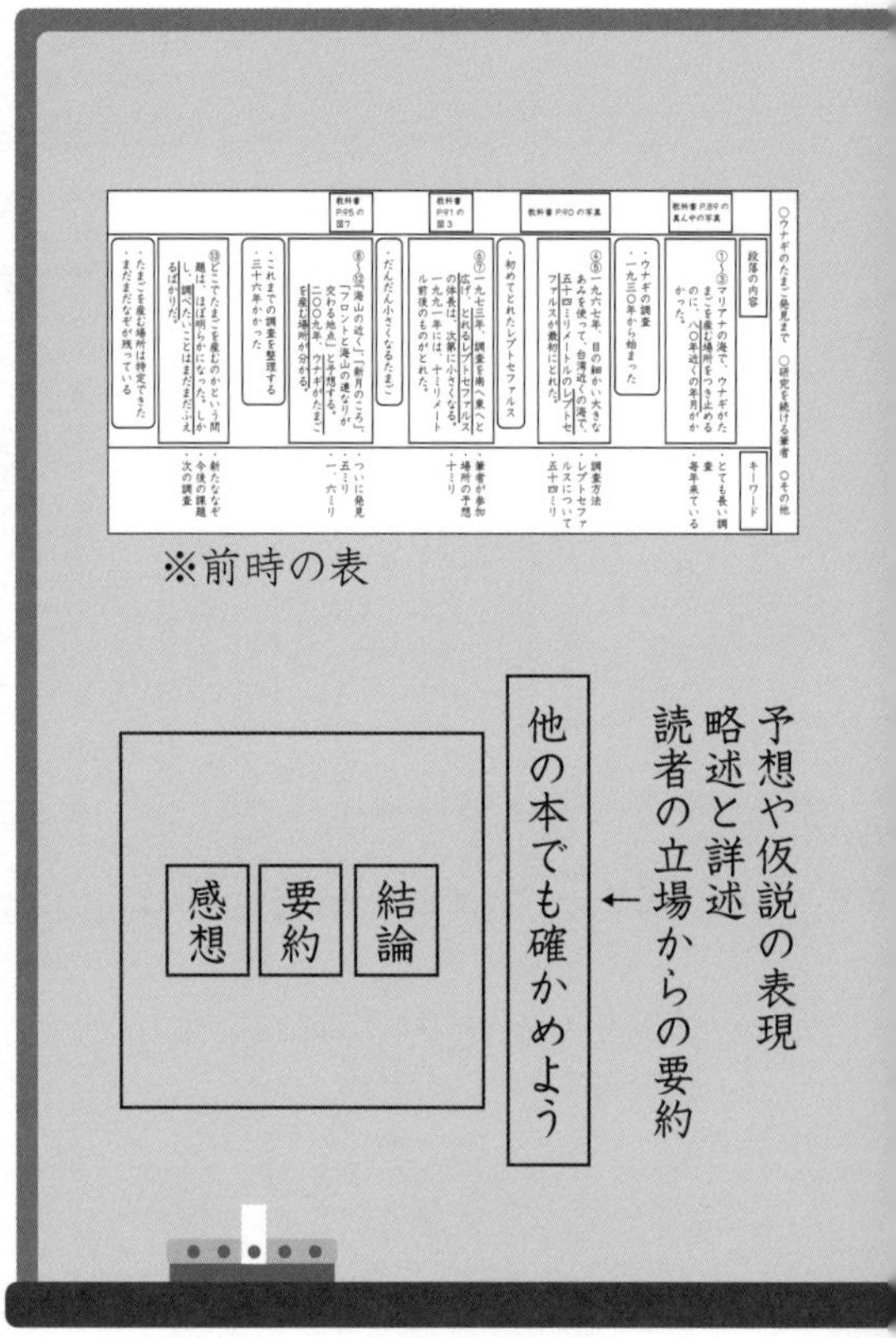
○ウナギのたまご発見まで　○研究を続ける筆者　○その他
段落の内容
キーワード
教科書P.89の真ん中の写真
教科書P.90の写真
教科書P.91の図3
教科書P.95の図7
①～③マリアナの海で、ウナギがたまごを産む場所をつき止めるのに、八〇年近くの年月がかかった。
・ウナギの調査
・一九三〇年から始まった
④⑤一九六七年、目の細かい大きなあみを使って、台湾近くの海で、五十四ミリメートルのレプトセファルスが最初にとれた。
・初めてとれたレプトセファルス
⑥⑦一九七三年、調査を南へ東へと広げ、とれるレプトセファルスの体長は、次第に小さくなる。一九九一年には、十ミリメートル前後のものがとれた。
・だんだん小さくなるたまご
⑧～⑫「海山の近く」、「新月のころ」、「フロントと海山の連なりが交わる地点」と予想する。二〇〇九年、ウナギがたまごを産む場所が分かる。
・これまでの調査を整理する
・三十六年かかった
⑬どこでたまごを産むのかという問題は、ほぼ明らかになった。しかし、調べたいことはまだまだふえるばかりだ。
・たまごを産む場所は特定できた
・まだまだなぞが残っている
・とても長い調査
・毎年来ている
・調査方法
・レプトセファルスについて
・五十四ミリ
・筆者が参加
・場所の予想
・十ミリ
・ついに発見
・五ミリ
・一、六ミリ
・新たななぞ
・今後の課題
次の調査
※前時の表
予想や仮説の表現
略述と詳述
読者の立場からの要約
他の本でも確かめよう
結論
要約
感想

3 感想を書いて、紹介文を書きあげる

感想を加えて、紹介文を完成させましょう

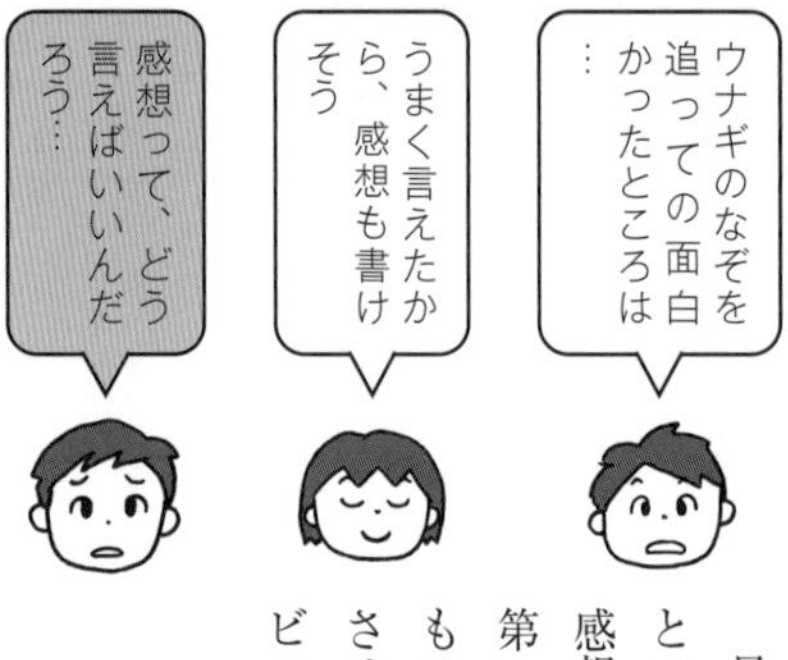
ウナギのなぞを追っての面白かったところは…
うまく言えたから、感想も書けそう
感想って、どう言えばいいんだろう…

最初に、前時の表をもとに感想を交流させる。感想がもちにくい子には、第一次の活動で出た子どもの意見を見せて参考にさせたり、教師がインタビューを行ったりする。

配慮イ

4 紹介文を台紙に貼って、互いにコメントし合う

友達の紹介文を読み合って、コメントしましょう

語りかけの文末表現を入れるといいな
他の本でも、紹介文を書いてみたいな

付箋を用いながら、コメントを書かせる。台紙に貼ることで、一枚ずつ書いた子どもの紹介文も読みやすくなるように配慮しておきたい。表現技法の活用などが見られれば、価値づけておく。

準備物
・紹介文を３枚に分けたもの 6-44～46　・前時の表
・原稿用紙（２種類）　・交流用の付箋　・原稿用紙を貼る台紙（画用紙）

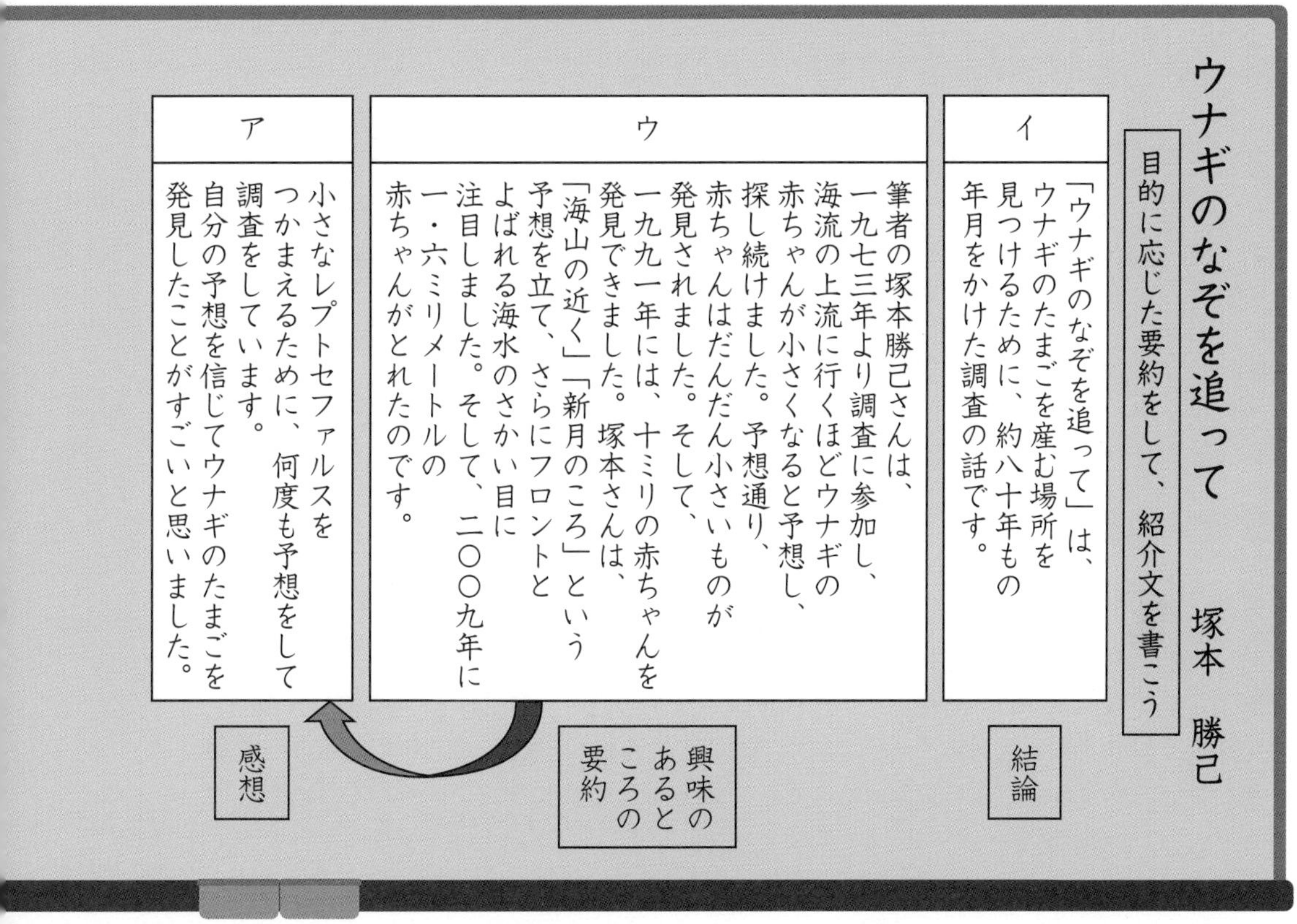

ウナギのなぞを追って
塚本 勝己
目的に応じた要約をして、紹介文を書こう
イ
「ウナギのなぞを追って」は、ウナギのたまごを産む場所を見つけるために、約八十年もの年月をかけた調査の話です。
結論
ウ
筆者の塚本勝己さんは、一九七三年より調査に参加し、海流の上流に行くほどウナギの赤ちゃんが小さくなると予想し、探し続けました。予想通り、赤ちゃんはだんだん小さいものが発見されました。そして、一九九一年には、十ミリの赤ちゃんを発見できました。塚本さんは、「海山の近く」「新月のころ」という予想を立て、さらにフロントとよばれる海水のさかい目に注目しました。そして、二〇〇九年に一・六ミリメートルの赤ちゃんがとれたのです。
興味のあるところの要約
ア
小さなレプトセファルスをつかまえるために、何度も予想をして調査をしています。自分の予想を信じてウナギのたまごを発見したことがすごいと思いました。
感想

1 センテンスカードで学習範囲を確認する

先生が作ってきた紹介文は、わかりやすいかな?

あれ?変な文章だよ
最初に感想を書いたら、つながりが変だよ

しかけ（順序を変える）

三つに分けた紹介文を掲示する。「順番がおかしい」という発言を子どもから引き出し、要約文を正しい順に並べる。

2 興味をもったところを中心に要約をする

目的に応じた要約をして、紹介文を書きましょう

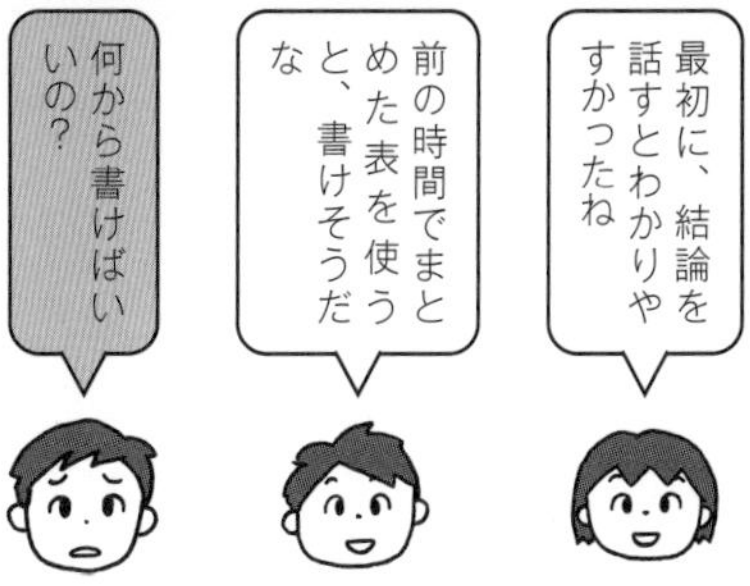

最初に、結論を話すとわかりやすかったね
前の時間でまとめた表を使うと、書けそうだな
何から書けばいいの?

これまでの学習と関連させ、結論・要約・感想の順が伝わりやすいことを共有する。二〇〇字程度にまとめる。要約は書けたら、互いに読み合い、間違いがないかを確認する　配慮ア

総　括

授業における「目標」の焦点化と指向性の明確化、そして合理的配慮の提供を

石塚謙二（桃山学院教育大学）

本書の展開案における「目標」「本時展開のポイント」「個への配慮」の３点に着目し、特別支援教育の考え方を踏まえつつ、授業UDを充実させていくための提言を試みたい。

「目標」の具体化と授業評価

授業における「目標」を焦点化することは言うまでもなく、授業UDでは最も重視しなければならない。本書における「目標」のいくつかを掲示すると、「筆者の主張に対する納得度と説明の工夫の良さをスケーリングする活動を通して、自分の考えを支える理由を明確にして自分の考えを発表することができる。」「松井さんの心情について話し合う活動を通して、五感からも心情を読み取ることができることに気づき、ノートにまとめることができる。」などがある。

これらの「目標」からは、焦点化だけでなく、具体的でしかも授業中に子どもに期待する活動が分かる。例えば、「明確にして自分の考えを発表することができる」という表現からは、授業の終わりころに、子どもに求めているまとめの活動が見える。

およそ「目標」の裏返しは、評価規準と見なすことができると考えられる。先述の例で言えば、「理由を明確にして自分の考えを発表することができ」たかどうかが評価されよう。このように、授業における子どもに期待する活動が具体的で明確であると、授業評価の観点も明確になる。そして、そのことは、授業UDのための指導の手立ての明確化につながる。何故ならば、この場合、「目標」が明確であるからこそ、「筆者の主張に対する納得度と説明の工夫の良さをスケーリングする活動を通して」という指導の手立てを筋道に沿って設定できたと考えられるからである。

特別支援教育では、子どもの様子によって異なるが、例えば、「衣服の前後を見分けて着ることができる。」、「コンビニでお金を支払って、自分の選んだお菓子を買うことができる。」など、指導の手立ての想定が容易で具体的な「目標」が設定されることが多い。どの教育においても、そのような考えを重視すべきと記銘したい。

授業UDの工夫を凝縮した「本時展開のポイント」

本書における「本時展開のポイント」に記述されていることは、授業UDを進めていく上での工夫の主要な意図が凝縮されて表現されていると考えられる。

その「本時展開のポイント」のいくつかを掲示すると、「きっかけの場面としてどこの場面がふさわしいかについての話し合いに全員が参加するために、選択肢を用意し、選んで参加できるようにする。」「読者の立場から要約をすることができるように、興味をもったことを選んで、表に整理する。」「センテンスカードの色を分ける活動をおみくじ式で設定することで全員が楽しんで参加することができるようにする。」などがある。これらの「本時展開のポイント」では、授業において指向すべきことと考えられ、そこから読み取れることは、「全員が楽しんで参加する」や「要約をすることができる」などと目的が明確である。それとともに、子どもに期待する活動が彷彿とされる表現となっている。

このように重視すべきことが分かりやすく表現され、それらが授業実践において意識されれば、授業UDのための指導の手立てがより具体化すると考えられる。つまり、例えば、「全員が楽しんで参加することができる」ために、「センテンスカードの色を分ける活動をおみくじ式で設定すること」などの工夫が容易に想定できよう。

特別支援教育においては、どの子どももてる力を発揮して活動に取り組めるように、個別対応を重視しながら、授業展開上のポイントを定めることを基本としているが、その際、全体的な活動と個別の活動のマッチングを考慮しつつ、指導の手立てを工夫している。そうした考え方は、どの教育においても大切にしたい。

合理的配慮としての「個への配慮」

一斉授業での「個への配慮」は容易に実行できることではない。授業中に全体の流れを考慮しながら、また多くの子どもの内面に気を配りつつ、特定の子どもに特別な対応をしなければならないからである。また、タイミングやその効果などを瞬時に考えねばならないこともあるからある。

そうした対応を効果的に支えるために、授業開始前に「個への配慮」に必要な教具等を用意したり、起こりうる事態を想定しておいたりするなどの準備が必要である。本書における「個への配慮」を掲示すると、「自分の意見に自信が持てない児童には、意見の根拠を自分で探すことができるように、『○○さんも、同じ㋒を選んでたよ。そういえば、この辺りに理由を見つけていたよ。』などと、教科書の叙述を指し示し、考える範囲を限定して考えられるようにする。」「ワークシートに書くことが困難な場合、図入りや一部のキーワードが入ったワークシートを用意し、選べるようにする。」などがある。

これらは、まさしく学習指導要領における「障害のある児童などについては，学習活動を行う場合に生じる困難さに応じた指導内容や指導方法の工夫を計画的，組織的に行うこと。」の具体である。また、同解説においては、「通常の学級においても、（中略）全ての教科等において、一人一人の教育的ニーズに応じたきめ細かな指導や支援ができるよう、障害種別の指導の工夫のみならず、各教科等の学びの過程において考えられる困難さに対する指導の工夫の意図、手立てを明確にすることが重要である。」とされており、このことは、授業における「合理的配慮」の提供に他ならない。「合理的配慮」は、授業UDを進めても、学習上の困難さが残る子どもへの対応と捉え、均衡を失したまたは過度の負担を課さないことに留意しつつ、どの授業でも必要なことと考えたい。

編著者

桂　聖
一般社団法人 日本授業UD学会　理事長／筑波大学附属小学校　教諭

小貫　悟
明星大学心理学部心理学科　教授

石塚　謙二
桃山学院教育大学　教授

執筆者　＊執筆順、令和3年2月現在

桂　聖（前出）…第１章　国語授業のユニバーサルデザインに関する理論と方法

小貫　悟（前出）…第2章　授業のユニバーサルデザインを目指す国語授業と個への配慮
—「学びの過程において考えられる困難さに対する指導の工夫」の視点から—

村田　祐樹
山梨県笛吹市立八代小学校
…第3章「白いぼうし」の授業デザイン
「プラタナスの木」の授業デザイン

片岡　寛仁
神奈川県小田原市立酒匂小学校
…第3章「ごんぎつね」の授業デザイン

上條　大志
神奈川県小田原市立足柄小学校
…第3章「思いやりのデザイン」「アップとルーズで伝える」の授業デザイン

沼田　拓弥
東京都世田谷区立玉川小学校
…第3章「世界にほこる和紙」の授業デザイン

北村　辰介
滋賀県甲賀市立甲南第二小学校
…第3章「ウナギのなぞを追って」の授業デザイン

石塚　謙二（前出）…第3章　総括　授業における「目標」の焦点化と
指向性の明確化、そして合理的配慮の提供を

編集責任者　＊五十音順

上條　大志（前出）

片岡　寛仁（前出）

『授業UDを目指す「全時間授業パッケージ」国語　4年』付録資料について

・本書の付録資料は、以下のリンク先に収録されています。
https://www.toyokan-publishing.jp/book/UD/04/UD04.zip

ID：UD04-user
PASS：e3RDiUzJ
・各フォルダーには、以下のファイルが収録されています。
　①　児童用のワークシート
　②　黒板掲示用の資料
・収録されているファイルは、本文中では のアイコンで示しています。

【使用上の注意点】
・リンク先にはパソコンからアクセスしてください。スマートフォンではファイルが開けないおそれがあります。
・PDFファイルを開くためには、Adobe Acrobat もしくは Adobe Reader がパソコンにインストールされている必要があります。
・PDFファイルを拡大して使用すると、文字やイラスト等が不鮮明になったり、線にゆがみやギザギザが出たりする場合があります。あらかじめご了承ください。

【著作権について】
・収録されているファイルは、著作権法によって守られています。
・著作権法での例外規定を除き、無断で複製することは法律で禁じられています。
・収録されているファイルは、営利目的であるか否かにかかわらず、第三者への譲渡、貸与、販売、頒布、インターネット上での公開等を禁じます。
・ただし、購入者が学校での授業において、必要枚数を児童に配付する場合は、この限りではありません。ご使用の際、クレジットの表示や個別の使用許諾申請、使用料のお支払い等の必要はありません。

【免責事項】
・収録ファイルの使用によって生じた損害、障害、被害、その他いかなる事態についても弊社は一切の責任を負いかねます。

【お問い合わせについて】
・お問い合わせは、次のメールアドレスでのみ受け付けます。　tyk@toyokan.co.jp
・パソコンやアプリケーションソフトの操作方法については、各製造元にお問い合わせください。

授業 UD を目指す
「全時間授業パッケージ」国語　4 年

2021（令和 3 ）年 3 月28日　初版第 1 刷発行

編　著　者：桂　　聖・小貫　悟・石塚謙二・
　　　　　　一般社団法人 日本授業 UD 学会
発　行　者：錦織圭之介
発　行　所：株式会社　東洋館出版社
　　　　　　〒 113-0021　東京都文京区本駒込 5 -16- 7
　　　　　　営業部　電話 03-3823-9206／FAX 03-3823-9208
　　　　　　編集部　電話 03-3823-9207／FAX 03-3823-9209
　　　　　　振　替　00180-7-96823
　　　　　　U R L　http://www.toyokan.co.jp
装　　　幀：小口翔平＋三沢　稜（tobufune）
イ ラ ス ト：office PANTO
印刷・製本：藤原印刷株式会社

ISBN978-4-491-04337-1　　　　Printed in Japan